Hochzeiten in transkultureller Perspektive

Festschrift zum 25-jährigen Bestehen des
Instituts für Internationale Kommunikation e. V.

d|u|p

Vortragsreihe der IIK-Abendakademie
Band 4

Herausgegeben von
Heiner Barz und Matthias Jung

iik
DÜSSELDORF

Hochzeiten in transkultureller Perspektive

Festschrift zum 25-jährigen Bestehen des
Instituts für Internationale Kommunikation e. V.

Herausgegeben von Helmut Brall-Tuchel

d|u|p

Bibliografische Information der Deutschen Nationalbibliothek

Die Deutsche Nationalbibliothek verzeichnet diese Publikation in der Deutschen Nationalbibliografie; detaillierte bibliografische Daten sind im Internet über http://dnb.dnb.de abrufbar.

© düsseldorf university press, Düsseldorf 2016
http//:www.dupress.de
Satz: Annett Eichstaedt, Karlsruhe
Umschlaggestaltung: Anke Peters, Düsseldorf
Umschlagbild unter Verwendung einer Grafik von
© Jürgen Fälchle / Fotolia.com
Herstellung: docupoint GmbH, Barleben
ISBN 978-3-95758-022-1

Inhalt

Grußwort

Das Haus der Universität ist ein Ort der Begegnung von Wissenschaft und Gesellschaft. Ich freue mich, dass hier ein wissenschaftliches Fachkolloquium stattgefunden hat, das in zweierlei Hinsicht außergewöhnlich ist: Zum einen beschäftigten sich die Referentinnen und Referenten mit einem Thema, das normalerweise selten in dieser Form auf der Agenda wissenschaftlicher Tagungen steht: Jubiläen, Geburtstage und Hochzeiten. Zum anderen war das Fachkolloquium Teil einer größeren Veranstaltung, die auf außergewöhnliche und originelle Weise die Erkenntnisse jenes Tages – gleichsam performativ – ergänzte: Die Feier des 25-jährigen Bestehens des Instituts für Internationale Kommunikation e. V.

Hochzeiten in transkultureller Perspektive – der Titel des Buches, das aus dieser Veranstaltung erwachsen ist, ruft sicherlich bei vielen Assoziationen an Situationen wach, in denen wir gestaunt haben, wie unterschiedlich Feste und Feierlichkeiten in anderen kulturellen Kontexten begangen und mit welchen Bedeutungen sie belegt werden.

Als Prorektorin für Internationales und Professorin der Philosophischen Fakultät macht mich der Anlass des 25-jährigen Bestehens des Instituts für Internationale Kommunikation besonders stolz: Das Institut wurde 1989 aus der Düsseldorfer Germanistik als Verein ausgegründet und genießt heute internationales Renommee in der Konkurrenz der deutschlandweiten Weiterbildungsangebote. Insbesondere wegen seiner exzellenten Arbeit im Bereich des Deutschen als Fremdsprache hat es einen hervorragenden Ruf. Dies spiegelt sich u. a. sowohl im

Kursvolumen als auch in den seit der Gründung kontinuierlich wachsenden Mitarbeiter- und den stetig steigenden Umsatzzahlen wider.

Es ist für die Heinrich-Heine-Universität eine große Bereicherung, ein
solches Institut in der Nähe zu haben. Es bietet nicht nur jungen Ab-
solventinnen und Absolventen der Düsseldorfer Germanistik und den
Fächern der einzelnen Nationalsprachen Berufsmöglichkeiten im Bereich der Sprachausbildung. Das Institut unterstützt auch mit seinen intensiven Sprachkursen und dem Testzentrum für internationale Sprach-
tests (TOEFL, TOEIC, GMAT, GRE etc.) die Anstrengungen der
Universität, jungen Studierenden einen Auslandsaufenthalt während
oder nach der Studienzeit zu ermöglichen. Die gezielte Sprachausbildung an der Schnittstelle zwischen Hochschule und Wirtschaft ist für
die berufliche Zukunft vieler junger Hochschulabsolventinnen und -ab-
solventen eminent wichtig; hier können sie die zentralen Schlüsselquali-
fikationen für einen globalisierten Arbeitsmarkt – und Fremdsprachen
stehen hier an erster Stelle – erwerben. Und ich darf ergänzen, dass wir
uns sehr anstrengen werden, mehr qualifizierte junge ausländische Stu-
dierende an die Heinrich-Heine-Universität zu locken.

Für die bisherige erfolgreiche Arbeit möchte ich dem Geschäftsführer
Herrn Dr. Matthias Jung und Herrn Prof. Dr. Heiner Barz, Präsident
des Vereins, wie auch den über 30 festen und über 100 freiberuflichen
Mitarbeiterinnen und Mitarbeitern ganz herzlich und ausdrücklich dan-
ken! Dass wir über ein Staunen und Wundern hinaus mehr über die Beziehungen anderer Kulturen zu ihren Festen erfahren dürfen, verdan-
ken wir dem Team des Instituts für Internationale Kommunikation, das
die Jubiläumsveranstaltungen konzipiert, organisiert und realisiert hat.

Das Thema des Kolloquiums und der Publikation passt wunderbar zu
einem Anlass wie diesem: Es bringt uns kulturelle Einflussnahmen über
den Globus hinweg in einem für jeden Menschen ganz besonderen
Lebensmoment näher. In diesem persönlichen Moment überlagern sich
in einer multinationalen Gesellschaft die unterschiedlichsten kulturellen
Riten und Markierungen, werden amalgamisiert oder stehen sich als
scheinbar unvereinbare Anteile unterschiedlicher Kulturen gegenüber.
Dieser Moment zeigt Spielarten der interkulturellen Hybridisierung, die
in ihrer Individualität und Privatheit dennoch über das einzelne

Ereignis hinaus gesellschaftliche Kraft entwickeln. Es kann kaum ein treffenderes Thema anlässlich des 25-jährigen Jubiläums eines Instituts geben, das sich das Bemühen um „internationale Kommunikation" (als Beitrag zur Völkerverständigung) auf seine Fahnen geschrieben hat!

Prof.'in Dr. Andrea von Hülsen-Esch
Prorektorin für Internationales der
Heinrich-Heine-Universität Düsseldorf

Vorwort

I. Das Institut für Internationale Kommunikation (IIK e. V.) entstand nicht zufällig im Jahr 1989, dem Jahr des Mauerfalls und damit in einer Zeit, als Perestroika und Glasnost das europäische politische Klima dominierten. Die IIK-Gründer hatten damals die richtige Intuition, dass der Bedarf an internationaler Mobilität stark ansteigen würde und gerade auch Deutsch als Fremdsprache eine neue Attraktivität erlangen würde. Nicht nur für die Menschen aus Osteuropa, die vordem durch den Eisernen Vorhang an Reisemöglichkeiten gehindert waren. Das IIK ist nicht nur eines der sehr raren Beispiele für ein erfolgreiches Spin-off der Philosophischen Fakultät der Heinrich-Heine-Universität (HHU), sondern auch ein Beispiel für eine produktive Public-Private-Partnership. Ein Beispiel, das zeigt, dass auch die HHU von derartigen Ausgründungen direkt und indirekt immer wieder profitiert hat. Im Falle des IIK zum Beispiel nicht nur über die Heranführung von zukünftigen Studierenden, die über IIK-Kurse ihre Deutschkenntnisse auf das für ein Studium notwendige Niveau heben konnten, sondern auch ganz direkt. Denn das IIK hat in der Vergangenheit aus den erwirtschafteten Überschüssen regelmäßig Examensfeiern der Philosophischen Fakultät ebenso wie die Vortragsreihen der Abendakademie gesponsert. Das IIK verleiht jährlich den mit 1.000 Euro dotierten „IIK-Preis Interkultur" für die beste Examensarbeit zu interkulturellen Themen; das IIK gewährt über die Ausschüttung seiner Fördermittel Stipendien und Projekt-Zuschüsse für Vorhaben mit internationalem Bezug – um nur einige konkrete Beispiele zu nennen, die das IIK-Engagement für den internationalen Austausch und für internationale Partnerschaften verdeutlichen.

Vielleicht ist die „IIK-Abendakademie" in Zusammenarbeit mit der Philosophischen Fakultät der Heinrich-Heine-Universität der sichtbarste Ausdruck, dass das IIK keine reine Sprachschule ist, sondern seinen Vereinszweck tatsächlich in der internationalen Verständigung, in der Ermöglichung internationaler Mobilität und in der Unterstützung von internationalem Bildungsaustausch hat. Die Titel der bisherigen drei Abendakademie-Reihen zeigen das: „Bildung und Migration" (2011), „Gehört der Islam zu Deutschland?" (2012) und zuletzt die 2014 ebenso wie die früheren Reihen auch als Buch erschienene Reihe „Ausländische Fachkräfte gesucht – Voreilig? Notwendig? Willkommen?".

II. Die Globalisierung ist zu einem unstrittigen Faktum der Gegenwart geworden. Nach wie vor gibt es unterschiedliche Interpretationen, die prototypisch etwa von Verfechtern einer weiteren Liberalisierung des Welthandels und auf der anderen Seite von globalisierungskritischen Organisationen wie ATTAC vertreten werden. Ob die Globalisierung also ein Fluch oder ein Segen ist, darüber wird nach wie vor – zumindest in intellektuellen Debatten – gestritten. Dass sie indessen eine wirkmächtige Realität darstellt, wird weithin anerkannt.

Wenn man versucht, zu rekonstruieren, wann der Siegeszug des Wortes „Globalisierung" begann, dann stößt man auf eine zunehmende Zahl von Publikationen seit Ende der 1980er-, Anfang der 1990er-Jahre, die den Terminus im Titel führen. Das Wort und natürlich auch das Phänomen, das von ihm beschrieben wird, sind natürlich nicht wirklich neu in dieser Zeit – transkontinentale Warenströme, internationale Kulturmixturen, weltweite Interdependenzen finden sich seit vielen Jahrzehnten, ja Jahrhunderten. Aber die Dynamik der letzten 20 Jahre ist doch beispiellos in der Geschichte, weil wir heute eine unglaubliche Geschwindigkeit im weltweiten Verkehr von Informationen und eine unglaubliche Dichte im Verkehr an Personen, Waren und Dienstleistungen haben, da Ländergrenzen oder Sprachbarrieren kaum noch ein Hindernis darstellen.

Wir sprechen von kultureller, von wirtschaftlicher, von politischer, medialer oder digitaler Globalisierung – und natürlich sind nicht alle Effekte und Nebeneffekte der Globalisierung nur positiv zu bewerten. Aber die Richtung dürfte unumkehrbar sein.

„Going Global" – dieser Titel der alljährlichen Großveranstaltung der britischen Universitäten und des British Council bringt die Perspek-

tive klar auf den Punkt. In Deutschland haben das noch nicht alle
Hochschulen und Hochschulangehörigen wirklich verstanden. Hier
dürfte das IIK tatsächlich Vorreiter sein und Vorreiter bleiben. Denn
die Globalisierung braucht nicht nur Menschen, die bereit sind, sich ins
Fremde, ins Unbekannte aufzumachen. Sie braucht auch Mittler, Wel-
come-Agenten. Und hier hat das IIK seinen festen Platz gefunden als
kompetenter Vermittler von sprachlichen Skills – eingebettet in ein
umfassendes Begleitprogramm, das beim Unterkunftsservice beginnt
und bei Freizeit-, Besuchs- und Besichtigungsangeboten noch lange
nicht aufhört, sondern zum Beispiel auch bei Visums- und sonstigen
Behördenangelegenheiten oder bei der Studienplatzbewerbung für ausländische Studienbewerber Unterstützung und Beratung anbietet.

III. Als IIK-Präsident gilt mein Dank zum 25-jährigen Jubiläum dem
gesamten IIK-Team, das unter der Leitung von Geschäftsführer
Matthias Jung einen geradezu atemberaubenden Erfolgskurs steuert
und das Jubiläumsjahr 2014 mit einem Umsatz von ca. 5 Millionen
Euro als erfolgreichstes Jahr seiner 25-jährigen Geschichte abgeschlos-
sen hat. Dank geht aber auch an die vielen Unterstützer, Freunde und
auch die Zimmer- und Wohnungsvermieter, an die freiberuflichen Mitarbeiterinnen und Mitarbeiter und nicht zuletzt an meine Vorstandskol-
legen und an diejenigen, die als ehrenamtliche Vorstände in den vergangenen 25 Jahren mitgewirkt haben, dass das IIK heute da steht, wo
es steht – nämlich wirtschaftlich gesund an zwei Standorten, in Düsseldorf und Berlin, mit zukunftsweisender Didaktik und Methodik und
mit dem Blick auf die Herausforderungen der Zukunft gerichtet. Die
von der Mitgliederversammlung im vergangenen Jahr beschlossene
neue Satzung mit einem Präsidium anstelle des alten Vorstands hat die
organisatorische Form für die gewachsenen Verantwortlichkeiten und
Handlungsnotwendigkeiten geschaffen. Und so können wir nicht nur
auf 25 erfolgreiche Jahre zurückblicken, sondern auch wach, aber gelas-
sen den nächsten vor uns liegenden 25 Jahren entgegensehen.
    Aus Anlass des Jubiläums hat das IIK die bewährte Abendakademie
ausnahmsweise in ein Tageskolloquium verwandelt. Weil der Jubilä-
umsanlass nach ritueller Markierung verlangt, war der Gedanke naheliegend, Rituale als lebensgeschichtliche Meilensteine zum Thema zu wählen. Nicht zuletzt weil viele Kursteilnehmerinnen und -teilnehmer in
IIK-Kursen den Partner fürs Leben finden, war die Fokussierung auf

ein zentrales soziales Ritual, die Hochzeit, naheliegend. Und weil dabei
oft Partner aus verschiedenen Ländern, ja verschiedenen Kulturräumen
zusammenfinden, sollte die interkulturelle Dimension, bzw. sollten Gemeinsamkeiten und Unterschiede in transkultureller Perspektive besonders ausgeleuchtet werden.

Anlässlich des IIK-Jubiläums wurde durch zahlreiche Einsendungen
von ehemaligen IIK-Kursbesuchern dokumentiert, wie die zahlreichen
interkulturellen und transkulturellen Eheanbahnungen in IIK-Sprach-
kursen oder bei gemeinsamen Freizeitaktionen begonnen haben. Man
findet die schönsten Beispiele auf der IIK-Jubiläums-Website:
http://www.iik-duesseldorf.de/25jahre/de.

Sie bilden sozusagen das konkret-alltagsweltliche Pendant zu den
nicht weniger interessanten wissenschaftlichen Beiträgen im vorliegenden Band zum Thema „Hochzeiten in transkultureller Perspektive".

Prof. Dr. Heiner Barz
Präsident des Instituts für Internationale Kommunikation e. V.
in Düsseldorf und Berlin

Jubiläen, Geburtstage und Hochzeiten in transkultureller Perspektive

Helmut Brall-Tuchel

Das aktuelle Jubiläum

Am 28. November 2014 fand im Haus der Universität in Düsseldorf die Feier des 25-jährigen Bestehens des Instituts für Internationale Kommunikation e. V. (IIK) statt. Diese Veranstaltung des IIK, einer Ausgründung der Philosophischen Fakultät der Heinrich-Heine-Universität, diente einerseits der Erinnerung an die zurückgelegte Wegstrecke sowie der Vergewisserung der aktuellen und künftigen Aufgaben des Institutes. Andererseits sollte der Kern der institutionellen Anstrengungen, nämlich die Förderung des Austauschs zwischen unterschiedlichen Kulturen und Lebenswelten und der Brückenschlag zwischen Düsseldorf – als pars pro toto für Deutschland – und der Welt, die es zu verstehen gilt, keinesfalls zu kurz kommen. Da lag es nahe, „Jubiläen, Geburtstage und Hochzeiten" zum Thema eines Fachkolloquiums zu machen, um solchen memorialen Knotenpunkten und länderübergreifenden Übergangsriten in transkultureller Perspektive nachzugehen.

Jubel?

Bevor ich näher auf die thematische Ausrichtung des Jubiläumsbandes eingehe, möchte ich einen herzlichen Glückwunsch und einen ganz

besonderen Dank und Gruß an all jene richten, die von der ersten
Stunde an dabei waren wie Prof. Dr. Georg Stötzel und Prof. Dr.
Süssmuth und einen ebenso herzlichen Dank und Gruß an alle Nachfolger, die das Institut zum Erfolg geführt haben wie zuletzt Frau Prof.
Dr. Christine Schwarzer, Prof. Dr. Heiner Barz und Dr. Matthias Jung
als geschäftsführender Vorstand des IIK Düsseldorf und seiner De-
pendance, der „Berliner Idee".

Doch gibt es wirklich Anlass zum Jubel? Diese Frage klingt weitaus
kritischer als sie gemeint ist. Denn sie zielt weniger auf die unbestritten
erfolgreiche Arbeit des IIK in den vergangenen 25 Jahren als vielmehr
auf die Geschichte und auf die Tradition, in der wir stehen, wenn wir
Jubiläen begehen.

Die Initiation dessen, was wir heute Jubiläum nennen, lässt sich sehr
genau datieren.[1] Vor 715 Jahren wurde von Papst Bonifatius VIII.
(1294–1303) erstmals das Heilige Jahr ausgerufen. Im Jahr 1300 waren
die politischen Verhältnisse in Kirche und Welt allerdings sehr unüber-
sichtlich und zum Jubeln gab es wenig Grund. Und gerade darum kam
man in der Kurie auf die Idee, einen im Alten Testament bezeugten
jüdischen Brauch (Leviticus 25) aufzunehmen und ihm einen der christlichen Frömmigkeitspraxis gemäßen Platz anzuweisen. Das hebräische
Wort *Jobel* (d. h. Widder, wurde dann auf das aus dem Horn des Wid-
ders gefertigte Blasinstrument übertragen, mit dem man dieses besondere Jahr ankündigte) diente dann in latinisierter Form zur Bezeichnung
des *annus iubileus*. Im alten Judentum wurde der *Jobel* periodisch, jeweils
nach 7 mal 7 Jahren, also im 50. Jahr zum Zweck der Versöhnung ausgerufen.

Was wurde hier unter Versöhnung verstanden? Gedacht war im Alten
Testament an einen ganzen Katalog von Maßnahmen: Ein Ruhejahr für
die Felder, überhaupt die Schonung der agrarisch genutzten Umwelt.
Ebenso standen die Freiheit für die versklavten jüdischen Bewohner,
die Wiedereinlösung von entfremdetem oder verlorenem Besitz, also

---

[1] Vgl. dazu ausführlich Horst FUHRMANN, Einladung ins Mittelalter, München 1987, S.
239–252 ff. mit weiterer Literatur S. 294 sowie Eva-Maria JUNG-INGLESSIS, Romfahrt
durch zwei Jahrtausende, 2. erweiterte Auflage, Bozen 1978, siehe auch Lexikon des
Mittelalters, Bd. IV, Sp. 2024 f.

sozialer Ausgleich und Unterstützung der Verarmten auf der Agenda, selbst Zerstrittene kamen wieder zusammen, Schulden wurden erlassen oder wenigstens rabattiert. Isidor von Sevilla, der große Lehrer und Erklärer der Welt an der Schwelle zwischen Antike und Mittelalter, schrieb um das Jahr 600: „Ein Jubeljahr wird als *annus remissionis* (Erlassjahr) übersetzt", in dem, analog zum christlichen Pfingstfest, „die Schuld (*culpa*) erlassen und das Verzeichnis aller Schuld (*debitum*) gelöscht wird"[2] – und das ist nun wahrlich ein Grund zum Jubeln.

Doch beim ersten christlichen Jubeljahr 700 Jahre später, im Jahr 1300, ging es nicht mehr um Grund, Boden, Geld und soziales Gleichgewicht, sondern, wie es hieß, „um den vollkommenen Nachlaß der Sündenstrafen". Versprochen wurde dieser Nachlass jeweils zur Jahrhundertwende vom Papst und zwar allen Römern, die im Heiligen Jahr die Kirchen der Apostelfürsten Petrus und Paulus in Rom 30-mal besuchten und allen auswärtigen Pilgern, die 15-mal dieses Besuchs- und Bußprogramm absolvierten. Die Jubiläumsidee stieß in der Folge auf so große Resonanz, dass man die ursprünglich vorgesehenen Intervalle erst auf 50 und seit 1468 schließlich auf 25 Jahre reduzierte. Die Zeitspanne von 25 Jahren ist seither jubiläumsfähig. Wir feiern also zu Recht ein Jubiläum, zwar nicht im kirchlichen Zyklus, aber in einer von den Päpsten angeordneten Zeiteinheit.

Wieso Hochzeit?

Jubiläen geben auch heute noch Anlass zu Rabatten, auch zum Gedenken, zum Frohlocken, dem Jubilieren, und zum Feiern. Feiern verdankt sich dem spätlateinischen Wort *feria* – man braucht eben Ferien, Absenz von Geschäften, um zu feiern – und damit kann ich wortgeschichtlich überleiten zum Thema Hochzeit. Das Wort Hochzeit kommt von althochdeutsch *diu hôha gizît*, mittelhochdeutsch *hôchzît* oder *hôchgezît*, und meint zunächst nichts anderes als jedes den Alltag unterbrechende hohe Fest, sei es nun religiös oder weltlich ausgerichtet. *Hochzeiten* sind Zeiten, zu denen es hoch her geht, d. h. feierlich, prächtig, ausgelassen, fröhlich und herrlich. Solche Zeiten konnten im mittel-

---

[2] Die Enzyklopädie des Isidor von Sevilla, übersetzt und mit Anmerkungen versehen von Lenelotte MÖLLER, Wiesbaden 2008, S. 198 (Buch V. 37).

europäischen Kulturkreis mit der Verbindung zweier Menschen auf Lebenszeit (also dem Bund fürs Leben) und den förmlichen Akten, die diese Bindung initiierten und publizierten, zu tun haben, mussten es aber nicht.[3] Die Bedeutungsverengung von Hochzeit auf die ritualisierten Formen der Eheschließung hat sich erst in der frühen Neuzeit endgültig durchgesetzt.

Die Beiträge im Überblick

Gleichwohl beschäftigt sich die Mehrzahl der Beiträge in diesem Band mit dem Thema Eheschließung und mit der Hochzeit im engeren Sinne – dem heutigen Wortgebrauch entsprechend. An den Ritualen und Übergangsriten, die stets bei solchen Anlässen zur Aufführung kommen, lassen sich offenbar spezifische Interessen und Gegensätze in den kulturellen Praktiken und Überzeugungssystemen von Gesellschaften besonders gut beobachten. Hier zeichnen sich auch neuere Entwicklungen und die Ablösungen von Traditionen in markanter Weise ab. Aus diesem Grund wird der Band eröffnet mit einem Beitrag des Heidelberger Ritualforschers Burckhard DÜCKER, der die „Formen und Funktionen" von Ritualen analysiert und den wissenschaftlichen Diskurs darüber auf den Prüfstand stellt. Die fundierende und formierende Kraft von Ritualen, ihre Voraussetzungen und Abläufe, ihre Nähe zu Formen der Erzählung, die mit dem Begriff des „Ritualnarrativs" prägnant erfasst wird, muss gerade in Zeiten schwindender Verbindlichkeit von Symbolhandlungen wieder entdeckt und in ihrer Bedeutung für die Gegenwartsgesellschaft gewürdigt werden. So bilden die ritualtheoretischen und ritualgeschichtlichen Überlegungen DÜCKERs eine Grundlage für die folgenden Streifzüge durch die medialen, kulturgeschichtlichen und transkulturellen Diskurse über Eheschließung und Hochzeit.

Der Beitrag der Darmstädter Althistorikerin Elke HARTMANN untersucht aus Sicht der Geschlechterforschung die antiken Regeln und Verfahren der Eheschließung. Dabei ist von einer kritischen Reflexion des

---

[3] Vgl. dazu Gisela VÖLGER, Karin VON WELCK (Hgg.), Die Braut. Geliebt, verkauft, getauscht, geraubt. Zur Rolle der Frau im Kulturvergleich, Bd. 1, Köln 1985, besonders Ruth SCHMIDT-WIEGAND, Hochzeit, Vertragsehe und Ehevertrag in Mitteleuropa, ebd., S. 264–273.

wissenschaftlichen Interesses an der Geschichte von Ehe und Familie auszugehen, dass im Zusammenhang mit der Formierung des bürgerlichen Lebensstils oder mit speziellen Krisenerfahrungen zu sehen ist. Im klassischen Athen diente die Heiratsordnung vornehmlich dem Zweck, die Bürgerschaft der Polis zu stärken, nach außen hin abzugrenzen und den Fortbestand der führenden Familien zu sichern. Wirtschaftliche Interessen und die Hoffnung auf Nachwuchs bestimmten die gesellschaftliche Praxis und nahmen auch Einfluss auf das heiratsfähige Alter der Paare. Im republikanischen Rom dominierte der Aspekt des gesellschaftlichen Nutzens ebenfalls die Heiratspraxis in der Oberschicht, wenngleich die Lebensordnung selbst stärker von überkommenen Bräuchen als von Gesetzen geregelt war. Die historische Entwicklung lief freilich darauf hinaus, dass Rom im Unterschied zu Athen die strikte Trennung des privaten vom politischen Leben tendenziell auflöste.

Der Düsseldorfer Altgermanist Helmut BRALL-TUCHEL wirft einen Blick auf die Heiratsdiskurse in der Literatur des Mittelalters. Er stellt eine Reihe von Modellen vor, mit denen die höfisch-aristokratische Gesellschaft über Chancen und Risiken von Übergängen und Allianzen kommunizierte. Schon die Begriffe, unter denen eheliche Verbindungen angesprochen wurden, waren in hohem Maße milieu- und gruppenspezifisch. Die herangezogenen Erzähltexte zeigen eine breite Palette von fatalen, allegorisch gemeinten, verweigerten und versuchten Eheschließungen, aber auch „Traumhochzeiten" mit utopisch-emanzipatorischer Ausrichtung.

Im Beitrag von Nikolina BURNEVA nähern wir uns zunächst mit einem gewaltigen Schritt vom Oligozän dem 18. Jahrhundert und dann in historischen Abschnitten auch der Gegenwart. Die bulgarische Germanistin und Kulturwissenschaftlerin stellt facettenreich die Regelungen der Übergangssituation Hochzeit im Vielvölkerstaat Bulgarien ins Zentrum der Betrachtung. Dabei wird die enge Verflochtenheit von politischen und gesellschaftlichen Umbrüchen mit den jeweils geltenden und verpflichtenden Normen der Eheschließung deutlich herausgearbeitet. Auf dem langen Weg in die Moderne wandeln sich Bräuche, Traditionen und das konkrete Heiratsverhalten. Was andernorts bereits als Krise und Auflösungserscheinung beklagt wird, zeichnet sich in Bulgarien ab als ein zunehmend von gesellschaftlichen und familiären Imperati-

ven entlasteter Umgang mit dem kulturellen Formenreichtum der Vermählung.

Rückbesinnung auf traditionelle Rollen und Rituale scheinen hingegen
„auf den ersten Blick" ein stabilisierender Faktor im Leben „konservativer türkischstämmiger" junger Männer zu sein. Der Dortmunder Er-
ziehungswissenschaftler Ahmed TOPRAK untersucht die „Eheoptio-
nen" von Migrantenfamilien und setzt sich mit den Erwartungen,
Funktionen und mit den Resultaten dieser Konzepte auseinander. Sein
Beitrag gibt zunächst einen gerafften Überblick über den Ablauf und
die Ziele der Brautgewinnung und die Durchführung der türkischen
Hochzeiten. Dabei zeigt sich auf den zweiten Blick durchaus eine
Spannung zwischen den Erwartungen der Elterngeneration, welche die
Hochzeit vorbereiten und mit ihr gewisse disziplinarische und identi-
tätsstiftende Hoffnungen verbinden, und den Verhaltensmustern dieser
jungen Männer, die zwischen den Traditionen und den Ansprüchen der
Gesellschaft, in der sie leben, wie zwischen zwei Stühlen sitzen. Die
Erziehungsstile in türkischen Migrantenfamilien, die sehr strikt geschlechtsspezifisch ausgerichtet sind, tragen ihrerseits dazu bei, dass
solche Widersprüche und Spannungen sich über Generationen hinweg
fortpflanzen können.

Der Aufsatz der Düsseldorfer Japanologin Elisabeth SCHERER widmet
sich dem gleichen Spannungsfeld auf einem anderen Schauplatz. Denn
der Konflikt „zwischen ‚Tradition' und Individualisierung" durchzieht
auch die japanische Gegenwartsgesellschaft und zeigt seine Auswirkung
bis tief hinein in die Populärkultur. Die Formen der Eheschließung und
deren Bedeutungszuschreibung unterliegen auch in östlichen Gesellschaften einem starken Wandel. In jüngster Zeit dienen die Ereignisse
nicht selten dazu, das Bild einer eigenständigen japanischen Identität zu
betonen. Auch politische und ökonomische Interessen üben großen
Einfluss aus auf die Gestaltung von quasi-religiösem Zeremonialhan-
deln, bei Hochzeiten übrigens ebenso wie bei Bestattungen. Diese Präferenz kann verstanden werden als Versuch der „Selbst-Exotisierung"
oder „Selbst-Orientalisierung", insofern er sich als Auseinandersetzung
mit den westlich geprägten Bildern vom Orient versteht. Auf der ethnologischen Ebene betrachtet zeigt sich ein Spagat zwischen den Inszenierungen von Individualität/Originalität einerseits und der Konstruk-

tion von Japanizität/Traditionalität andererseits. Unter dem Gesichts-
punkt des „lifestyle" betrachtet sind Hochzeitszeremonien im modernen Japan allerdings wesentlich abhängig von der Entscheidung, welches unter den zahlreichen zur Verfügung stehenden Zeremonialmo-
dellen von den Brautpaaren favorisiert wird bzw. bezahlt werden kann.

Unter den Stichworten „Geld" und „Konsum" drängt sich in unserem
Themenzusammenhang namentlich das Phänomen der Heiratsmigrati-
on und damit das Motiv der „verkauften" und „gekauften" Braut in den
Vordergrund. Die Trierer Spezialistin für Heiratsmigration Jennifer
KRECKEL zeigt eindringlich, dass auf diesem Gebiet ein Diskurs über
Geschlechterbeziehung und Ethnizität ausgetragen wird, der die Männer mit dem Vorwurf konfrontiert, Frauen als Ware zu betrachten, und
die Frauen in diesem Geschäft durchweg zu Opfern erklärt. Heiratsmigration scheint tatsächlich aus vielen Gründen im 21. Jahrhundert an
Bedeutung zu gewinnen. In der Forschung wurde dieses Phänomen
aber bislang noch nicht in der gebotenen Gründlichkeit untersucht.
Eheschließungen dieses Typs werden von der Verfasserin sowohl unter
dem Aspekt der Migration als auch dem Aspekt der Partnerwahl be-
leuchtet. Dabei ist gründlich mit dem Vorurteil aufzuräumen, dass Heiratsmigration als primäres und isoliertes Phänomen anzusehen sei; sie
steht vielmehr fest in den Kontexten der Arbeitsmigration und der
Geschlechterordnung der jeweiligen Herkunfts- und Zielländer der
MigrantInnnen. Diesem Ursachenbündel stehen drei Erklärungsmuster
für die Suche nach einem Ehepartner auf dem „transkulturellen Heiratsmarkt" gegenüber: der Überschuss an ledigen Männern oder Frau-
en, die Erwartung höheren Nutzens und individuelle Lebenskrisen. In
der Praxis bedeutet dies: Die jeweils herrschenden Vorstellungen vom
Geschlechts- und vom Volkscharakter (*gender* und *ethnicity*) treffen auf
dem transkulturellen Heiratsmarkt aufeinander und werden über die
Begegnungen vor Ort, über Kontaktvermittler, Partneragenturen, Singlebörsen usw. ausgetauscht.

Fazit und Ausblick

Diese mittlerweile globalen Austauschprozesse werden im Ganzen
gesehen eher positiver und hinsichtlich der ausgleichenden Effekte

konstruktiver zu beurteilen sein als in der konservativen Kulturkritik
gemeinhin üblich. Doch die weniger verheißungsvollen Seiten der modernen Welt dürfen bei aller Aufklärung über die Ursachen und Motive
transkultureller Verbindungen nicht ausgeblendet werden: nämlich die
Festschreibung von Rollen- und Kulturstereotypen und wichtiger noch
der altbekannte, aber nichtsdestoweniger bedenkliche Befund, dass in
der Regel Frauen die stärker betroffenen Trägerinnen derjenigen Risiken und Lasten sind, welche Hochzeiten strukturell betrachtet auch
heute vielerorts noch mit sich bringen.

Grund zum Jubeln also, wenn man sich auf „Hochzeiten in transkultureller Perspektive" einlässt oder ihnen beiwohnt? Ein kompletter Ab-
bau kulturspezifischer Fehlleistungen wird nicht zu erzielen sein, doch
das Spektrum der Möglichkeiten bei der Regulierung dieser Art von
lebensgeschichtlichen Übergängen wandelt und erweitert sich. Die Beiträge der Jubiläumsschrift warnen vor ungerechtfertigtem Enthusias-
mus und übertriebenen Erwartungen an die Fähigkeiten von Gruppen
und Individuen, solche Übergänge in ihrem Sinne zu beeinflussen und
die Zukunft, wie man häufig hört, gestalten zu können. Zukünftiges
Leben lässt sich sicher beeinflussen, aber Zukunft gestalten zu wollen
in dem Sinne, dass man heute schon mit den Möglichkeiten von mor-
gen operieren könne, solche Unterfangen gehören in den Bereich der
Magie und des Obskurantismus. Doch zeigen die Beiträge dieses Bandes eindrucksvoll, mit welch unerhörtem Erfindungsreichtum und mit
welch beachtlicher Energie unterschiedlichste Gesellschaften sich mit
dem künftigen Geschick des aus dem „Paradies" vertriebenen Paares
beschäftigt haben und weiterhin beschäftigen werden.

Literatur

Horst FUHRMANN, Einladung ins Mittelalter, München 1987

Eva-Maria JUNG-INGLESSIS, Romfahrt durch zwei Jahrtausende,
    2. erweiterte Auflage, Bozen 1978

Lenelotte MÖLLER, Die Enzyklopädie des Isidor von Sevilla, übersetzt
    und mit Anmerkungen versehen, Wiesbaden 2008

Ruth SCHMIDT-WIEGAND, Hochzeit, Vertragsehe und Ehevertrag in Mitteleuropa, in: Gisela VÖLGER, Karin VON WELCK (Hgg.), Die Braut. Geliebt, verkauft, getauscht, geraubt. Zur Rolle der Frau im Kulturvergleich, Bd. 1, Köln 1985, S. 264–273

Gisela VÖLGER, Karin VON WELCK (Hgg.), Die Braut. Geliebt, verkauft, getauscht, geraubt. Zur Rolle der Frau im Kulturvergleich, Bd. 1, Köln 1985

Rituale: Formen und Funktionen

Burckhard Dücker

Einleitung

In Wissenschaft und Medien westlicher Gesellschaften ist das Thema Rituale seit den 1970er-Jahren zunehmend aktuell geworden. In jeder Ausgabe einer Tageszeitung findet man mit hoher Wahrscheinlichkeit entsprechende Berichte und Reportagen in Bild und Wort aus der ganzen Welt und der jeweiligen Region. Wer sich mit Ritualen beschäftigt, hat es in der Regel mit öffentlichen, inszenierten symbolischen Handlungsabläufen zu tun, die regelmäßig nach dem gleichen Muster vor Publikum wiederholt werden, obwohl keine Ritualaufführung mit einer anderen deckungsgleich ist. Denn Ritualabläufe sind keineswegs statisch, sondern bieten den jeweiligen Interessen der Ritualveranstalter und Akteure durchaus Spielräume zur Sichtbarmachung der eigenen Programmatik, Vorstellungen, Ideen und Wünsche. Allerdings muss die Wiedererkennung des Identischen gewährleistet sein, d. h. eine Ritualaufführung muss als Sekundärszene, als Wiederholung der betreffenden Ur- oder Primärszene erkennbar bleiben, damit von einem Ritual zu sprechen ist. Um ein solches handelt es sich erst nach der zweiten Aufführung, d. h. nach der ersten Wiederholung der Primärszene, die Repetitivität ist konstitutiv.

Ritualaufführungen scheinen sich großer Beliebtheit beim direkten und beim medial vermittelten Publikum zu erfreuen, machen sie doch Erfahrungsangebote, die die Lebenspraxis jedes Einzelnen betreffen

und darüber hinaus Nachrichten- und – mitunter – Unterhaltungswert
haben. Wer bei Fürstenhochzeiten, Staatsbesuchen, Jahrestagen, Ge-
denkveranstaltungen, Amtseinführungen, Preisverleihungen, politisch
motivierten Protestritualen mit entsprechenden Gegenritualen wie im
Sommer 2015 anlässlich der Aufnahme von Flüchtlingen und Asylbe-
werbern in Europa dabei ist, ist als Gesprächspartner gefragt, mitunter
sogar als Zeitzeuge. Stets kommen Akteure, Teilnehmer und Zuschauer
zusammen, um die rituelle Umsetzung politischer, sozialer, kultureller,
religiöser Programmatik allerdings zumeist in unterschiedlicher Weise
zu erleben. Gerade die körperliche Anwesenheit vieler Menschen gilt
als positive Besonderheit, weil sie Nischen oder Schneisen direkter
Kommunikation in einer weitgehend medialisierten Welt ermöglichen
und überdies – zumindest für die Dauer der Ritualaufführung – Ein-
samkeit und Isolation verhindern. Wer am Ritual in welcher Rolle und
Funktion auch immer teilnimmt, steht unweigerlich in einer Beziehung
zum jeweiligen Handlungsprozess, erlebt womöglich Gemeinschaft
oder lehnt das Ritual wegen der darin sichtbar gemachten Programmatik ab und sieht sich in seiner individuellen Position bestätigt, was ihn in
die Situation des Außenseiters versetzt. Geradezu exemplarisch hat
Denis DE ROUGEMONT anlässlich seiner Teilnahme an einem Besuch
Adolf Hitlers in Frankfurt am Main diese Erfahrung, Einzelner in einer
homogenen Masse zu sein, geschildert und reflektiert.[1] Rituale wecken
Emotionen und verschaffen Erfahrungen von Orientierung. Ob sie von
Entscheidungsdruck entlasten, weil ihr Besuch und Ablauf eingespielt
sind, oder ob sie gerade deswegen polarisieren, weil sie Entscheidungs-
und Handlungsspielräume begrenzen, immer betreffen sie das Sozialge-
füge einer Formation (Staat, Volk, Stamm, Ethnie, Polis, Verein, Familie, Paarbeziehung, Kirchengemeinde, Klasse usw.), indem sie deren
Kultur fundieren und formen. Daher wirken Rituale als Indikatoren
und Faktoren des Sozialen und Kulturellen, sie generieren es, indem sie
es gestalten. Sie markieren Schnittstellen von lebensgeschichtlichen
Ereignissen und sozialen Strukturen – große Momente der Lebensgeschichte des Einzelnen – und regeln biographische Übergänge wie Ein-
schulung, Heirat, Ernennung, Krönung, Sterben und Bestattung, Gastlichkeit, deren Ge- oder Misslingen jeweils sozial bedeutsam ist. Rituale
vermitteln Normalität und Normativität, sie sind programmatisch fun-

[1] Denis DE ROUGEMONT, Journal aus Deutschland 1935–1936 (1998) S. 62–72.

dierte und ausgerichtete Markierungen von Grenz- und Schwellensituationen, von Anfang und Ende, Ankunft und Abschied. Es gibt öffentlich aufgeführte Rituale zur Sichtbarmachung der jeweiligen institutionellen Programmatik und es gibt Geheimrituale, die aus juristischen Gründen nicht öffentlich vollzogen werden dürfen[2] oder weil ihre Kenntnis als Verdichtung und Verkörperung der Programmatik der Organisation auf deren eingeschriebene Mitglieder begrenzt bleiben soll, was für die Freimaurer gilt. Eine weitere Unterscheidung betrifft Rituale, die in den Alltagsablauf eingebettet sind (alltagsakzessorisch) wie Begrüßung, Verabschiedung, Dankformen, Handschlag und Entschuldigung, und jene Rituale, die den Alltag überschreiten (alltagstranszendent) wie Taufe, öffentliche Entschuldigung, Heirat. Wegen ihrer lebens- und zeitgeschichtlichen Bedeutung werden Ritualaufführungen auch Gegenstände literarischer Gestaltung und autobiographischer Berichte. Bekannt sind die Gastlichkeitsrituale der Familie des Hofrats Treibel und das Diner der ›Sieben Weisen‹ bei Professor Schmidt in Theodor Fontanes Roman ›Frau Jenny Treibel‹ (1892) oder die Familienrituale (Weihnachten, Heirat) in Thomas Manns ›Buddenbrooks‹ (1901). Goethe berichtet im 5. Buch von ›Dichtung und Wahrheit‹ von der Wahl (27.03.1764) und Krönung (03.04.1764) Joseph II. zum Römischen König (Kaiser) in Frankfurt am Main.

Wesentlich bestimmt sind Lebensgeschichte, Milieuzugehörigkeit und kulturelle Teilhabe Einzelner durch deren individuelle Ritualgeschichte. So kann in Anlehnung an Friedrich H. TENBRUCKs Begriff der »kulturellen Vergesellschaftung«[3] für den vorliegenden Zusammenhang von ritueller Vergesellschaftung gesprochen werden. Dass dieser Befund für indigene Ethnien, Gesellschaften der Vormoderne, der Antike und der Moderne zutrifft, belegt die scheinbar universale Bedeutung von Ritualen als Orten sozialer Wissensvermittlung. Gelernt werden durch Zeigen, Nachahmen und verbale Unterweisung die rituellen Praxisformen und ihre Bedeutung als Ordnungsmuster und Rhythmi-

---

[2] Dies gilt z. B. für das mit Initiationen vergleichbare Ritual ›le bizutage‹ an französischen Universitäten und Grandes Écoles, bei dem Erstsemester zahlreichen ›Mutproben‹ und auch körperlichen Demütigungen unterzogen werden, die nicht selten mit Verletzungen enden. Ausgestattet ist die erfolgreiche Teilnahme an diesem Ritual mit dem Anspruch, Elitequalitäten bewiesen und ein Anrecht auf Führungspositionen zu haben.

[3] Friedrich H. TENBRUCK, Die kulturellen Grundlagen der Gesellschaft. Der Fall der Moderne (1989) S. 213.

sierungen des Alltags, deren Geschichte – mit besonderen Vorkomm-
nissen bei historischen Aufführungen – und Funktion für die Kontinuität der sozialen und kulturellen Wertmuster der je eigenen Formation
als eine neben vielen anderen. Für diesen Wissenskomplex führe ich
den Begriff ›Ritualnarrativ‹ ein. Dazu gehört auch das Wissen um die
Relativität der je eigenen Ritualpraxis, so dass Toleranz gegenüber anderen Ritualpraktiken selbstverständlich werden kann. So unterscheiden
sich europäische Formen von Begrüßung und Verabschiedung untereinander, etwa in Frankreich und Deutschland, aber auch von Formen
asiatischer Kulturen, etwa in Japan. Für die Gestaltung des Hochzeitsrituals gibt es in der Gegenwart wenig verbindliche Vorgaben.

Allerdings wird die sozialintegrative Funktion traditioneller Rituale
seit dem Reflexivwerden der Kultur in der Mitte des 18. Jahrhunderts
und den daraufhin einsetzenden Modernisierungsprozessen mit den
Folgen von gesellschaftlicher Fragmentierung und Subjektivierung zunehmend durch eine moderne Funktion ergänzt: Für neue soziale Formationen und Interessenverbände ist es unverzichtbar, überlieferten
Ritualformen abzusagen und sich durch je eigene Ritualsysteme öffentlich sichtbar zu machen, um so Binnenintegration und Außenabgren-
zung zu forcieren. Wenn in der Gegenwart mehr rituelle Phänomene
sozial produktiv sind als jemals zuvor, so mag das auch daran liegen,
dass jeder Einzelne berechtigt ist, unter Beachtung der allgemeinen
Gesetze, interessenfundierte Rituale einzurichten und dafür um Nachfrage zu werben, Rituale werden zu Faktoren der Bedürfnisproduktion
und -befriedigung. Auch dieser Anschein von Eventisierung des Rituellen fügt sich in den kontinuierlichen Prozess der Erweiterung der kulturellen Teilhabe in der Moderne ein. Grundsätzlich kann jede Alltagshandlung ritualisiert werden. Wer an eingespielten Ritualen traditioneller Institutionen wie Kirchen, Parteien, Vereine nicht teilnehmen will,
verschafft sich durch alternative Ritualformen und -aufführungen oder
durch Patchwork-Rituale »Geltungsgeneratoren«,[4] d. h. narrative Erinnerungsstationen seiner Biographie. Generell scheint zu gelten, dass
Ritualkritik oder -verzicht sich stets nur auf eine bestimmte rituelle
Form bezieht und sich in veränderter Ritualpraxis realisiert. Denn Le-

---

[4] Burckhard DÜCKER: Einführung: Literaturpreisverleihungen. Von der ritualisierten
Ehrung zur Literaturgeschichte. In: ders. / Verena NEUMANN: Literaturpreise. Register
mit einer Einführung: Literaturpreise als literaturgeschichtlicher Forschungsgegenstand.
Forum Ritualdynamik Nr. 12, 2005, S. 7–37, hier S. 7.

ben und Identitätsbildung ohne Rituale scheinen angesichts von Sozialisation als Geschichte der Ritualteilnahmen nicht möglich zu sein. (Demnach könnten Rituogramme Soziogramme ersetzen.) Vielmehr werden Rituale aufgeführt, um sich durch individuelle Inszenierung zu unterscheiden und zu machen. So werden ausgefallene Orte zur Eheschließung gewählt, der Kleidung, Speisenfolge, Dekoration, dem Unterhaltungsangebot für die Gäste sind keine Grenzen gesetzt. Darüber hinaus stehen professionelle Ritualberater oder -designer zur Umsetzung individueller Gestaltungswünsche wie zur weiteren Bedürfnisproduktion zur Verfügung, ebenso freie Redner für Hochzeit, Bestattung und »»Lebensbegrüßungsfeiern‹ für Neugeborene«.[5]

Die Rede von der Aufführung von Ritualen bezieht sich auf die Inszenierung, Vorbereitung und Proben ritueller Handlungsprozesse, die Akteuren, Ritualspezialisten (zuständig für Organisation und Ablauf), Verantwortlichen, Mäzenen und Sponsoren, Teilnehmern und Publikum (rituelle Zeugengemeinschaft) die Gelegenheit bieten, sich öffentlich in der gewünschten Weise wie auf einer Bühne zu präsentieren oder in Szene zu setzen.

Im Internet sind der Begriff ›Ritual‹ und seine Komposita vielfältig präsent. Die Suchmaschine Google gibt 101.000.000 Einträge für ›ritual‹ an, für Heilrituale 15.100, für Hexenrituale 11.800, für Ritualdesign 19.400 (alle Zugriffe am 02.09.2015). In zahlreichen Einzeldisziplinen und interdisziplinären Forschungsverbünden wird national und international über den Phänomenbereich Rituale in Geschichte und Gegenwart intensiv geforscht,[6] die Ergebnisse werden in Themenheften von Zeitschriften[7] und in der Tages- und Wochenpresse vorgestellt. Ausstellungen zu bestimmten Ritualtypen werden veranstaltet. Daher

[5] Matthias DROBINSKI, Keine Kunst. Trauer- und Hochzeitsredner ringen um Geld und Anerkennung, SZ Nr. 199, (01.09.2015) S. 1.
[6] Burckhard DÜCKER, Rituale. Formen-Funktionen-Geschichte. Eine Einführung in die Ritualwissenschaft, (2007) S. 6–13; Burckhard DÜCKER, Rituale. Hauptartikel, EWE / Forum für Erwägungskultur 23(2012) H. 2, S. 165–173; Barbara STOLLBERG-RILINGER, Rituale, (2013); Christiane BROSIUS / Axel MICHAELS / Paula SCHRODE (Hg.), Ritual und Ritualdynamik. Schlüsselbegriffe, Theorien, Diskussionen, (2013).
[7] Communio. Internationale Katholische Zeitschrift 42 Juli/August (2013) S. 325–378.

kommt Ritualwissenschaft nicht ohne systematische Berücksichtigung von Presse, Blogs usw. aus.[8]

Aufgrund der unüberschaubaren programmatischen und praktisch-formalen Vielfalt rituellen Handelns ist die inhaltliche Definition eines Begriffs ›Rituale‹ ebenso wenig möglich wie die Erstellung eines geschlossenen Registers von Ritualtypen, die dazu gehören. So ist die Verwendung der Pluralform ›Rituale‹ angemessen und von einem – auch kulturübergreifenden – eigenen rituellen Handlungstyp auszugehen, der Merkmale ritueller Formung aufweist, so dass Ritualforschung ein Merkmalregister verwendet. Dieses stützt sich auf sozialstrukturelle und funktionale Ähnlichkeiten häufig kulturübergreifend nachweisbarer Anlassreferenzen, d. h. der »Rituotope«,[9] während deren jeweilige Ausprägungen im sichtbaren Ritualprozess kulturspezifisch sind. Unter Rituotopen sind soziale Deutungs- und Gestaltungsfiguren, auch symbolische Orte zu verstehen, die durch die Notwendigkeit der Aufführung bestimmter Rituale markiert sind, die wiederum die Teilnahme des Einzelnen am soziokulturellen Leben, seine Sozialisation, organisieren. Rituotope lenken die Begegnung des Einzelnen und seiner Bezugsformation. Weder ist jeder Rituotop in jeder Kultur besetzt noch kann jeder Einzelne jeden Rituotop seiner Kultur nutzen. Beispiele für elementare Rituotope, die sich jeweils in historischen und kulturspezifischen Ritualen ausprägen, sind Anfang, Gabentausch/Schenken, altersbedingte Übergänge und Zusammenführungen (Ein-/Ausschulung, Heirat, politische Gipfeltreffen), Trauer, Bestattungen, Kontakt mit Transzendenzen (religiöse Rituale), verkehrte Welt (Karnevalsrituale), Ernennungen, Formen von Engagement und Protest.

Rituale als Begriff westlicher Wissenschaftstradition

In der Zeit um 1900 haben Vertreter westlicher Wissenschaftstradition, die zum Teil noch jungen Disziplinen angehören, wie Ethnologen, Anthropologen, Soziologen, Religions- und Kulturwissenschaftler aufgrund von Text- und Bildzeugnissen, aber auch von markierten Natur-

---

[8] Burckhard DÜCKER, Ritus und Ritual im öffentlichen Sprachgebrauch der Gegenwart, in: Ritualdynamik. Kulturübergreifende Studien zur Theorie und Geschichte rituellen Handelns, hg. von Dietrich HARTH / Gerrit Jasper SCHENK (2004) S. 219–257.
[9] DÜCKER, Rituale (wie Anm. 6) S. 109–114.

formationen und Resten architektonischer Formen sowie von empirischer Feldforschung (teilnehmende Beobachtung) damit begonnen, für historische und gegenwärtige, fremde und eigene Kulturen ähnliche öffentliche Handlungsformen für bestimmte soziale Handlungsanforderungen zu identifizieren, zu beschreiben und vergleichend zu analysieren.[10] Dargestellt sind häufig Menschen, aber auch Tiere und wie auf altägyptischen Sarkophagfriesen Götter bei der Ausführung bestimmter Handlungen, Bewegungen, Gesten. Markierte Felsformen und Steindenkmäler wie Stonehenge, die Externsteine, Hünengräber werden als – prähistorische – religiöse Kultstätten gedeutet, die in der Gegenwart kulturtouristisch genutzt werden. Zu den Anlassreferenzen der in der Regel als feierlich und formalisiert dargestellten Handlungen gehören lebensgeschichtliche, aber auch soziale und politische Übergangssituationen wie Tod, Heirat, jahreszeitliche Feste, Gabentausch (Marcel Mauss), Vertragsabschlüsse, Ehrung/Auszeichnung, Ankunft und Einzug/Empfang von Herrschern. Feste und Feiern anlässlich dieser und anderer Ereignisse und Handlungsprozesse sind als ritueller Handlungstyp klassifiziert. Das Phänomen des Übergangs als elementarer ritueller Vorgang ist von Arnold VAN GENNEP[11] forschungstheoretisch und -praktisch erarbeitet worden. VAN GENNEP unterscheidet drei Phasen des *rite de passage*: Eine bestehende Ordnung wird aufgegeben, so entschließt sich das Brautpaar grundsätzlich zur Heirat (Trennung – *séparation* – vom Status der Unverheirateten, Junggesellen, Singles), in der folgenden Phase des Zwischen (*marge*) findet das nähere Kennenlernen unter der Perspektive der Ehe statt, das Brautpaar tritt öffentlich in den Rollen Braut und Bräutigam hervor, noch ist die Rückkehr zur Ausgangssituation möglich, mit der Eheschließung wird der Übergang zu einer neuen Ordnung (*agrégation*) endgültig vollzogen. Die rituell hergestellte neue Ordnung ist nicht rückgängig zu machen. Auch bei einer

---

[10] Vor der Entwicklung ritualwissenschaftlicher Ansätze werden seit der Antike – zumeist zufällige und subjektive, häufig nicht selbst wahrgenommene, sondern von anderen übernommene – Informationen über Rituale unter den Aspekten des Fremden und Exotischen vor allem durch die Textsorte Reisebericht vermittelt (DÜCKER, Rituale, wie Anm. 6, S. 202–205). Mit der Konzeptualisierung der wissenschaftlichen Leitkategorie Objektivität für die empirische Feldforschung seit dem 19. Jahrhundert setzt sich die systematische, kontextbezogene Erfassung ganzer Ritualsysteme durch.
[11] Arnold VAN GENNEP: Übergangsriten. Aus dem Französischen von Klaus SCHOMBURG und Sylvia M. SCHOMBURG-SCHERFF, (1999), (Les rites de passage 1909).

Scheidung bleibt die Tatsache der ersten Ehe als Element der Lebensgeschichte bestehen. Von Kirchen und Ritualberatern werden Scheidungsrituale angeboten, um die Trennung möglichst schonend für die
Beteiligten zu gestalten.

Dieser Befund der weltweiten Verbreitung mag es nahelegen, von
Ritualen als einem universalen Phänomen zu sprechen. Als Beleg der
globalen kulturkonstitutiven Bedeutung, die Ritualen politisch zugeschrieben wird, kann das ›UNESCO-Übereinkommen zur Bewahrung
des immateriellen Kulturerbes‹ gelten, das 2003 beschlossen und im
April 2006 in Kraft gesetzt worden ist und Rituale, Bräuche und kulturelle Praktiken einschließt. Weil aber Wort und Begriff ›Ritual‹ in zahlreichen Kulturen keine Entsprechung haben, weil diese mit ihren ›Ritualen‹ nicht die Vorstellung eines einheitlichen Handlungstyps verbinden, sondern jeweils von speziellen Einzelhandlungen sprechen,[12] sind
für interkulturelle Ritualstudien die jeweiligen sprachlich-kulturellen
Voraussetzungen zu prüfen und zu berücksichtigen, um den Anschein
westlicher Deutungshoheit über anderskulturelle Rituale, von Eurozentrismus und Kulturkolonialismus zu vermeiden. Denn mit dem aus
westlicher Perspektive geprägten Begriff ›Rituale‹ werden Ereignisse
und Handlungsprozesse anderer Kulturen vereinheitlicht, verlieren –
womöglich – ihre Vielfalt und kulturelle wie regionale Besonderheit
und werden mit europäischen Phänomenen harmonisiert. Zugleich
eröffnet ihnen dieses Verfahren bisher nicht gekannte Publizität. Parallel zu den Anfängen der Ritualforschung um 1900 setzte eine kulturkoloniale Entwicklung ein, die Differenz und Exotismus hinsichtlich indigener Ethnien und ›fremder‹ Völker markiert: Ganze Personengruppen
dieser Ethnien wurden im Rahmen des europäischen Projekttyps »Völ-

---

[12] HINZ zitiert den Missionar Jakob Spieth: Die Ewe-Stämme. Berlin 1906, S. 64: »In
Beziehung auf die Religion ist zunächst die Tatsache festzustellen, daß die Eweer [in
Togo] kein Wort dafür haben. Wohl haben sie susuwo oder ›Vorstellungen, Gedanken‹
über das Göttliche, auch besitzen sie Ausdrücke für die Betätigung ihres Verhältnisses
zum Göttlichen; aber einen dem Begriff ›Religion‹ entsprechenden Ausdruck hat die
Sprache nicht« (Manfred O. HINZ, Die Ewe vor 100 Jahren. Ein Beispiel des Afrikas
der Afrikaner, in: ders. / Helgard PATEMANN / Arnim MEIER, (Hg.), Weiss auf
Schwarz. 100 Jahre Einmischung in Afrika. Deutscher Kolonialismus und afrikanischer
Widerstand, (1984) S. 13–17, hier S. 16.). Es ist leicht vorstellbar, dass ein abstrakter
Dachbegriff ›Rituale‹ für alle von westlichen Forschern und Missionaren als solche
definierten Handlungen der kulturellen Selbstauslegung der jeweiligen Ethnien nicht
immer gerecht werden kann.

kerschau«[13] zu Ausstellungsobjekten in Zoos – z. B. in Paris, Wien, bei Hagenbeck in Hamburg – neben ›wilden‹ Tieren gemacht. In der Gegenwart wird über die Rückgabe von Exponaten in ›Völkerkundemuseen‹ an die Herkunftsländer diskutiert. Welt- und Regionalausstellungen haben das Format »ethnographische Dörfer«[14] als Zeichen von Authentizität auch bezüglich der Vermittlung der eigenen Regionen entwickelt (Aufbau von Freilichtmuseen).

Etymologie

Etymologisch geht das deutsche Wort Ritual, das in ähnlicher Form in zahlreichen europäischen Sprachen vorkommt, auf das lateinische Wort ›ritus‹ zurück, das seinerseits auf »altind. [isch] rtá, heiliger Brauch«[15] zurück geführt wird.[16] Zu übersetzen ist *ritus* mit »die hergebrachte Weise in der Religionsübung, der religiöse Gebrauch, der Religionsgebrauch, Ritus, die Zeremonie«, aber auch mit »Gebrauch, Sitte, Gewohnheit, Art«. Das lateinische Adjektiv zu *ritus* lautet *ritualis* und bedeutet »den religiösen Brauch, die Zeremonien betreffend«.[17] Ins Deutsche ist die Wortfamilie Ritual, Ritus, rituell usw. über die Vermittlung des französischen *rituel* im 18./19. Jahrhundert gekommen und hat die ursprüngliche Priorität der religiösen Bedeutung[18] zugunsten einer umfassenden Bedeutungserweiterung auch für säkulare Referenzsituationen verloren; bewahrt hat es dagegen die semantische Markierung seiner Bezugsgegenstände als wertfundiert und -bezogen, konstitutiv für Kultur und programmatische Positionen der Bezugsformation (sowie dafür, die Orientierung der praktischen Umsetzung dieser Positionen

---

[13] Peer ZICKGRAF, Völkerschau und Totentanz. Deutsches (Körper-)Weltentheater zwischen 1905 und heute, 2012.

[14] Daniela DECKER, Das Medium ›Industrie- und Gewerbeausstellung‹ – Erscheinungsformen und Entwicklungen im 19. und frühen 20. Jahrhundert, in: Tradition und Aufbruch. Die Oberpfälzische Kreisausstellung 1910, hg. von Peter GERMANN-BAUER / Helmut GROSCHWITZ (2010) S. 40–52, hier S. 46.

[15] Karl-Ernst GEORGES, Ausführliches Lateinisch-Deutsches Handwörterbuch, 2. Bd. (⁸1918) S. 2398.

[16] Zu Wort- und Bedeutungsgeschichte von Ritual vgl. DÜCKER (wie Anm. 6) S. 14–18.

[17] GEORGES, Handwörterbuch (wie Anm. 15) S. 2398.

[18] Diese zeigt sich in Liturgiehandbüchern wie dem römisch-katholischen ›Rituale Romanum‹ und allgemein in der Textsorte ›Ritualbücher‹ verschiedener Religionen und Kulturen.

zu lenken. So passt der Begriff ›Ritual‹ auch deshalb in den europäischen historischen Kontext, weil er Oppositionen des ›Kulturkampfs‹
wie »Glauben und Wissen, Geistliche[s] und Weltliche[s], Kirche und
Staat«[19] in seiner programmatisch fundierten Praxisorientierung ›auf-
hebt‹.

Symbolizität

Als Gemeinsamkeit des rituellen Handlungstyps gilt die Transformation
von Unordnung (Krise, Gefahr usw.) in Ordnung oder die Vermeidung
dieses Prozesses. Dies soll grundsätzlich durch die im Ritual symbolisch
hergestellte Präsenzerfahrung einer situationstranszendenten Instanz
(Gott, das Numinose, höchster Wert, Gemeinschaft) erreicht werden,
deren Anwesenheit das postrituelle Handeln der Ritualakteure bzw.
-teilnehmer im gewünschten Sinn beeinflussen soll. Wenn am Abend
der Bundestagswahlen regelmäßig die Parteivorsitzenden zur Diskussion über Wahlausgang und Perspektiven der Regierungsbildung ins
Fernsehstudio gebeten werden, wird diese Gesprächsrunde, bekannt als
›Elefantenrunde‹, nicht selten als ›leeres Ritual‹ oder ›bloß‹ als Ritual
abgetan, weil die jeweiligen Statements immer wieder gleich ausfielen
und nur Symbolpolitik seien. Übersehen wird dabei, dass auch oder
gerade Symbolpolitik ernsthafte und Perspektive gebende Politik ist.
Zunächst zeigt die Tatsache der aktuellen Gesprächsrunde, dass das
politische Klima eine Diskussion der Vertreter unterschiedlicher Positionen zulässt und dass Politiker und Medienvertreter dieses Ritual als so
bedeutsam einschätzen, dass sie es zur besten Sendezeit gegen die
Konkurrenz anderer Sendeformate aufführen. Hinzu kommt: Wer mit
wem wie spricht oder ein Gespräch verweigert, ob sich alle mit Handschlag begrüßen oder nur Einzelne, begleitende Mimik und Gestik zu
Ausführungen anderer, Stimmlage und emotionale Äußerungen, also
sichtbare nonverbale Kommunikationsformen – ein Bild sagt mehr als
tausend Worte – können Hinweise auf mögliche Befindlichkeiten geben. Auch in der Symbolpolitik gilt der Grundsatz: Rituelles als symbo-
lisches Handeln wandelt unspektakuläre Alltagshandlungen – wie das
Gießen von Wasser von einem Gefäß in ein anderes, das Verstreuen

---

[19] ZICKGRAF (wie Anm. 12) S. 57.

von Samenkörnern auf einen Steinboden, das Durchschneiden eines
rot-weißen Bandes mit einer Schere auf einer Straße, die Überreichung
eines Briefumschlags – zu konstitutiven Handlungen des Außeralltäglichen dadurch um, dass es sie als Sequenz eines rituellen Handlungspro-
zesses rahmt: Das Umfüllen des Wassers gehört zur Vorbereitung einer
Taufe, die Körner sind Opfergaben auf oder vor einem Altar für die
damit von einem Gott erhoffte Gegengabe einer reichen Ernte, das
Durchschneiden des Bandes markiert die Inbetriebnahme eines Auto-
bahnabschnitts als Verdienst der Ressortpolitiker und würdigt die von
den Autofahrern ertragenen Behinderungen, der Umschlag enthält die
Dotation (Scheck) bei der Verleihung eines Literaturpreises als Gegengabe für das zuvor veröffentlichte Buch, das diese Ehrung und die
Selbstpräsentation der verleihenden Institution erst möglich gemacht
hat. Jede Alltagshandlung kann durch entsprechende Formung zum
Segment eines Rituals, d. h. ritualisiert werden.[20] Rituelles Handeln fügt
dem Alltag eine neue Erfahrungsdimension hinzu, es überhöht ihn zur
Erfahrung des Außeralltäglichen, indem Beziehungen zu einer gewöhn-
lich nicht verfügbaren Instanz hergestellt werden. Das, was ›hier‹ und
›jetzt‹ als Ritualhandlung aufgeführt wird, soll das »postulierte Wesen«,[21]
das sich ›dort‹ oder ›damals‹ befindet, hier für alle Teilnehmer als präsent erfahrbar machen und sich positiv auf den künftigen Alltag aller
Beteiligter auswirken.

Symbole in ihrer Funktion als Merk- und Erinnerungszeichen setzen
Differenz voraus und verweisen auf die Einheit. Zwei Personen, die
getrennt leben müssen, zerbrechen einen Ring in zwei Hälften, um sich
bei Betrachtung der je eigenen Hälfte in ihrer jeweiligen Situation an die
abwesende Person zu erinnern. Diese, die sich ›dort‹ befindet, soll mit-

---

[20] Ritualisierung ist in der Ethologie geläufig zur Bezeichnung tierischer Verhaltensfor-
men, die als ›symbolisch‹ oder ›zeremoniell‹ gedeutet werden »wie z. B. Reviermarkie-
rung, Balz und Aufzucht der Jungen. In der Ritualforschung bezeichnet der Bewe-
gungsbegriff ›Ritualisierung‹ […] die Gesamtheit jener vorrituellen dynamisch-kreativen
Handlungsprozesse, die interessengeleitet sind und von einem beliebigen, nicht markierten Segment des gesellschaftlichen Alltags zu einer programmatisch markierten
Ordnung überleiten sollen. So soll ein formalisiertes Ritual vorbereitet und die Ein- und
Abgrenzung von Außeralltäglichkeit vorgenommen werden« (Burckhard DÜCKER,
Ritualisierung, in: BROSIUS et al. wie Anm. 6, S. 151–158, hier S. 151).
[21] Jan PLATFOET, Das Ritual in pluralistischen Gesellschaften, in: Andréa BELLIGER /
David J. KRIEGER (Hg.), Ritualtheorien. Ein einführendes Handbuch. (1998), S. 173–
190, hier S. 178.

tels des Symbols ›hier‹ als anwesend erfahren werden. Üblich geworden ist die Errichtung von Kreuzen an Straßenrändern zur Erinnerung an Unfallopfer oder das Niederlegen von Blumen an Orten, wo Menschen Opfer von Verbrechen geworden sind; für Kinder als Opfer werden häufig Spielsachen dazu gelegt. Werden die Symbole wahrgenommen, sollen sie die Opfer in die jeweilige Gegenwart wieder-holen. Symbolische und reale Ebene stehen in einem Komplementärverhältnis zueinander: So erfüllt die Entscheidung zum Ritual nach Abwägung gegen zweckrationale Reaktionsformen häufig die Funktion einer Krise im Alltag, um dessen Ordnung auch durch Veränderung wiederherzustellen, oder sie ist Teil einer Krisenvermeidungsstrategie. Allerdings sind Rituale nicht bloß Kompensationsmittel, sondern geben Perspektiven für die Zukunft, denn die gewünschte Präsenzerfahrung des Unverfügbaren ist nur auf diese Weise möglich, die daher als ›symbolrational‹ zu bezeichnen ist.[22] Rituale sind keine isolierten, sondern in den Alltag eingebettete bzw. durch diesen bedingte Handlungen, ihre Aufführungen ergeben sich aus dem jeweiligen individuellen und gesellschaftlichen Zusammenhang. Daher sind Rituale nur aufgrund ihres Kontexts zu verstehen, ihre Aufführung hat eine Vor- und eine Nachgeschichte, Ursachen und Wirkungen, sie sind abhängige und unabhängige Variablen (vgl. oben zum Begriff ›Ritualnarrativ‹). Daraus ergibt sich, dass Rituale kein Selbstzweck, sondern Mittel zum Zweck sind. Wer ein Ritual aufführt oder daran teilnimmt, will bestimmten Interessen dienen oder ein bestimmtes Ziel befördern. Daher werden Rituale – abgesehen von okkasionellen Ritualen wie Sterberituale – zumeist nicht spontan aufgeführt, sondern vorbereitet, sie sind erwartbar und berechenbar, alle Beteiligten wissen in der Regel, was auf sie zukommt.

Ritualnarrativ, Serialität, singuläres Ereignis

Handlungen sind als rituelle Handlungen gerahmt,[23] sie haben einen markierten Anfang, etwa Glockengeläut (akustisches Zeichen), Anzünden der Kerzen am Weihnachtsbaum (visuelles Zeichen), Öffnen eines Vorhangs (dynamisches Zeichen), Mitteilung des zeitlichen Beginns auf

---

[22] DÜCKER (wie Anm. 6), 2007 S. 109.
[23] Zu Rahmen und Rahmung als ritualwissenschaftliche Forschungskonzepte vgl. DÜCKER (wie Anm. 6) S. 78–102.

Programm und Einladung usw. Ebenso haben Rituale im Allgemeinen einen markierten Abschluss, so dass die Ritualhandlung vom bestimmten Anfang zu einem notwendig daraus folgenden Ende führt. So bildet die Ritualhandlung Sinn, weil sie eine Abfolge aufeinander aufbauender Sequenzen darstellt, an deren Ende etwas Neues entsteht, nämlich die Bewältigung der Krisenanforderung (qualitativer Unterschied zwischen prä- und postritueller Situation). Dieser Prozess entspricht einem elementaren Erzählschema mit Stationen zeitlicher Abfolge wie ›zuerst, dann, danach, schließlich‹. Es geht um narrative Sinnkonstitution als prozessuale Einheit von einem Anfang zu einem notwendig sich daraus ergebenden Abschluss. Allerdings geht das Ritualnarrativ weit über die Nacherzählung des Geschehens einer bestimmten Ritualaufführung hinaus.

Rituale sind repetitive Handlungen und werden zyklisch oder okkasionell wiederholt. Da jede Ritualaufführung auf eine stets veränderte historische Situation (Kontext, Akteure, Publikum) reagiert, handelt es sich bei den einzelnen Aufführungen um singuläre historische Ereignisse, die durch das Merkmal der Repetitivität in einer prinzipiell offenen Ereignisreihe innerhalb einer festgelegten Struktur erwartbar sind. Wenn jede Aufführung repetitiv und singulär ist, dann gibt sie die Primärszene angepasst an die Gegebenheiten der je aktuellen Gegenwart wieder und erfüllt damit das Postulat vom Wiedererkennen des Identischen. Im Verhältnis von Primärszene und Sekundärszenen wird nicht nur die Kontinuität jener als Lösungsangebot für die Anforderungen späterer Gegenwarten gesichert, sondern Ritualaufführungen werden zu Trägern kollektiver Erinnerung und Zukunftsplanung privilegiert. Sie sind Indikator und Faktor eines Kontinuitätskontinuums, aktivieren eine kommemorative Dimension und sind selbstbezüglich. Gesellschaften mit öffentlich produktivem Ritualsystem scheinen Erinnerungsgesellschaften zu sein. Wenn eine Ritualaufführung jeweils singulär und strukturell gleichartig mit allen anderen Aufführungen ist und dieses Verhältnis von Ereignis und Struktur tendenziell auch für künftige Aufführungen bestehen bleibt, dann entspricht dies dem Verhältnis von neuer Folge und Serie, d. h. Rituale bilden die Form der »Serialität«.[24] Ein Schema wird ausgerichtet auf die aktuellen Erfordernisse wiederholt, seine Lösungsfunktion bleibt erhalten.

---

[24] DÜCKER (wie Anm. 6) S. 171.

Insgesamt bedeutet dies, dass mit Ritualaufführungen Geschichte gemacht werden kann, dass eine Krisensituation rituell bearbeitet wird,
die sich so nicht wiederholen wird. Die dem gelungenen Ritualprozess
inhärente narrative Sinnkonstitution kann von Akteuren und Zuschau-
ern in der Form eines Erlebnisberichts verbreitet werden, der mitunter
als historische Quelle benutzt wird. Die Formel lautet: Geschichte hat
sich vollzogen bzw. wurde gemacht und ich bin bzw. wir sind dabei
gewesen. Wer an Ritualen als Akteur oder Zuschauer teilnimmt, hat
etwas zu erzählen und kann sich als authentischer Zeuge eines Geschehens ausweisen. Die Berichte markieren biographische und sozialhisto-
rische Erinnerungsstationen und können in Biographie, Institutionen-
geschichte und allgemeiner Geschichte verzeichnet werden.

Modalstruktur

Der Wirklichkeitsbezug des rituellen Handlungsschemas ist dadurch
gekennzeichnet, dass ein intendiertes Ziel durch den rituellen Prozess
generiert werden soll. Ritualen entspricht keine gegebene Wirklichkeit,
sondern eine erst herzustellende. Durch die Aufführung entsteht Neues, allerdings mit Bezug auf deren Geschichte (Ritualnarrativ) und
Selbstbezüglichkeit. So ist rituelles Handeln weder indikativisch (deskriptiv) noch konjunktivisch-konditional (Möglichkeit), sondern sein
Wirklichkeitsbezug hat ein modales Fundament, das eine imperativische
Dimension einschließt. So lässt sich als modale Formel rituellen Handelns zur Herstellung von Wirklichkeit formulieren: Jemand (Individu-
um, Institution, Gruppe usw.) macht sich einen Namen, indem oder
dadurch dass er anderen (Individuen, Institutionen, Gruppen usw.)
einen Namen macht und die im Ritual sichtbar verkörperte Programmatik der Öffentlichkeit zur Akzeptanz anbietet. Daher scheint auch
das Geschehen selbst, der Ritualprozess, neben den personalen Referenzen ›jemand‹ und ›anderen‹ die Qualität eines Akteurs[25] zu gewinnen.
Die personalen Mitspieler legitimieren sich wechselseitig. ›Jemand‹ als
Indefinitpronomen für eine beliebige Besetzung der Subjektposition

---

[25] In diesem Zusammenhang ist zu diskutieren, ob von Handlungsmacht oder Wirk-
mächtigkeit, engl. ›agency‹, auch in Bezug auf Dinge zu sprechen ist. In ihrem Forschungsbericht zu ›Language and Agency‹ definiert AHEARN (2001, 112): »Agency refers
to the socioculturally mediated capacity to act«.

braucht die Objektposition ›den/die andere/n‹, um sich als Ritualveranstalter mit seiner Programmatik darstellen zu können, d. h. die Zustimmung der Objektposition, sich im Namen des Ritualveranstalters präsentieren zu lassen, um dann dessen Programmatik zu repräsentieren, ist unverzichtbar und wandelt die Objekt- in eine Subjektposition. So wird z. B. bei Preisverleihungen der Name des designierten Preisträgers der Öffentlichkeit erst bekannt gegeben, nachdem dieser ausdrücklich den Preis und damit die Verbindung zur verleihenden Institution akzeptiert hat. Berühmt sind die Telefongespräche der Nobeljury mit den gekürten Preisträgern, bevor der Ständige Sekretär den Namen verkündet.

Das Ritual wird in der Normalzeit des Hier und Jetzt aufgeführt, sein Tempus ist das Präsens. Zwischen modalem Gestus und symbolischem Handeln besteht eine Strukturanalogie, da beide Handlungsformen auf die integrative Präsenz – noch – abwesender Personen oder Phänomene gerichtet sind. Als performative Sprechhandlung, die dadurch definiert ist, dass das Aussprechen einer Handlung zugleich deren Vollzug bedeutet, wie es für Verben wie taufen, trauen, verurteilen, verhaften gilt, kann das Ritual nur gelingen, wenn die Akteure zur Teilnahme legitimiert sind, z. B. die Brautleute volljährig sind, der Preisträger tatsächlich von der statutengemäß gebildeten Jury gewählt ist und wenn der legitimierte Vertreter der Institution (Pfarrer, Standesbeamter, Vorsitzender) in der ersten Person Singular (ich) oder Plural (wir) Präsens das performative Verb verwendet und der Vorgang vor Publikum als ritueller Zeugengemeinschaft abläuft. Ritualaufführungen sind nicht wahr oder falsch, sondern in Bezug auf jeweilige Regeln gelungen oder misslungen. Der modale Gestus von Ritualhandlungen weist auf deren Transformationsleistung hin, dass Rituale die Lebenssituation der Teilnehmer verändern. Allerdings ist ein gelungenes Einschulungsritual keine Garantie für eine erfolgreiche Schulkarriere und eine aufwendig inszenierte Hochzeitsfeier keine Versicherung für eine glückliche Ehe, wohl aber markiert sie eine Referenzsituation gemeinsamer Erinnerung, auch ist weder die Teilnahme am Einschulungsritual für den Schulbesuch notwendig noch eine Eheschließung für das Zusammenleben. In der Regel lösen Rituale nicht unmittelbar Probleme noch verhindern sie diese, wohl aber vermitteln sie Dispositionen für die Zukunftsgestaltung.

Das Alltägliche und das Außeralltägliche

Ritualaufführungen sind häufig bedingt durch Alltagsprobleme und werden zu deren Lösung aufgeführt. Die Teilnehmer sollen nach dem Ritual in der Lage sein, ihre Alltagsanforderungen wieder meistern zu können, weil sie die für sie verbindlichen Wertmuster rein von Beimischungen des Alltags in der Außeralltäglichkeit der rituellen Welt erfahren haben. Was macht das Außeralltägliche aus, was unterscheidet es vom Alltag? Gibt es eine rituelle Zeit und was soll darunter zu verstehen sein?

Einerseits gehören Rituale als Konfliktlösungsmechanismen zum jeweiligen Alltag und der Normalzeit, andererseits markieren ihre Aufführungen das Außeralltägliche als Wiederholung des Lösungsangebots der Primärszene. Rituale machen aufgrund ihrer Serialität eine Zeit des Anfangs (Primärszene) erfahrbar, die aber stets auf die Neu- oder Umgestaltung der Normalzeit ausgerichtet ist. Die vielfältigen inhaltlichen und zeitlichen Alltagsanforderungen sind tendenziell reduziert auf die Begegnung mit dem einzigen Erfahrungsgegenstand der rituellen Handlung (Ehrung eines Preisträgers im Namen der institutionellen Programmatik, Statusänderung des unverheirateten Brautpaars zum Ehepaar, Einweihung eines Gebäudes zur Erfüllung seiner intendierten Funktion, Empfang eines Olympiasiegers, Staatsgasts oder Politikers).

So ergibt sich als ein konstitutives Merkmal des rituell gerahmten Außeralltäglichen seine Komplexitätsreduktion.[26] Ritualaufführungen unterliegen den zweckrationalen Anforderungen des Arbeitsalltags nur in Bezug auf die professionellen Ritualspezialisten, konfrontieren Akteure (Preisträger, Brautpaar) und Teilnehmer nicht mit Entscheidungsnotwendigkeit, sondern vollziehen durch ihre festgelegte Prozessualität die Sichtbarmachung des Wertmusters der jeweiligen Bezugsformation. So geht es beim Ehrungsritual eines Literaturpreisträgers ausschließlich um die Übereinstimmung zwischen dessen Programmatik, wie sie im preisgekrönten literarischen Text nach dem Urteil der Jury erscheint, und der Programmatik der verleihenden Institution, wie diese in den Preisstatuten niedergelegt und von den vorhergehenden Preisträgern bereits eingelöst worden ist (kommemorative Di-

---

[26] DÜCKER (wie Anm. 6) 2007, S. 126.

mension). Deshalb ist der erste Preisträger in der Regel entscheidend für die Geltung des Preises.

Die Preisinstitution stellt sich programmatisch dar, indem sie den Preisträger dafür ehrt, dass sein Text der Institution die Gelegenheit zur Selbstpräsentation verschafft. So ist als weiteres konstitutives Merkmal des Außeralltäglichen die Wertexplizitheit[27] anzusehen. Was zum impliziten Alltagswissen gehört, wird je nach Ritualtyp im Außeralltäglichen als prioritärer Erfahrungsgegenstand freigesetzt. Beim kirchlichen oder religiösen Hochzeitsritual wird in verbalen und nonverbalen Sequenzen die Bedeutung sichtbar gemacht, die die Entscheidung des Brautpaars, den Schutz der göttlichen Gnade in der Deutung der jeweiligen Konfession oder religiösen Institution für seine gemeinsame Zukunft zu erbitten, haben werde. Auch hier erhält die Institution durch das Brautpaar die Gelegenheit, sich und ihre religiöse Programmatik prominent darzustellen, indem das Brautpaar zu deren Repräsentanten gemacht wird. Im Mittelpunkt des Hochzeitsrituals wie in dem der Einbürgerung oder der Begrüßung von Neubürgern steht als höchster Wert der neue, durch die Programmatik der Institution fundierte Status der Akteure (Ehepaar: Anfang des gemeinsamen Lebens im Namen der Kirche oder religiösen Gruppe, kommunale Zugehörigkeit und Staatsangehörigkeit: Anfang politisch-sozialer Anerkennung, Heimat) als Funktion wechselseitiger Anerkennung, von Präsentation und Repräsentation: Ein Staat präsentiert neue Staatsbürger, diese repräsentieren ihre neue Zugehörigkeit. Eine alternative Entscheidungsmöglichkeit ist vom Ablaufschema nur formal vorgesehen; ein ›Nein‹ von Braut oder Bräutigam würde das Ritual als misslungen beenden, ein alternativer Plan ist in aller Regel nicht vorbereitet.

Mögliche Probleme oder Differenzen hinsichtlich der Aufführung eines Rituals und dessen statusverändernden Wirkungen werden durch Aushandlungen zwischen den Interessen der Beteiligten zuvor gelöst. So gehört zum Außeralltäglichen auch die Konsenserfahrung aller Beteiligten, Rituale sind Konsensproklamationen hinsichtlich des je höchsten Werts. Aufgrund der rituellen Monothetik ist nur ›eine‹ Lebensform, ›eine‹ Orientierungsmöglichkeit vorgesehen, als unabhängige Variablen sind Rituale nicht ziel-, aber wirkungsoffen.

---

[27] DÜCKER (wie Anm. 6) 2007, S. 126.

Rituelle Dialektik

Gerade die rituelle Monothetik kann Konfliktpotential bergen, das auch zu ritueller Gewalt als Lösungsform führen kann. Rituale werden von Repräsentanten unterschiedlicher Interessen und Institutionen aufgeführt, um – nach deren jeweils eigener Deutung – soziale Unordnung in Ordnung zu transformieren, um das gewünschte Soziale zu generieren, indem es zugleich in einer bestimmten Form gestaltet wird. So ist in aller Regel von der Sichtbarkeit ritueller Konkurrenz hinsichtlich Situationsdeutungen und Lösungsangeboten auszugehen. Da diese stets die Programmatik ›einer‹ Bezugsformation widerspiegeln, ergibt sich das Phänomen der rituellen Dialektik, das sich als Grenzmarkierung zwischen Entlastung von Komplexität und Begrenzung der Handlungsalternativen, Zugehörigkeit und Nichtzugehörigkeit, Inklusion und Exklusion ausprägen kann. Fördern Rituale dualistisches Denken und ›einfache‹ Schwarz-Weiß-Deutungen komplexer Probleme? Rituelle Dialektik wird unmittelbar politisch wirksam bei fremdenfeindlichen Protestritualen rechter politischer Gruppen gegen das staatliche Konzept, Flüchtlinge und Asylbewerber nach den Grundsätzen der Menschenrechte zu behandeln und womöglich, wenn die entsprechenden Voraussetzungen vorliegen, in die Gesellschaft zu integrieren. Für die Protestierenden zeichnet sich ein Strukturwandel ›ihrer‹ Gesellschaft durch die Integration der ›Fremden‹ ab, der die soziale Aufmerksamkeit für ›ihre‹ Probleme (Unterlegenheit, Sozialneid, Angst) und die daraus abgeleitete Programmatik vermindern könnte. Daher fordert ihr monothetisches Lösungsangebot Exklusion und Vollzug der Nichtzugehörigkeit der Flüchtlinge durch deren Abschiebung sowie Einsatz der frei werdenden finanziellen Mittel für die eigene Gruppe. Programmatisch gegensätzliche demokratische Gruppen führen Gegenrituale für die Akzeptanz und Integration der Flüchtlinge auf.

Wenn von diesen Gruppen Gastlichkeits- oder Willkommensrituale veranstaltet werden, so entspricht die Ritualstruktur der Erreichung des intendierten Ziels: Gastlichkeit ist nicht, sie wird erst hergestellt, indem entsprechende Ritualsequenzen aufgeführt werden.

Perspektiven

Wenn Rituale neuralgische soziale und politische Punkte markieren, wenn sie Lebens- und Sozialgeschichte vermitteln, dann verspricht ihre Analyse einen Zugang zu historisch jeweils prominenten Ereignissen und ›Weichenstellungen‹. Die Analyse feldspezifischer Rituale erschließt die jeweilige Geschichte: Literaturfundierte und -bezogene Rituale erschließen die Literaturgeschichte, politische Rituale das politische Klima einer Zeitphase. Allerdings sollten nicht nur eine Aufführung oder ein Ritualtyp, sondern die Rituale im Kontext mit anderen Ritualen, die zeitgeschichtliche Rituallandschaft untersucht werden. So gilt die rituelle Geste des Kniefalls des Bundeskanzlers Willy Brandt in Warschau als Wendepunkt in den Beziehungen Deutschlands zu den östlichen Nachbarstaaten. Welche Anschlussrituale sind festzustellen? Rituale verbinden, stellen Zusammenhänge zwischen Staaten, unterschiedlichen Interessen, aber auch zwischen Einzelnen und ihren Familien durch die Aufführung einer Hochzeit her. An diesem Beispiel zeigt sich die allgemeine Bedeutung des Ablaufschemas von Ritualen, das häufig als Ritualgrammatik, Choreographie, Skript, Bauplan, Libretto, Liturgie bezeichnet wird. So ist es nicht beliebig, welche rituellen Bausteine jeweils verwendet werden und in welcher Reihenfolge, wer als Zuschauer (Gäste) dabei ist und wer nicht.[28] Vor allem hat das Brautpaar die Frage zu beantworten, im Namen welcher übergeordneten Idee ein Ritual stattfinden soll, das nicht notwendig ist, um zusammenzuleben. Welche lebensprägenden Erfahrungen sind nur durch die gelungene Aufführung eines Hochzeitsrituals zu machen?

---

[28] Die Ausstellung ›Evet – Ja, ich will‹ in den Reiss-Engelhorn-Museen in Mannheim informiert über wichtige aktuelle und historische Details des Ritualnarrativs des Hochzeitsrituals aus deutscher und türkischer Perspektive. Evet – Ja, ich will! Hochzeitskultur und Mode von 1800 bis heute: eine deutsch-türkische Begegnung, hg. von Wolfgang E. WEICK u. a., (2008).

Literatur

Laura M. AHEARN, Language and Agency. In: Annu. Rev. Anthropol.
(2001) Bd. 30, S. 109–137

Christiane BROSIUS / Axel MICHAELS / Paula SCHRODE (Hg.), Ritual
und Ritualdynamik. Schlüsselbegriffe, Theorien, Diskussionen,
(2013)

Daniela DECKER, Das Medium ›Industrie- und Gewerbeausstellung‹ –
Erscheinungsformen und Entwicklungen im 19. und frühen 20.
Jahrhundert, in: Peter GERMANN-BAUER / Helmut GROSCHWITZ
(Hg.), Tradition und Aufbruch. Die Oberpfälzische Kreisaus-
stellung 191. (2010) S. 40–52

Matthias DROBINSKI, Keine Kunst. Trauer- und Hochzeitsredner
ringen um Geld und Anerkennung, SZ Nr. 199, (01.09.2015) S. 1

Burckhard DÜCKER, Ritualisierung. In: BROSIUS, Christiane / MICHA-
ELS, Axel/ SCHRODE, Paula (Hg.): Ritual und Ritualdynamik,
(2013) S. 151–158

Burckhard DÜCKER, Rituale. Hauptartikel, Erwägen / Wissen / Ethik.
Forum für Erwägungskultur. Jg. 23, (2012) H. 2, S. 165–173

Burckhard DÜCKER, Rituale. Formen – Funktionen – Geschichte. Eine
Einführung in die Ritualwissenschaft, (2007)

Burckhard DÜCKER, Einführung: Literaturpreisverleihungen. Von der
ritualisierten Ehrung zur Literaturgeschichte. In: ders. / Verena
NEUMANN, Literaturpreise. Register mit einer Einführung: Literaturpreise als literaturgeschichtlicher Forschungsgegenstand. Forum
Ritualdynamik Nr. 12 (2005) S. 7–37

Arnold VAN GENNEP, Übergangsriten. Aus dem Französischen von
Klaus SCHOMBURG und Sylvia M. SCHOMBURG-SCHERFF, (1999),
(Les rites de passage 1909)

Karl Ernst GEORGES, Ausführliches Lateinisch-Deutsches Handwörterbuch. 2. Bd. (^{8}1918).

Manfred O. HINZ, Die Ewe vor 100 Jahren. Ein Beispiel des Afrikas
der Afrikaner. in: ders. / Helgard PATEMANN / Arnim MEIER,

(Hg.), Weiss auf Schwarz. 100 Jahre Einmischung in Afrika. Deutscher Kolonialismus und afrikanischer Widerstand, (1984) S. 13–17

Denis DE ROUGEMONT, Journal aus Deutschland 1935–1936, (1998) S. 62–72

Barbara STOLLBERG-RILINGER, Rituale, (2013)

Friedrich H. TENBRUCK, Die kulturellen Grundlagen der Gesellschaft. Der Fall der Moderne (1989)

Wolfgang E. WEICK u. a. (Hg.), Evet – Ja, ich will! Hochzeitskultur und Mode von 1800 bis heute: eine deutsch-türkische Begegnung. Katalogbuch, (2008)

Peer ZICKGRAF, Völkerschau und Totentanz. Deutsches (Körper-) Weltentheater zwischen 1905 und heute, (2012)

Ehe und Eheanbahnung im klassischen Athen und in Rom zur Zeit der späten Republik

Elke Hartmann

Die Signifikanz der antiken Stadtstaaten

Der Erforschung der Geschichte von Ehe und Familie liegt immer auch ein zeitgenössisches Interesse zu Grunde. In den Gesellschaften des globalisierten Westens sind aktuelle öffentliche Debatten von Krisendiskursen geprägt: Hohe Scheidungsraten und sinkende Geburtenraten werden als Indikatoren des Untergangs der Familie gewertet. Solche Debatten sind von impliziten Geschichtsbildern geprägt, deren Realitätsgehalt zwar durch die historische Familienforschung durchaus in Frage gestellt wurde, sich aber als langlebige Klischees erweisen. In diesen Debatten wird oft übersehen, dass früher nicht unbedingt alles besser war und dass „die Vergangenheit keineswegs ausschließlich funktionsfähige Lebensmodelle, gar einhegend vergemeinschaftende Idyllen bereit hält".[1] Die Folie für aktuelle Lamenti über den Niedergang der Familie bildet das bürgerliche Familienideal des 19. Jahrhunderts; dieses Ideal wiederum wurde unter anderem im Rückgriff auf antike Ordnungskonzepte formuliert; zahlreiche Hochzeitsbräuche des

---

[1] Andreas HOLZEM / Ines WEBER, Einleitung in: Ehe – Familie – Verwandtschaft. Vergesellschaftung in Religion und sozialer Lebenswelt, hg. v. Andreas HOLZEM / Ines WEBER (2008) S. 9–64, hier: 10.

deutschen Bürgertums nehmen auf römische Bräuche Bezug: Verlobungsring, ein Brautschmuck mit Kranz und Schleier, ein weißes Brautkleid, ein Hochzeitszug und das Tragen der Braut über die Schwelle sind Elemente, die auf die römische Antike zurückgeführt werden können.[2] Das humanistisch gebildete Bürgertum des 19. und 20. Jahrhunderts verband mit der Antike die Idee eines zivilisierten Bürgerverbandes, dessen Integration auf den Prinzipien des politischen Zusammenhalts beruhte, also irgendwie ‚staatlich' erzeugt wurde, während Ehe und Familie als ‚private' Angelegenheiten wahrgenommen wurden. Diese Einschätzung wird in der gegenwärtigen altertumswissenschaftlichen Forschung als irreführend und ahistorisch zurückgewiesen;[3] vielmehr hatte die Ehe in den antiken Stadtstaaten eine eminent politische Relevanz. Da in gegenwärtigen Debatten überholte Epochenimaginationen mitschwingen, obwohl sie durch fachwissenschaftliche Untersuchungen längst entzaubert und dekonstruiert wurden, soll dieser Beitrag den aktuellen Forschungsstand zur Ehe in Athen und Rom kurz und allgemein verständlich wiedergeben; dabei sollen die gesellschaftliche und die politische Relevanz der monogamen Ehe unter freien Bürgern in jenen antiken Stadtstaaten vergleichend charakterisiert werden, die sich in der europäischen Rezeption als die wirkmächtigsten erwiesen haben: Athen (zur Zeit der Demokratie im 5./4. Jahrhundert v. Chr.) und Rom (zur Zeit der ausgehenden Republik im 1. Jahrhundert v. Chr.). Der heuristische Anspruch des Vergleichs liegt darin, die Besonderheiten der einzelnen Untersuchungsgegenstände sichtbar zu machen, nicht darin, Gemeinsamkeiten zu konzedieren.[4] Für einen

---

[2] Beate SCHNEIDER, Hochzeitsbräuche, Beate Schneider, Hochzeitsbräuche in römischer Zeit, in: Die Braut. Geliebt, verkauft getauscht, geraubt. Zur Rolle der Frau im Kulturvergleich, hg. v. Gisela VÖLGER / Karin VON WELCK Bd. 1 (1985) S. 238–245, hier: S. 238.

[3] Zur Unangemessenheit der Übertragung geläufiger Kategorisierungen wie „privat" und „öffentlich" siehe u. a. Jochen MARTIN, Die Bedeutung der Familie als eines Rahmens für Geschlechterbeziehungen (= Deutsche Übersetzung der Originalveröffentlichung: La famiglia come cornice per i rapporti tra i sessi, in: Maurizio BETTINI (Hrsg.) Maschile / Femminile. Genere e ruoli nelle culture antiche (1993) S. 75–99), in: Jochen MARTIN, Bedingungen menschlichen Handelns in der Antike. Gesammelte Beiträge zur Historischen Anthropologie, hg. von Winfried SCHMITZ (2009), S. 329–343, hier: S. 342.

[4] Siehe zum Vergleich zwischen Athen und Rom u. a. Walter EDER, Who rules? Power and Participation in Athens and Rome, in: City States in Classical Antiquity and Medieval Italy, hg. von Anthony MOLHO / Kurt RAAFLAUB / Julia EMLEN (1991) S. 169–196,

solchen Vergleich haben insbesondere die historisch-anthropologischen Studien Jochen MARTINs Grundlegendes erarbeitet.[5] Während bei der Erforschung der antiken Eheverhältnisse lange Zeit eine stark auf die rechtlichen Normen fokussierte Betrachtung vorherrschte und die Ehe als eine Rechtsinstitution betrachtet wurde, die überwiegend das Privatleben der Menschen bestimmt habe, betonen jüngere Untersuchungen die politische Relevanz solcher Paarbeziehungen und betrachten die Ehe weniger als abstrakte Institution, sondern als eine spezifische Form der Sozialbeziehung, die jeweils bestimmte gesellschaftliche Funktionen erfüllt.

Im Folgenden steht daher die gesellschaftliche und politische Relevanz der Ehe unter Bürgern im Vordergrund. Es soll zunächst auf das demokratische Athen im 5./4. Jahrhundert v. Chr., im Anschluss auf das republikanische Rom im 1. Jahrhundert v. Chr. eingegangen werden. In beiden Fällen geht es um die Eheschließungen von freien Bürgern, während die Bindungsmöglichkeiten von unfreien Sklaven und Nichtbürgern ausgeblendet bleiben. Die Ausführungen beziehen sich darüber hinaus jeweils nur auf die zahlenmäßig überschaubaren Eliten von Wohlhabenden, über deren Lebensverhältnisse die vorliegenden Quellen Aufschluss geben.

Die Verbindung von Bürgerstatus und Ehe in der demokratischen Polis Athen

Als grundlegende soziale Einheit der griechischen Polis galt das Haus (*oikos/oikia*), zu dem Freie und Sklaven gehörten.[6] Üblicherweise siedelte die Braut bei der Heirat in das Haus ihres Mannes über (man nennt dies das Prinzip der Patrilokalität), aber nicht jeder Mann begründete mit der Heirat einen neuen *oikos*, oft zog die Braut zur Familie ihres Mannes, so dass dann mehrere Generationen (innerhalb eines Hauses) zusammenlebten. Das Zusammenwohnen des Paares – im Griechi-

---

hier: 196. „there are hardly any parallels between Athens and Rome. If, however, the ancient cities had so little in common, what benefits should we expect from comparing them […]? […] the act of comparison reveals the peculiarities of each individual case."
[5] Jochen MARTIN, Bedingungen menschlichen Handelns in der Antike. Gesammelte Beiträge zur Historischen Anthropologie, hg. von Winfried SCHMITZ (2009).
[6] Vgl. Aristoteles, *Politik* 1253 b.

schen mit dem Verb *synoikein* bezeichnet – wurde als Zeichen der Eheschließung verstanden.[7] Das Haus bot nicht nur als Wohnstatt elementaren Schutz, es war auch ein Heiligtum, in dem zum Beispiel Zeus
Herkeios als Schützer des umzäunten Hofes und Hestia, die Göttin des
Herdfeuers, verehrt wurden. Wer in Athen ein politisches Amt übernehmen wollte, beispielsweise als Ratsherr, wurde vorab gefragt, wo
seine Kultstätte des Zeus Herkeios gelegen sei, die sich auf dem Hof
eines jeden Bürgerhauses befand.[8] Da es das Vorrecht eines Bürgers
war, über ein eigenes Haus auf eigenem Grund und Boden zu verfügen,
veranschaulichte das Haus den Bürgerstatus des Besitzers und wies ihn
als integrierbares Mitglied der zivilisierten Gesellschaft aus. Das Wort
oikos kann sowohl das Wohngebäude wie die zugehörigen Güter bezeichnen, denn das Haus war auch eine Wirtschaftseinheit. Hier wurden
Ernteerträge und Vorräte gelagert und von den Frauen sämtliche benö-
tigten Textilien hergestellt.

In den homerischen Epen der archaischen Zeit ist noch häufiger
davon die Rede, dass der Herr eines Hauses nicht nur mit seiner Gattin,
sondern noch mit einer zweiten Frau, seiner „Nebenfrau", zusammen-
lebte. Demgegenüber war es im Athen seit der Mitte des 5. Jahrhunderts v. Chr. verpönt, wenn ein Bürger mit mehreren Frauen in Poly-
gamie lebte.[9] Diese neue Ehemoral hing mit der Neufassung des Bür-
gerrechts zusammen, die der Politiker Perikles im Jahr 451/50 v. Chr.
in der Volksversammlung durchgesetzt hatte. Von nun an waren nur
noch Personen zur Teilhabe an der Polis berechtigt, deren Vater und
Mutter Athener waren. Die Implikationen dieser Regelung werden in
der Forschung kontrovers diskutiert. Unstrittig ist, dass damit überregi-
onale Heiratsverbindungen, wie sie die Aristokraten vormals zum Ausbau von Netzwerken gepflegt hatten, unattraktiv wurden, weil den
Nachkommen solcher Ehen der Bürgerstatus verwehrt war. Denkbar
ist auch, dass mit dieser Regelung intendiert war, die Bürgerschaft inso-

---

[7] Elke HARTMANN, Heirat, Hetärentum und Konkubinat im klassischen Athen (Campus Historische Studien, Bd. 30, 2002), hier: S. 116.
[8] Peter SPAHN, Oikos und Polis. Beobachtungen zum Prozess der Polisbildung bei
Hesiod, Solon und Aischylos, in: Historische Zeitschrift 231(1980), S. 529–564, hier:
S. 546.
[9] Allenfalls war es gesellschaftlich akzeptiert, dass ältere Männer, deren Frauen bereits
verstorben waren und deren Kinder den väterlichen *oikos* eventuell verlassen hatten, mit
einer als *pallakē* bezeichneten Frau in ihrem Haus eine Partnerschaft unterhielten. Dazu
HARTMANN, Ehe (wie Anm. 7) S. 218–234.

fern nach außen abzuschließen, als Fremde sich nicht mehr in die Gemeinschaft der Bürger einheiraten konnten. Mit dieser Neuregelung muss eine Aufwertung der ärmeren Bürgerinnen verbunden gewesen sein, die zwar keine umfangreiche Mitgift in eine Ehe einbrachten, aufgrund ihrer Herkunft aus Athen aber immerhin Bürgernachwuchs gebären konnten.[10]

In Athen gab es weder dem Standesamt noch der Kirche vergleichbare Einrichtungen, die eine gültige Eheschließung feststellten und dokumentierten. Daher kam der Durchführung traditioneller Rituale große Bedeutung zu, bei denen die Teilnehmer und Zuschauer des Hochzeitsfestes als Zeugen fungierten. Die juristische Bedeutung jener Zeugen ist in erhaltenen Prozessreden ablesbar, aus denen hervorgeht, dass vor Gericht stets die bei der Hochzeitsfeier anwesenden Personen angeführt werden, um im Fall von Streitigkeiten um Erbschaften oder das Bürgerrecht zu belegen, dass ein Mann und eine Frau tatsächlich verheiratet waren.[11]

Diese Hochzeitszeremonien werden auf zahlreich erhaltenen Gefäßen abgebildet, die als Geschenke oder für entsprechende Kulthandlungen verwendet wurden. Von allen Hochzeitsriten wird die Überführung der Braut in das Haus des Ehemannes besonders häufig dargestellt,[12] insbesondere auf zylindrischen Kosmetikbüchsen mit Deckel, sogenannten Pyxiden. Auf einem eine solche Dose umlaufenden Bildfries markieren Türen Ausgangspunkt und Endpunkt des Hochzeitszuges; auf vielen Darstellungen klassischer Zeit fasst der Bräutigam die Braut am Handgelenk und geleitet sie in das Brautgemach im neuen Haus. Oft erscheinen Götter als Teilnehmer des festlichen Zuges: Hermes mit dem Heroldstab als Schützer des Überganges, die Schützerin der Jungfrauen – Artemis – sowie ihr Bruder Apollon.[13] Der Schutz der Götter wurde im Hochzeitsopfer erbeten und durch ein der Hochzeit vorangehendes Bad im geheiligten Wasser befördert. Im festlich

---

[10] Dazu jüngst Altay COSKUN, Weitere Überlegungen zu den Voraussetzungen und Folgen des Perikleischen Bürgerrechtsgesetzes: Naturalisierung und Epigamie in Athen, in: Klio 95 (2013) S. 391–404.

[11] HARTMANN, Ehe (wie Anm. 7) S. 88.

[12] Francois LISSARRAGUE, Frauenbilder, in: Antike, hg. v. Pauline SCHMITT PANTEL (Hrsg.) (Geschichte der Frauen, Bd. 1; Übers. d. Originalausgabe 1990, 1993) S. 177–254, hier: S. 184–189.

[13] Vgl. bei LISSARRAGUE, Frauenbilder (wie Anm. 12) S. 184 f. Abb. 4 u. 5.

hergerichteten Brautgemach des neuen Heimes der Braut wurde das Paar nach einigen Riten[14] und Liedern, die der ehelichen Fruchtbarkeit gewidmet waren, mit guten Wünschen und in der Hoffnung, dass sich bald Nachwuchs einstellen möge, dem Bräutigam überlassen.

Erst mit der Geburt eines Kindes galt die Eheschließung als vollendet. Da es keinerlei ‚staatliche' Altersversorgung gab, sondern dieses in den Händen der Familien lag, war es existentiell, Kinder zu haben.[15] Stellten sich keine Kinder ein, hielt man die Frau für gebärunfähig; es war gängig, dass ein Ehemann sich unter diesen Bedingungen von seiner Frau trennte – Kinderlosigkeit war daher ein anerkannter und häufiger Scheidungsgrund.[16] Eine vor diesem Hintergrund geschiedene Frau hatte es schwer, erneut verheiratet zu werden. Ihr Wert war gesunken: Ablesbar ist dies an der Mitgift, die bei der zweiten Heirat viel kleiner ausfiel, als bei der ersten Ehe einer Frau. Demgegenüber waren die Heiratschancen einer Witwe mit Kind besser, da sie ihre Gebärfähigkeit bereits bewiesen hatte. Von den männlichen Verwandten der Witwe erwartete man sogar, dass sie rasch eine zweite Heirat anberaumten, damit die Frau wieder versorgt war und weitere Kinder in die Welt setzen konnte. Gingen aus einer Ehe Kinder hervor, bestand die Chance, dass die Verbindung dauerhaft war. Allerdings fanden viele Ehen durch den Tod eines Partners ein frühes Ende, da Krankheiten, Kriege und auch das Kindbett erhebliche Risiken darstellten.[17]

Eheanbahnung in der durch die Segregation der Geschlechter geprägten Gesellschaft Athens

Dass in Athen keine Neigungsehen geschlossen wurden, sondern wirtschaftliche Erwägungen bei der Wahl der Ehepartner im Vordergrund

---

[14] Zu den Riten: Walter ERDMANN, Die Ehe im antiken Griechenland (Münchener Beiträge zur Papyrusforschung XX, 1934), hier: S. 258 f.

[15] Die Abhängigkeit der alten Eltern von den Kindern ist ein gängiges Thema der griechischen Literatur. Vgl. HARTMANN, Ehe (wie Anm. 7) S. 101 f. mit weiteren Literaturangaben.

[16] Vgl. HARTMANN, Ehe (wie Anm. 7) S. 106–108.

[17] Cheryl Anne COX, Household interests. Property, Marriage Strategies, and Family Dynamics in Ancient Athens (1998) und Cheryl Anne COX, Marriage in Ancient Athens, in: A Companion to Families in the Greek and Roman Worlds, hg. v. Beryl RAWSON (Blackwell Companions to the Ancient World, 2011) S. 231–244.

standen, ist in der Forschung oft betont worden.[18] Im Alltag begegneten sich Männer und Frauen in Athen in den besser gestellten Familien kaum, da die privilegierten jungen Frauen sich nicht im öffentlichen Raum bewegten, es sei denn zu bestimmten Kultfesten: Die Jungfrauen sollten sich bei öffentlichen Festen so vorteilhaft wie möglich zeigen und die Augen von Bewunderern auf sich ziehen.[19] Ansonsten war Unauffälligkeit, ja Unsichtbarkeit das oberste Gebot für eine auf ihren guten Ruf bedachte Frau. Xenophon schreibt in seinem Buch von der Haushaltslehre, dass der reiche Gutsbesitzer Ischomachos gut daran getan hatte, eine junge Frau geheiratet zu haben, die bis zur Heirat *„unter ständiger Aufsicht gelebt [habe], damit sie so wenig wie möglich sähe, hörte und möglichst wenig fragte"*.[20] In den Häusern gab es einen Männertrakt, der Besuchern offenstand und in dem auch die Gelage (Symposien) gefeiert wurden. Den Frauen und Töchtern von Bürgern war die Teilnahme an dieser für die griechische Kultur typischen Form der Geselligkeit streng untersagt, während die Teilnahme von Hetären und zur Unterhaltung angemieteten Sklavinnen von den Männern geschätzt wurde. Ein eigener Trakt des Hauses war weiblichen Arbeiten vorbehalten, wobei die aufwendige und prestigeträchtige Textilarbeit den Alltag der besser gestellten Frauen bestimmte. Sally C. HUMPHREYS betont, dass sich aus dieser weitgehenden Trennung der Lebenssphären ganz eigene, weibliche Diskurse ergaben (z. B. abschätzige Geschichten und Witze über Männer), von denen wir nur ausschnitthafte Reflexe etwa in den Frauenkomödien des Aristophanes rekonstruieren können.[21]

Es ist nicht bekannt, ob sich Braut und Bräutigam vor der Hochzeit kennenlernten. In den meisten Fällen dürften die Eltern eine passende Partie für ihre Kinder ausgesucht oder sich der Vater der Braut und der ausersehene Bräutigam über eine Heirat verständigt haben. Zur Eheanbahnung konnte man auch die Dienste eines Kupplers in Anspruch nehmen, der eine passende Partie zu vermitteln half.[22] Bei der Partner-

---

[18] Vgl. bereits ERDMANN, Ehe (wie Anm. 14) S. 151. Dazu ausführlich Anne-Marie VÉRILHAC / Claude VIAL, Le mariage Grec: du VIe siècle avant J. - C. à l'époque d'Auguste (Bulletin de correspondance hellénique, Suppl. 32, 1998), S. 209–226.

[19] ERDMANN, Ehe (wie Anm. 14) S. 152.

[20] Xenophon, *Oikonomikos* 7, 5.

[21] Sally C. HUMPHREYS, Frauengeschichten, in: Pandora. Frauen im klassischen Griechenland, hg. v. Ellen D. REEDER (1996) S. 102–110, hier: S. 103.

[22] HARTMANN, Ehe (wie Anm. 7) S. 99.

wahl spielten Freundschaften und Bindungsinteressen eine wichtige
Rolle, vor allem aber finanzielle Erwägungen.[23] Cheryl A. COX hat die
Heiratsstrategien verschiedener Bevölkerungsgruppen Athens einge-
hend analysiert und zeigt, inwiefern ökonomische Interessen oder familiäre bzw. nachbarschaftliche Verbindungen die Heiratsstrategien der
Athener Familien bestimmten. Jene besser gestellten Athener Familien,
über die hinreichende Informationen überliefert sind, bemühten sich in
einem geschickten Balanceakt sowohl um Ausdehnung wie auch um
Absicherung ihrer sozialen Verbindungen, indem sie teils exogame teils
endogame Allianzen bevorzugten.[24] Wie die Frauen die Ehen empfan-
den, entzieht sich aufgrund der Quellenlage weitgehend unserer Kenntnis. Interessant ist, dass der Tragödiendichter Euripides in seiner 431
v. Chr. aufgeführten Tragödie „Medea" seiner Protagonistin eine sehr
negative Sicht auf die Situation der Ehefrauen in den Mund legt. Dieser
Monolog Medeas hat besondere Aufmerksamkeit in der Forschung
gefunden, weil darin so schonungslos Missstände in Bezug auf das Leben von Frauen geschildert werden, die zweifellos auf Gegebenheiten
im klassischen Athen gemünzt sind.[25] Das vorweggenommene Fazit,
dass *„die Frauen das armseligste Gewächs"* seien, wird von der Protagonistin
im Folgenden genauer begründet. Mit ihrer Mitgift erkauften sich Frau-
en den Mann, der berufen sei, Herr über den Körper der Frau zu sein.
Seherische Fähigkeiten brauche die Frau, um sich nach der Heirat den
neuen Gepflogenheiten anpassen zu können. Erweise sich der Mann als
schlecht, sei dennoch eine Scheidung für eine Frau nicht schicklich.
Eine Frau könne Haus und Mann nicht hinter sich lassen, während
dem Mann viele Wege offen ständen, der Ehe zu entrinnen.[26] Auch die
Tatsache, dass Frauen nicht in den Krieg ziehen müssten, sei kein
Trost: Medea zöge dreimal lieber in den Kampf als einmal ein Kind zu

---

[23] Claudine LÉDUC, C. (1993), Heirat im antiken Griechenland, in: Antike, hg. v. Pauline
SCHMITT PANTEL (Hrsg.) (Geschichte der Frauen, Bd. 1; Übers. d. Originalausgabe
1990, 1993) S. 263–320, S. 309 weist daraufhin, dass die Familie der Braut und die des
Bräutigams denselben Vermögensstand aufweisen: „In der Welt der attischen Redner
heiratet niemals der Prinz die Schäferin noch die Prinzessin den Schornsteinfeger."
[24] COX, Household interests (wie Anm. 17) 3, 10. Vgl. dazu auch VÉRILHAC / VIAL, Le
mariage (wie Anm. 18) insbes. S. 43 ff., die betonen, dass Heiraten in Athen dem Prinzip der familiären Exogamie und der bürgerlichen Endogamie folgen.
[25] Georg OTTEN, Die Medea des Euripides (2005), S. 103.
[26] Dass hier insbesondere auf das Hetärenwesen angespielt wird, ist durchaus wahrscheinlich. Zu dieser Position in der Forschung OTTEN, Medea (wie Anm. 25) S. 112.

gebären. Diese deutlichen Worte geben vor, einer dezidiert ‚weiblichen‘ Sichtweise auf die Institution der Ehe zu entsprechen; dass tatsächlich viele Ehefrauen Athens dieser Ansicht waren, ist nicht unwahrscheinlich.

Üblicherweise unterschieden sich Eheleute bei der ersten Heirat beträchtlich im Alter. Mädchen galten nach ihrer Menarche als heiratsfähig (also etwa zwischen 13 und 16 Jahren), während für Männer das Alter von 30 Jahren als angemessen galt.[27] Die starke Altersdifferenz der Brautleute ist – betrachtet man den *oikos* unter anthropologischen Gesichtspunkten – durchaus rational: Das hohe Heiratsalter des Bräutigams gewährleistete, dass sein Vater bereits so alt war, dass es nicht zu langjährigen räumlichen Engpässen und Autoritätsüberschneidungen kommen konnte. Die Jugendlichkeit der Braut garantierte, dass ihre Fruchtbarkeit voll ausgenutzt werden konnte; Xenophon stellt es als Vorteil heraus, dass die junge Braut noch leicht durch ihren Ehemann zu prägen sei.[28] Erst die Heirat machte die Brautleute zu wahren Mitgliedern der Polis, deren Vermehrung erwünscht war, so dass der Ehe eine das Gemeinwesen stabilisierende Wirkung zukam. Eine Person, die vor Gericht aufgefordert wurde, ihre athenische Abstammung unter Beweis zu stellen, musste genaue Auskünfte über die Hochzeitszeremonie ihrer Eltern geben können. Denn im Rahmen der Feierlichkeiten war der Bürgerstatus des Brautpaares rituell beglaubigt und öffentlich veranschaulicht worden, so dass die Heirat der Eltern vor Gericht als Beleg für eine legitime Abkunft diente. Nach Thukydides galt es als Bürgerpflicht, der Polis Bürgerkinder zu schenken. Er legt dem Politiker Perikles anlässlich der Gefallenenrede auf die Kriegstoten des Jahres 431 v. Chr. den Appell an die Bürger Athens in den Mund „*Kinder zu zeugen, [denn] [...] der Stadt bringt es doppelten Vorteil: weil sie nicht entvölkert wird, und wegen ihrer Sicherheit: es kann nämlich keiner mit gleichem und gerechtem Sinn zum Rat beitragen, der nicht auch mit dem Einsatz von Kindern an den Gefahren sein Teil trägt.*"[29] Dieser Appell zielt nicht nur darauf, die Zahl der Bürger zu erhalten, sondern dem Politiker liegt gleichermaßen daran, die Integration der Bürger in die politischen Angelegenheiten dadurch abzusichern, dass jeder Bürger, die ihm am Herzen liegenden

---

[27] HARTMANN, Ehe (wie Anm. 7) S. 100.
[28] Xenophon, *oikonomikos* 3, 13.
[29] Thukydides 2, 44, 3.

Kinder in den Dienst der Polis stellt. Perikles setzt darauf, dass die
Sorge der Eltern um ihre Kinder in politisches Verantwortungsgefühl
umschlägt. Dieser Gedanke entspricht der Rolle des *oikos* als Basis der
Polis. Ansonsten wurden die Häuser in der Politik nicht instrumentali-
siert. Der Anspruch auf politische Gleichheit aller männlichen Bürger
wurde in der Volksversammlung, im Rat, in den Gerichten und in den
Magistraturen gewährleistet. Die männlichen Bürger bezogen ihr
Selbstbewusstsein – wie Jochen MARTIN postuliert – primär aus dem
politischen Status, „als Vorsteher eines Oikos [sic] waren die meisten
,nobodies'".[30] Hingegen galten die legitimen Ehefrauen und Mütter
rechtmäßiger Kinder als Vorsteherinnen des Hauses, welche die häusliche Produktion von Textilien und Nahrung überwachten. Im 5. Jahrhundert v. Chr. wird das Wort *oikouros* (Hausaufseher, Hauswart)
hauptsächlich auf Ehefrauen angewandt und in einigen Zusammenhängen werden die Frauen sogar explizit als „Wächterinnen" des Hauses
angesprochen.[31] Die gerade in älteren Forschungsbeiträgen ablesbare
Geringschätzung der Hausarbeit gegenüber der Arbeit außerhalb des
Hauses entspricht keineswegs den antiken Wertmaßstäben, sondern
vielmehr denen der bürgerlichen Industriegesellschaft des 19. Jahrhunderts.[32]

Ergab sich auch das Sozialprestige der Frauen maßgeblich aus der
Erfüllung ihrer Rolle im Haus, bedeutet dies nicht, dass die Bürgerinnen ausschließlich im häuslichen Raum agierten. Sichtbar für die All-
gemeinheit wurden sie als Teilnehmerinnen religiöser Feste, als Stifte-
rinnen von Weihgaben und insbesondere als Priesterinnen. Damit hatten sie eine wichtige Funktion für die Integration der gesamten Bürgerschaft. Die Sphären des Hauses und der Politik konnten sich über-
schneiden: In der Alltagspolitik wie auch in den eng damit verbundenen
gerichtlichen Auseinandersetzungen, welche die Angehörigen der politischen Elite gegeneinander führten, war man auf den Rückhalt von Ver-
bündeten angewiesen; oft suchten Männer, wie Sally HUMPHREYS gezeigt hat, Hilfe bei ihren Schwägern, wobei die Frauen als Vermittler

---

[30] MARTIN, Die Bedeutung der Familie (wie Anm. 3) S. 334 f., das Zitat: S. 335.
[31] HARTMANN, Ehe (wie Anm. 7).
[32] Pauline SCHMITT PANTEL, Die Differenz der Geschlechter. Geschichtswissenschaft,
Ethnologie und die griechische Stadt der Antike, in: Geschlecht und Geschichte. Ist
eine weibliche Geschichtsschreibung möglich? Hg. v. Michelle PERROT (Übers. d.
Originalausgabe von 1984) (1989) S. 199–252, hier: S. 204.

agierten: „Eine Frau konnte sich bei ihrem eigenen Vater und ihren Brüdern für ihren Gatten [...] verwenden, ohne dabei das Gesicht zu verlieren, wie das bei einem Mann als Bittsteller der Fall gewesen wäre. Gerade der Umstand, dass Frauen ‚nicht zählen', kann ihnen zu Einfluss verhelfen."[33]

Die strikt getrennten Lebenssphären von Männern und Frauen in der athenischen Bürgerschaft entsprechen nicht den Konzepten der Moderne vom Öffentlichen und Privaten; vielmehr hatte die häusliche Sphäre eine hohen (symbolischen) Stellenwert für die Polis und die Ehe war die Voraussetzung für die Prokreation von Bürgern.

Die Instrumentalisierung der Ehe im Sinne politischer Symbolik seitens der Elite der römischen Republik

Auch in der römischen Gesellschaft war das Haus (*domus*) die soziale Grundeinheit.[34] Das Ideal eines geordneten Haushaltes war an das Autoritäts- und Machtmonopol seines männlichen Vorstandes und an die Integrität seiner Gattin gebunden. Dieses Grundmuster sozialer Ordnung diente gleichzeitig auch als Paradigma für die Ordnung des Gemeinwesens als Ganzem.[35] In dem idealen Haushalt lebten drei Generationen unter einem Dach; der alte Vater (*pater familias*)[36] versah seine Aufgabe, Vorstand des Hauses zu sein im Sinne der Sitten der Vorfah-

---

[33] HUMPHREYS, Frauengeschichten (wie Anm. 21), hier: S. 105.

[34] Der Terminus *domus* kann sowohl das Haus als Wohnstatt wie die darin lebenden Personen (inklusive das Gesinde) als auch die zum Haus gehörigen Güter und das Vermögen bezeichnen. Zum Folgenden vgl. S. 95 f. Jens-Uwe KRAUSE, Antike, in: Geschichte der Familie, hg. v. Andreas GESTRICH / Jens-Uwe KRAUSE / Michael MITTERAUER, (2003) S. 21–159.

[35] Dazu und zum Folgenden: Karl-Joachim HÖLKESKAMP, Under Roman Roofs: Family, House, and Household, in: The Cambridge Companion to the Roman Republic, hg. v. Harriet I. FLOWER (2004) S. 113–138, hier: S. 114.

[36] In seiner ‚Gewalt' (*potestas*) standen die von ihm anerkannten Kinder, aber auch die von seinen Söhnen anerkannten Enkel. Erst mit dem Tod des Vaters rückten die hierdurch rechtsfähig (*sui iuris*) gewordenen Söhne (oder Enkel) in die Rechte und Pflichten des *pater familias* ein. Eine Ehefrau fiel nur in die Gewalt ihres Gatten, sofern sie bei der Heirat durch bestimmte Rituale seiner Gewalt (der sog. *manus*) unterstellt wurde. Das Konzept der hausväterlichen Gewalt (*patria potestas*) bezog sich vornehmlich auf die Rolle der *patres* im Hinblick auf die Disziplinierung der Söhne im politisch-militärischen Bereich, es impliziert nicht zwingend eine absolut patriarchalische Familienstruktur.

ren (*mos maiorum*) mit strenger Autorität, indem er dafür sorgte, dass seine Ehefrau (*mater familias*) stets sittsam, treu und fleißig war, dass er seine Söhne und Enkel dazu erzog, sich für den Dienst am Gemeinwesen zu engagieren, seine tugendhaften Töchter mit den Söhnen angesehener und reicher Familien verheiratete und ein strenges, aber gerechtes Regiment über Sklaven und Freigelassene führte. Im realen Leben kam die idealisierte Drei-Generationen-Familie wohl eher selten vor, und die Zusammensetzungen der einzelnen Haushalte waren äußerst variabel: Todesfälle, Scheidungen, Wiederverheiratungen und Wechsel der Wohnorte führten dazu, dass der Kreis jener Personen, die gemeinsam „unter einem Dach lebten", sich immer wieder veränderte.[37] Auch in Rom wurde die Ehe (*matrimonium*) als verwirklichte Lebensgemeinschaft wahrgenommen, die stärker durch Brauchtum als durch Gesetze reglementiert war.[38] Offiziell wurde die Eheschließung durch Hochzeitszeremonien mit bestimmten Ritualen, die jedoch keine Verbindlichkeit hatten.[39]

Nach der Heirat wurde eine Frau als *uxor* (Gattin) ihres Mannes und als *matrona* (verheiratete Frau) bezeichnet; der Mann als ihr *maritus* (Ehemann). In älterer Zeit ging die Eheschließung mit der Übergabe der Frau in die hausväterliche Gewalt des Hauses ihres Mannes oder, falls sein Vater noch lebte, in die seines Vaters, des *pater familias*, einher, was durch bestimmte Rituale begleitet wurde, welche die sogenannte *Manus*-Ehe begründeten.[40] Eine Frau, die „in die Hand" verheiratet

---

[37] HÖLKESKAMP, Roman Roofs (wie Anm. 35) S. 135.

[38] Max KASER, Römisches Privatrecht ([16]1992). Die Bezeichnung *matrimonium*, abgeleitet von dem Wort *mater* (Mutter), verweist auf das Zeugen von Kindern als den eigentlichen Zweck einer Eheschließung im römischen Sinne. Die ehelich geborenen Kinder galten als Kinder des Ehemannes, sofern er diese anerkannte – selbst im Falle einer Scheidung. Susan TREGGIARI, Ehe III Rom, in: DNP 3 (1997) Sp. 896–899, hier insbes. 896–897. Suzanne DIXON, The Roman Mother (1988), hier: S. 237 f.

[39] Zusammenfassend Elke HARTMANN, Frauen in der Antike. Weibliche Lebenswelten von Sappho bis Theodora (Becksche Reihe, 2007), S. 134 f. TREGGIARI, Ehe (wie Anm. 38) S. 896–897.

[40] Die Eheschließung und der Übergang in die *Manus*-Gewalt sind eigentlich zwei unterschiedliche Rechtsakte, die aber meist zeitgleich erfolgen. In der Forschung werden „*Manus*-Ehe" und „*Manus*-freie-Ehe" als zwei Eheformen behandelt. Zu den im Zuge der „*Manus*-Ehe" üblichen Ritualen: Christiane KUNST, Eheallianzen und Ehealltag in Rom, in: Frauenwelten in der Antike. Geschlechterordnung und weibliche Lebenspraxis, hg. v. Thomas SPÄTH / Beate WAGNER-HASEL (2000) S. 32–52, hier: S. 45. Zum Folgenden vgl. KRAUSE, Antike (wie Anm. 34) S. 97–99.

wurde (*in manu mariti*), war von diesem Zeitpunkt an nicht mehr rechtlich an ihren Vater gebunden, sondern unterstand der rechtlichen Gewalt ihres Ehemannes (bzw. der seines Vaters). Im Zuge dieser Heirat wechselte die Frau ihre agnatische Familienzugehörigkeit definitiv und fügte sich – quasi wie eine Tochter – in die *familia* ihres Ehemannes ein. Obwohl diese Eheform bis in die Kaiserzeit existierte, setzte sich im 1. Jahrhundert v. Chr. eine andere Eheform durch,[41] die in der Forschung als „*Manus*-freie-Ehe" oder Ehe „*sine manu*" bezeichnet wird. Dabei blieb die Ehefrau auch nach der Heirat formal in der *potestas* ihres Vaters. Dieser hatte dementsprechend auch die Aufsicht über ihr Vermögen und im Falle seines Todes erbte die Tochter zum gleichen Teil wie ihre Brüder. Für den Ehemann war bei dieser Art der Heirat die Mitgift, welche die Frau in die Ehe einbrachte, von großer wirtschaftlicher Bedeutung.[42] Die in der Forschung häufig zu lesende Behauptung, dieser Wandel der Heiratspraktiken hätte den Frauen Roms zu mehr Selbständigkeit oder Freizügigkeit verholfen, überfrachtet die antike Gesellschaft mit dem modernen Ideal der Frauenemanzipation und übersieht dadurch die Eigenlogik des antiken Heiratsmusters der Elite zur Zeit der ausgehenden Republik.[43] Ökonomische Vorteile brachte diese Eheform den Vätern von Töchtern, weil diese auch nach der Heirat berechtigt waren, das Erbe ihres Vaters anzutreten, so dass das

---

[41] KRAUSE, Antike (wie Anm. 34) S. 103.

[42] Die Mitgift (*dos*) bestand bei den Heiratsverbindungen der Elite des 1. Jahrhunderts v. Chr. vor allem in großen Summen Geld (mehrere Hunderttausend bis 1 Million Sesterzen), die seitens der Brautfamilie an den Ehemann transferiert wurden. In einer Gesellschaft, in der Vermögen hauptsächlich im Landbesitz „feststeckte", statteten solche Summen den Inhaber mit „flüssigen Mitteln" aus, auf die viele Angehörige der Elite angewiesen waren. Die Mitgift musste im Falle der Scheidung wieder restituiert werden. Offiziell sollte die Mitgift wohl auch dem Zweck dienen, den Lebensunterhalt der Ehefrau zu sichern. Dazu grundlegend KASER, Privatrecht (wie Anm. 38) S. 332–341, zu den Gegenständen der *dos* (Sachen, Sachenrechte und Bargeld) insbesondere S. 335.

[43] So z. B. Sarah B. POMEROY, Frauenleben im klassischen Altertum (Übersetzung der 9. Aufl. 1984) (1985), S. 237. Ursula BLANK-SANGMEISTER, Römische Frauen, Ausgewählte Texte (2001). S. 12. Modifizierend KUNST, Eheallianzen (wie Anm. 40) S. 35. Kritisch: Thomas SPÄTH, ‚Frauenmacht' in der frühen römischen Kaiserzeit? Ein kritischer Blick auf die historische Konstruktion der ‚Kaiserfrauen', in: Reine Männersache? Frauen in Männerdomänen der antiken Welt, hg. v. Maria H. DETTENHOFER (1994) S. 159–205, hier: S. 168 f.

Vermögen von Töchtern nicht an den Ehemann überging. Insofern genossen die „*sine manu*" verheirateten Matronen durchaus wirtschaftliche Unabhängigkeit und weitgehende Selbständigkeit. Diese Eheform bot weitere Vorteile, die in den Bereich des politischen Lebens verweisen; führende Politiker instrumentalisierten Eheschließungen wie auch Scheidungen, um durch die Zusammenführung beziehungsweise Trennung von Angehörigen unterschiedlicher Familien die Nähe oder Distanz zu einem anderen politischen Akteur zu signalisieren.[44] Die Forschung hat verschiedene Versuche unternommen, die Zeichenhaftigkeit dieser Eheschließungen innerhalb der Elite zu deuten. Dabei ist oft die These vertreten worden, dass die römische Elite durch Eheschließungen politische Bündnisse zu besiegeln und zu bekräftigen pflegte.[45] Im Zuge der schnell wechselnden politischen Konstellationen habe sich die Frequenz der Ehescheidungen und Wiederheiraten erhöht; im Rahmen ihrer Bemühungen um politische Allianzen und gesellschaftliches Ansehen hätten Angehörige der Elite Bräute geradezu wie Spielfiguren hin- und herschoben, indem insbesondere Väter Ehen für ihre Töchter arrangierten oder auflösten.[46] Aber die Ehen der Elite waren in vielen Fällen weitaus stabiler und langlebiger als die politischen Kooperationen, für die sie vermeintlich ein „Unterpfand" sein sollten.[47] Daher ist die These von den politischen Allianzehen dahingehend zu präzisieren, dass nicht die Ehen selbst als dauerhafte Botschaften verstanden wurden, sondern sich die politische Signalwirkung der Heiraten auf den Zeitpunkt einer Eheschließung beschränkte: „Ehen konnten geschlossen werden, um [...] politische Bündnisse zu festigen – dies bedeutete aber nicht automatisch, dass die Ehen wieder geschieden wurden, so-

---

[44] Der lateinische Terminus für das durch Heiraten entstehende Bindungsmuster ist *adfinitas*, dazu Ann-Cathrin HARDERS, Suavissima Soror. Untersuchungen zu den Bruder-Schwester-Beziehungen in der römischen Republik (Vestigia. Beiträge zur Alten Geschichte Bd. 60, 2008). Eine Übersicht der Verbindungen bei Klaus ZMESKAL, adfinitas. Die Verwandtschaften der senatorischen Führungsschicht der römischen Republik von 218–31 v. Chr. (2009).
[45] HARDERS, Suavissima Soror (wie Anm. 44) S. 51 mit Forschungsliteratur.
[46] Zur Mitsprache der Mütter bei Eheanbahnungen und dem Fehlen einer professionellen Ehevermittlung: HARDERS, Suavissima Soror (wie Anm. 44) S. 46 f.
[47] HARDERS, Suavissima Soror (wie Anm. 44) S. 56.

bald sich die verschwägerten Männer politisch entfremdeten."[48] Demnach konnte eine Heirat unter Angehörigen der politischen Führungselite als Zeichen für einvernehmliches politisches Handeln verstanden werden, obwohl die Heirat nicht das Fortbestehen der politischen Kooperation gewährleisten konnte. Das Ende einer politischen Allianz musste nicht automatisch zur Auflösung der Ehe führen. Auch Scheidungen wurden von der Öffentlichkeit als politische Aussagen verstanden. Der Adressat, der diese Zeichen der Eheallianzen ‚lesen' und deuten sollte, war die städtische Bevölkerung, auf deren Meinung die Mitglieder der Führungselite zur Wahrung ihres Rufes Rücksicht zu nehmen hatten. Eheschließungen und Scheidungen wurden im Tagesanzeiger publiziert, sie sorgten für Gerede über durch diese Verbindungen/Auflösungen vermittelten Botschaften über die Distanz und Nähe von Politikern.[49] Diese Botschaften entfalteten ihre Wirkung situativ, während die Ehen politische Zerwürfnisse überdauern konnten, also weder feste Bündnisse zu begründen noch abzubilden vermochten.

Eheanbahnung und Eheverzicht zur Herstellung von inneraristokratischen Nahbeziehungen

Dass die Erzeugung von Nachkommen auch in Rom das höchste Ziel der Eheschließungen gewesen sein muss, wird in weiten Teilen der Forschung vertreten. Allerdings ist der Befund unstrittig, dass spätestens seit dem 1. Jahrhundert v. Chr. viele Ehen kinderlos blieben.[50] Zur

---

[48] HARDERS, Suavissima Soror (wie Anm. 44) S. 57 betont zu Recht, dass dies kein Automatismus war. Es finden sich jedoch nicht wenige Beispiele für eine politisch motivierte Auflösung von Ehen.

[49] Zum Beispiel befürchtete die römische Bevölkerung nach dem Tod der Julia, die sowohl Tochter Caesars als auch Ehefrau des Pompeius war, ein Bürgerkrieg könne ausbrechen. Dazu HARTMANN, Frauen (wie Anm. 39) S. 140.

[50] KRAUSE, Jens-Uwe, Witwen und Waisen im Römischen Reich II. Wirtschaftliche und gesellschaftliche Stellung von Witwen (1994), S. 103 geht davon aus, dass im Römischen Reich „viele Ehen (vermutlich mindestens ein Fünftel) kinderlos blieben." Die Verweigerung der Ehe läuft – ebenso wie die Verweigerung von Nachwuchs – den vielfach bezeugten Idealvorstellungen antiker Agrargesellschaften zuwider. Zumindest in Teilen der Forschung wird der römischen Elite vielleicht aus diesem Grund implizit unterstellt, gänzlich auf die Weiterexistenz ihrer Häuser fixiert gewesen zu sein. Peter THRAMS, Kinderlosigkeit, in: Reallexikon für Antike und Christentum 20 (2004), Sp. 947–963 reflektiert Kinderlosigkeit auch für die römische Antike lediglich als ein Prob-

Erklärung der Kinderlosigkeit in den oberen Ständen wird überwiegend auf Faktoren abgehoben, die in sämtlichen Gesellschaften die Geburtenrate beeinflussen: die Sterblichkeit von Säuglingen und Kindern, Kriege, Empfängnisverhütung sowie Abtreibung und Kindesaussetzung.[51] Es gibt aber zahlreiche Hinweise darauf, dass sich Frauen der Elite in jener Zeit gezielt der traditionellen sozialen Erwartung widersetzten, zu heiraten und Nachkommen zu gebären. Die Gründe für den freiwilligen Verzicht auf Kinder lagen in der spezifischen ‚Gestaltung von Familie' im Sinne der römischen Oberschicht. Ann-Cathrin HARDERS stellt überzeugend dar, dass in den aristokratischen Kreisen Roms sowohl mit der Ehe wie auch mit der Adoption nicht primär das Ziel verfolgt wurde, die Kontinuität des Familienverbandes biologisch und finanziell zu sichern, sondern es vielmehr in erster Linie darum ging, Nahbeziehungen und Freundschaften – ‚horizontale' Bindungen – zu Standesgenossen zu schaffen.[52] Für diese Verbindungen spielten die testamentarisch vergebenen Legate eine ganz entscheidende Rolle, da diese Nahbeziehungen bestätigten und zugleich die Empfänger banden und verpflichteten. Da es der Rationalität der Vermächtnisse entsprach, auf eigene Kinder als familiäre Erben zu verzichten, ist davon auszugehen, dass Kinderlosigkeit keineswegs immer aus Unfruchtbarkeit resultierte, sondern von Frauen gezielt gewählt werden konnte.[53] Dass viele Frauen im Anschluss an eine Entbindung dem Tod im Kindbett erlagen, mag darüber hinaus dazu beigetragen haben, dass Frauen Schwangerschaften zu vermeiden suchten, auch wenn dies dem traditionellen Ideal einer Ehefrau zuwiderlief.

---

lem, verkennt aber die Chancen, welche sich für Zeitgenossen gerade durch Kinderlosigkeit ergeben konnten.

[51] Siehe zu dieser Thematik Angelika METTE-DITTMANN, Die Ehegesetze des Augustus. Eine Untersuchung im Rahmen der Gesellschaftspolitik des Princeps (Historia Einzelschriften 67, 1991), S. 210. Zu den in der älteren Forschung diskutierten Gründen und zu den in republikanischer Zeit ergriffenen Maßnahmen, die Geburtenrate zu steigern, Dieter NÖRR, Planung in der Antike. Über die Ehegesetze des Augustus, in: Freiheit und Sachzwang. Beiträge zu Ehren Helmut Schelskys, hg. v. Horst BAIER (1977) S. 309–334 mit Hinweisen auf Literatur.

[52] Zu den aktuellen Kontroversen der Forschung im Hinblick auf die römische Familie kurz und prägnant HARDERS, Suavissima Soror (wie Anm. 44) S. 10 f. auch insbesondere S. 82.

[53] Dazu Elke HARTMANN, Laides, vieilles et courtisées: Femmes riches et captateurs d'héritage à Rome durant le Haut-Empire, Annales HSS 67, 3 (2012) S. 605–628.

Da Eheverbindungen dem Ausbau von Nahbeziehungen dienten, spielten diesem Zweck entsprechende Kriterien eine Rolle. Bei der Auswahl einer Frau war deren familiäre Abkunft von enormer Relevanz,[54] weiterhin die Größe der zu erwartenden Mitgift und ihr Vermögen, ihre (für die Repräsentation nicht unwichtige) äußere Erscheinung, ihr Alter sowie die Zahl vorangegangener Ehen; charakterliche Qualitäten spielten – abgesehen von der idealisierten Schamhaftigkeit – in Heiratserwägungen kaum eine Rolle. Bei der Wahl eines Ehemannes hatte dessen eigenes ‚politisches Kapital' den höchsten Stellenwert, hinzu kam die *nobilitas* der familiären Abkunft. Überwogen solche Vorzüge stellten sogar zerrüttete Vermögensverhältnisse keinen Hinderungsgrund für eine Heirat dar. Alter, Aussehen und Charakter werden im Schrifttum nicht als relevante Kriterien für die Auswahl eines Bräutigams thematisiert. Bei der Partnersuche wurde zwar nach Möglichkeit darauf geachtet, dass die Eheschließungen Personen mit annähernd gleichem Rang verbanden, aber da sich gesellschaftlicher Rang aus einer Vielzahl von Kriterien ergab, konnten Defizite in einem bestimmten Bereich durch andere Vorteile kompensiert werden, so hatten zum Beispiel reiche Frauen auch dann noch gute Chancen auf dem Heiratsmarkt, wenn sie schon älter und bereits zuvor mehrfach verheiratet waren. Im Zuge der komplexen Erwägungen, die bei der Wahl der Partner angestellt wurden, nahm man Verstöße gegen traditionelle Vorstellungen in Kauf: bezüglich des Alters der Partner (der Mann sollte 7 bis 10 Jahre älter sein als die Frau) und auch im Hinblick auf das Ideal, dass die Ehe eine lebenslange und exklusive Partnerschaft sein sollte.[55]

Wer wählte die Partner aus? Zu verheiratende Männer entschieden selbst, für Frauen kümmerten sich vor allem ihre Väter um Eheverbindungen, aber auch die Mütter, Verwandte und Freunde schalteten sich ein. Letztlich war die persönliche Zustimmung von Braut und Bräuti-

---

[54] Der Rang der Herkunftsfamilie einer Frau wertete die prospektiven Nachkommen der Verbindung auf. Auch wenn formaljuristisch das agnatische Prinzip die Zugehörigkeit zur *familia* bestimmte, brachte die Frau den Ruhm ihrer Ahnen in die Ehe mit ein, was augenfällig daran erkennbar ist, dass sie die Ahnenmasken ihrer Familie in den ehelichen Haushalt überführte. Die Relevanz der Ahnen mütterlicherseits wird in den Grabreden (junger) Männer für ihre cognatischen Verwandten deutlich. Dazu HARDERS, Suavissima Soror (wie Anm. 44) S. 48 f. mit Beispielen.

[55] HARTMANN, Frauen (wie Anm. 39) S. 134.

gam die Voraussetzung für die Eheschließung.[56] Persönliche Zuneigung
oder gar Liebe waren keine Voraussetzung für eine Heirat, doch wird
die emotionale Beziehung von Eheleuten in den antiken Texten durchaus thematisiert: Zum Beispiel verwendet Cicero in der Briefkorrespondenz mit seiner Frau für sie teilweise Kosenamen, und Plutarch
berichtet ausführlich über die Liebe des Pompeius zu seiner Frau Julia,
die von der Stadtbevölkerung Roms mit lebendigem Interesse verfolgt
wird.[57]

Das Interesse der maßgeblichen politischen Akteure, Einfluss auf
die Wahl der Partnerinnen jener Männer zu nehmen, die sie als Gefolgsleute einbinden und entsprechend durch eine Heirat mit einer
bestimmten Frau ‚markieren' wollten, ist in der Forschung noch zu
wenig beachtet worden.[58] Gerade von den großen Potentaten der ausgehenden Republik ist bezeugt, dass sie mehrfach in Folge verheiratet
waren und die Wahl der Partnerinnen oftmals politisch motiviert war:
Sulla ging im Laufe seines Lebens fünf Ehen ein, ebenso wie Pompeius;
Caesar schloss drei Ehen, Marcus Antonius vier.[59] Zwar wurden einige
Ehen durch den Tod der Frau im Kindbett beendet, aber Scheidungen
erfolgten in dem Kreis der politisch Aktiven häufig auch, um die Abkehr von dem einen Akteur und den Willen zur politischen Kooperation mit einem anderen zu demonstrieren. Wie die Eheschließung war
auch die Scheidung (*divortium*) der *Manus*-freien-Ehe in der römischen
Republik ein Vorgang, der lediglich an soziale Konventionen, nicht an
gesetzliche Vorschriften gebunden war. Die Scheidung konnte von den
Ehegatten selbst form- und grundlos durch eine einfache Erklärung
(*repudium*) gegenüber dem Gatten oder der Gattin vorgenommen werden, wichtig war lediglich, dass die Ehefrau den gemeinsamen Hausstand tatsächlich verließ und die Mitgift zurückerstattet wurde, was

---

[56] Vgl. dazu HARDERS, Suavissima Soror (wie Anm. 44) S. 47 mit Anm. 59 zu rechtlichen Quellen und diesbezüglichem Forschungsstand.
[57] HARTMANN, Frauen (wie Anm. 39) S. 140.
[58] Die Forschung betont in diesem Zusammenhang fast ausschließlich die Rolle des
Brautvaters: HARDERS, Suavissima Soror (wie Anm. 44) S. 46, die allerdings auch den
Rat der Verwandten und die Mitsprache der Brautmutter.
[59] Vgl. HARDERS, Suavissima Soror (wie Anm. 44) S. 52 mit entsprechenden Quellenangaben unter Anm. 81.

gegebenenfalls auf dem Weg einer speziellen, auch von der Frau selbst einreichbaren Klage (*actio rei uxoriae*) erstritten werden konnte.[60]

Die von der Elite der ausgehenden römischen Republik praktizierten Heiratsstrategien waren auf ökonomischen Nutzen und vor allem auf politische Signalwirkungen angelegt; sie widersprachen eindeutig dem traditionellen römischen Ideal, dass eine Frau in ihrem Leben nur mit einem einzigen Mann verheiratet, die Ehe also eine exklusive und lebenslange Partnerschaft sein sollte; dieses Ideal dokumentieren vor allem Grabinschriften, in denen Frauen als „nur einmal verheiratete" (*univira* oder *univiria*) gerühmt werden.[61] Der strategische Frauenwechsel verursachte Gerede und erregte durchaus Anstoß in Rom.[62]

Grundlegend unterschied sich die römische Kultur der Geselligkeit der Elite von der griechischen. In Rom nahmen Frauen (sowohl Matronen wie auch unverheiratete Töchter) an den abendlichen Gastmählern (*convivia*) teil, zu denen man sich in der Elite gegenseitig einlud. Von zahlreichen Frauen der römischen Elite jener Zeit ist bezeugt, dass sie sich auf den Gastmählern als charmante und kokette Gesellschafterinnen präsentierten (das markanteste Beispiel ist Sempronia, deren durchaus nicht bloß negativ zu verstehendes Porträt Sallust gezeichnet hat).[63] Insbesondere junge Männer der *jeunesse dorée* versuchten bei solchen Frauen ihr Glück, ohne dass feste Heiratsabsichten vorliegen mussten. Vertretern der traditionellen Moral musste dies als Sittenverfall erscheinen; in diesem Sinne zeichnet Horaz ein Bild von der Verkommenheit der Jugend, wobei er den moralischen Zeigefinger gegen die jungen, verheirateten Frauen erhebt: „Dann beim Gelag im Haus des Eheherrn/ Sucht sie sich frech die jüngeren Buhlen aus/ Und wählt nicht lang, wem sie geschwind im/ Dunklen verbotene Freuden schenke".[64] Daher mag Ciceros negativ zugespitzte Charakterisierung der „jungen Männer aus gutem Hause" im Gefolge Catilinas, die er summarisch als „Spieler, Ehebrecher, Lüstlinge und Wüstlinge" diffamiert, durchaus

---

[60] Dazu HÖLKESKAMP, Roman roofs (wie Anm. 35) S. 128. Zur Mitgift: KASER, Privatrecht (wie Anm. 38) S. 332–341, zur Klage: S. 341.

[61] HARTMANN, Frauen (wie Anm. 39) S. 138.

[62] Cicero, *epistulae ad Atticum* 13, 21, 2 (Kasten). Vgl. auch 13, 22, 3 (Kasten).

[63] Sallust, *de coniuratione Catilinae* 25.

[64] Horaz, *carmina* 3, 6, S. 17–32, hier: S. 25–28. (Übersetzung: SCHÖNE).

einen wahren Kern enthalten, insofern in den entsprechenden Kreisen eben genau diese Freizügigkeit praktiziert wurde.[65]

Da die Ehen recht leicht wieder aufgelöst werden konnten, und dies – gerade im Sinne der Veranschaulichung der politischen Kooperation zugehöriger Männer – häufig geschah, waren die verheirateten Frauen (die Matronen) der Elite Roms auch nach ihrer Heirat noch als potentielle Bräute zukünftiger Anwärter auf dem Heiratsmarkt präsent. Diese Kultur der Geselligkeit, welche auch Besuche verheirateter Frauen in anderen Häusern, wechselseitige Einladungen zu Gastmählern und die Anwesenheit von Ehefrauen bei politischen Gesprächen mit verheirateten Männern implizierte,[66] lief der traditionellen Moral zuwider, sie begünstigte außereheliche Sexualbeziehungen insofern, als die verheirateten Frauen weder sozial exkludiert noch räumlich separiert wurden wie die Bürgerfrauen Athens im 5. Jahrhundert v. Chr., wo es bereits als anstößig für einen Mann galt, das Haus einer verheirateten Frau auch nur zu betreten, sofern nicht auch ihr Gatte anwesend war.

Die Verhältnisse in der römischen Republik des 1. Jahrhunderts v. Chr. unterscheiden sich – wie Jochen MARTIN überzeugend herausgestellt hat – von den athenischen insofern, als hier die Häuser der Angehörigen der Senatsaristokratie als Zentren der für die politische Willensbildung notwendigen Kommunikation anzusprechen sind: „In Rom wird der Bereich der Politik nicht von den Häusern ausgegrenzt, sondern baut auf ihnen auf." Dies hat weitreichende Konsequenzen für die Involvierung der Frauen in den gesellschaftlich-politischen Verkehr; obwohl auch in Rom Männer die Politik in den Institutionen bestimmten, nahmen die weiblichen Angehörigen der Elite an Morgenempfängen und Gastmählern und somit an der politischen Kommunikation teil.[67]

---

[65] So bezeichnet Cicero, *pro M. Caelio* 10 das Gefolge Catilinas. Cicero, *in Catilinam* 2, 23. Zu Vorbehalten gegenüber der Jugend gehörte der Vorwurf, dass sie sich unkontrolliert dem Luxus und der Libido aussetze. Vgl. Cicero, *pro M. Caelio* 25.

[66] Zur Rolle von Frauen in der Politik grundlegend: Suzanne DIXON, A Family Business: Women's Role in Patronage and Politics at Rome 80–44 B. C., in: Classica et Medievalia 34 (1983) S. 91–112. Richard A. BAUMAN, Women and Politics in Ancient Rome (1992). T. Corey BRENNAN, Perceptions of Women's Power in the Late Republic: Terentia, Fulvia and the Generation of 63 B. C. E., in: A Companion to Women in the Ancient World, hg. V. Sharon L. JAMES / Sheila DILLON (2012) S. 354–366.

[67] MARTIN, Bedeutung (wie Anm. 3) S. 335.

Die gesellschaftliche und politische Relevanz der Ehe unter Bürgern in den antiken Stadtstaaten

Sowohl im demokratischen Athen des 5./4. Jahrhunderts v. Chr. wie auch im spätrepublikanischen Rom (1. Jahrhundert v. Chr.) hatten Eheschließungen eine enorme, wenn auch unterschiedliche gesellschaftliche Bedeutung. In beiden Gemeinwesen galt es als Pflicht der Angehörigen der Elite, zu heiraten und in diesem Rahmen legitime Nachkommen zu zeugen. In Athen war seit der zweiten Hälfte des 5. Jahrhunderts der Bürgerstatus eines Menschen an die Abkunft von miteinander verheirateten Bürgern gebunden und uneheliche Kinder galten als Bastarde (*nothoi*), die auch im Erbrecht benachteiligt waren. Der Lebensraum der finanziell privilegierten Frauen war maßgeblich das Haus; lediglich im sozial reglementierten Kontext von Festen traten sie außerhalb des Hauses wirkmächtig in Erscheinung, ansonsten führte jedoch Sichtbarkeit zu Ehrverlust. Dies führte dazu, dass Männer geradezu paranoid darüber wachten, dass ihre Frauen monogam und treu sein sollten. Im spätrepublikanischen Rom hingegen herrschten gesellige Verkehrsformen vor, in denen die Frauen der Elite integriert waren und in deren Rahmen durchaus Kontakte zwischen Verheirateten und Unverheirateten beiderlei Geschlechts vorgesehen waren (insbesondere bei den abendlichen Gelagen). Auch wenn die eheliche Treue und Keuschheit der Matronen ein hohes gesellschaftliches Ideal war, drohte einem außerehelich gezeugten Kind kein Statusverlust, sofern der Ehemann es anerkannte. Während in Athen eine Ehe erst als gänzlich vollzogen galt, wenn ein Kind daraus hervorging, gab es in Rom eine Tendenz zur gezielt (aus strategischen Gründen des Vermögenstransfers und des weiblichen Selbsterhalts) gewählten Kinderlosigkeit. Dennoch blieb die Eheschließung ein „Muss" im Lebenslauf der Elite; kein Politiker der römischen Oberschicht verzichtete auf eine Eheschließung und blieb ledig. Was die politische Relevanz der Eheschließungen betrifft, so kann man zugespitzt sagen, dass in Athen das Haus als prototypische Mikroeinheit der Polis verstanden wurde; die Wohlordnung jedes einzelnen ehelichen Hausstandes hatte einen hohen symbolischen Wert für die Ordnung der Polis. Auch wenn nicht jeder Bürger einen eigenen Haushalt hatte, konnten doch nur Bürger Haushalte führen. Die Politik war auf die Kerneinheit des Hauses angewiesen, spielte sich jedoch in den politischen Institutionen ab. In Rom hingegen wurde in den Häusern Politisches verhandelt, wurde auch durch Heiratsallianzen Politik veranschaulicht. Privates und Politisches war nicht zu trennen.

Literatur

Richard A. BAUMAN, Women and Politics in Ancient Rome (1992)

Ursula BLANK-SANGMEISTER, Römische Frauen, Ausgewählte Texte (2001)

T. Corey BRENNAN, Perceptions of Women's Power in the Late Republic: Terentia, Fulvia and the Generation of 63 B. C. E., in: A Companion to Women in the Ancient World, hg. v. Sharon L. JAMES / Sheila DILLON (2012) S. 354–366

Altay COSKUN, Weitere Überlegungen zu den Voraussetzungen und Folgen des Perikleischen Bürgerrechtsgesetzes: Naturalisierung und Epigamie in Athen, in: Klio 95 (2013) S. 391–404

Cheryl Anne COX, Household interests. Property, Marriage Strategies, and Family Dynamics in Ancient Athens (1998)

Cheryl Anne COX, Marriage in Ancient Athens, in: A Companion to Families in the Greek and Roman Worlds, hg. v. Beryl RAWSON (= Blackwell Companions to the Ancient World, 2011) S. 231–244

Suzanne DIXON, A Family Business: Women's Role in Patronage and Politics at Rome 80–44 B. C., in: Classica et Medievalia 34 (1983) S. 91–112

Suzanne DIXON, The Roman Mother (1988)

Walter EDER, Who rules? Power and Participation in Athens and Rome, in: City States in Classical Antiquity and Medieval Italy, hg. von Anthony MOLHO / Kurt RAAFLAUB / Julia EMLEN (1991) S. 169–196

Walter ERDMANN, Die Ehe im antiken Griechenland (Münchener Beiträge zur Papyrusforschung XX, 1934)

Ann-Cathrin HARDERS, Suavissima Soror. Untersuchungen zu den Bruder-Schwester-Beziehungen in der römischen Republik (Vestigia. Beiträge zur Alten Geschichte Bd. 60, 2008)

Elke HARTMANN, Heirat, Hetärentum und Konkubinat im klassischen Athen (Campus Historische Studien Bd. 30, 2002)

Elke HARTMANN, Frauen in der Antike. Weibliche Lebenswelten von Sappho bis Theodora (Becksche Reihe, 2007)

Elke HARTMANN, Laides, vieilles et courtisées: Femmes riches et captateurs d'héritage à Rome durant le Haut-Empire, Annales HSS 67, 3 (2012) S. 605–628. Englische Fassung: S. 431–452

Karl-Joachim HÖLKESKAMP, Under Roman Roofs: Family, House, and Household, in: The Cambridge Companion to the Roman Republic, hg. v. Harriet I. FLOWER (2004) S. 113–138

Andreas HOLZEM / Ines WEBER, Einleitung in: Ehe – Familie – Verwandtschaft. Vergesellschaftung in Religion und sozialer Lebenswelt, hg. v. Andreas HOLZEM / Ines WEBER (2008) S. 9–64

Sally C. HUMPHREYS, Frauengeschichten, in: Pandora. Frauen im klassischen Griechenland, hg. v. Ellen D. REEDER (1996) S. 102–110

Max KASER, Römisches Privatrecht ([16]1992)

Jens-Uwe KRAUSE, Witwen und Waisen im Römischen Reich II. Wirtschaftliche und gesellschaftliche Stellung von Witwen (1994)

Jens-Uwe KRAUSE, Antike, in: Geschichte der Familie, hg. v. Andreas GESTRICH / Jens-Uwe KRAUSE / Michael MITTERAUER (2003) S. 21–159

Christiane KUNST, Eheallianzen und Ehealltag in Rom, in: Frauenwelten in der Antike. Geschlechterordnung und weibliche Lebenspraxis, hg. v. Thomas SPÄTH / Beate WAGNER-HASEL (2000) S. 32–52

Claudine LÉDUC, C. (1993), Heirat im antiken Griechenland, in: Antike, hg. v. Pauline SCHMITT PANTEL (Hrsg.) (Geschichte der Frauen, Bd. 1; Übers. d. Originalausgabe 1990, 1993) S. 263–320

Francois LISSARRAGUE, Frauenbilder, in: Antike, hg. v. Pauline
SCHMITT PANTEL (Hrsg.) (Geschichte der Frauen, Bd. 1; Übers. d.
Originalausgabe 1990, 1993) S. 177–254

Jochen MARTIN, Die Bedeutung der Familie als eines Rahmens für
Geschlechterbeziehungen (= Deutsche Übersetzung der Originalveröffentlichung: La famiglia come cornice per i rapporti tra i sessi,
in: Maurizio Bettini (Hrsg.) Maschile / Femminile. Genere e ruoli
nelle culture antiche (1993) S. 75–99), in: Jochen MARTIN, Bedingungen menschlichen Handelns in der Antike. Gesammelte
Beiträge zur Historischen Anthropologie, hg. von Winfried
SCHMITZ (2009), S. 329–343

Jochen MARTIN, Bedingungen menschlichen Handelns in der Antike.
Gesammelte Beiträge zur Historischen Anthropologie, hg. von
Winfried SCHMITZ (2009)

Angelika METTE-DITTMANN, Die Ehegesetze des Augustus. Eine
Untersuchung im Rahmen der Gesellschaftspolitik des Princeps
(Historia Einzelschriften 67, 1991)

Dieter NÖRR, Planung in der Antike. Über die Ehegesetze des
Augustus, in: Freiheit und Sachzwang. Beiträge zu Ehren Helmut
Schelskys, hg. v. Horst BAIER (1977) S. 309–334

Georg OTTEN, Die Medea des Euripides (2005)

Sarah B. POMEROY, Frauenleben im klassischen Altertum (Übersetzung
der 9. Aufl. 1984) (1985)

Beate SCHNEIDER, Hochzeitsbräuche, Beate Schneider, Hochzeitsbräuche in römischer Zeit, in: Die Braut. Geliebt, verkauft
getauscht, geraubt. Zur Rolle der Frau im Kulturvergleich, hg. v.
Gisela VÖLGER / Karin VON WELCK Bd. 1 (1985) S. 238–245

Pauline SCHMITT PANTEL, Die Differenz der Geschlechter.
Geschichtswissenschaft, Ethnologie und die griechische Stadt der
Antike, in: Geschlecht und Geschichte. Ist eine weibliche
Geschichtsschreibung möglich? Hg. v. Michelle PERROT (Übers. d.
Originalausgabe von 1984) (1989) S. 199–252

Thomas SPÄTH, ‚Frauenmacht' in der frühen römischen Kaiserzeit? Ein
kritischer Blick auf die historische Konstruktion der ‚Kaiserfrauen',

in: Reine Männersache? Frauen in Männerdomänen der antiken Welt, hg. v. Maria H. DETTENHOFER (1994) S. 159–205

Peter SPAHN, Oikos und Polis. Beobachtungen zum Prozess der Polisbildung bei Hesiod, Solon und Aischylos, Historische Zeitschrift 231(1980), S. 529–564

Susan TREGGIARI, Ehe III Rom, in: Der Neue Pauly 3 (1997) Sp. 896–899

Peter THRAMS, Kinderlosigkeit, in: Reallexikon für Antike und Christentum 20 (2004), Sp. 947–963

Anne-Marie VÉRILHAC / Claude VIAL, Le mariage Grec: du VIe siècle avant J. - C. à l'époque d'Auguste (Bulletin de correspondance hellénique Suppl. 32, 1998)

Klaus ZMESKAL, adfinitas. Die Verwandtschaften der senatorischen Führungsschicht der römischen Republik von 218–31 v. Chr. (2009)

Schwierige Hochzeiten in der deutschen Literatur[1]

Helmut Brall-Tuchel

Begriffe und Bezeichnungen im Wandel

Ein Blick auf die Wortgeschichte zeigt, dass das Ereignis der Eheschließung oder Vermählung im Mittelalter im Schnittfeld verschiedener Einflussbereiche und gesellschaftlicher Kräfte stand. Wer an dieser Stelle erfolgreich den Hebel ansetzte, konnte kulturprägende Wirkung entfalten. So wurde im 13. Jahrhundert der Begriff *hôchzît* „durch das kirchliche Lehnwort Fest zurückgedrängt und auf die Feier der Eheschließung eingeengt."[2] Das eingedeutschte Fest (von lat. *festum*, gemeint war ursprünglich die religiöse Feier im Allgemeinen) wurde damit zum Oberbegriff für alle den Alltag unterbrechenden, öffentlichen, von Zeremonien und Repräsentationen begleiteten Versammlungen. Das schöne mittelhochdeutsche Wort *hôchzît*, das eigentlich die Qualität und Temporalität, auch das Spielerische und Theatralische dieser „festlichen" Art von Lebenserfahrungen einfängt, verdrängte seinerseits den prägnanten Terminus *brûtlouft* oder *brûtleite* (*brûtleich*). Diese Bezeichnung verweist auf den alten und in Europa weit verbreiteten Brauch der

---

[1] Vortrag im Rahmen des Kolloquiums des IIK Düsseldorf aus Anlass des 25-jährigen Bestehens am 28.11.2014 im Haus der Universität. Die Vortragsform wurde um Anmerkungen ergänzt. Eine systematische fachinterne Auseinandersetzung mit dem Thema Hochzeit in der Literatur des Mittelalters wurde nicht angestrebt.

[2] Peter DINZELBACHER (Hg.), Sachwörterbuch der Mediävistik, Stuttgart 1992, S. 357 f.

Übergabe oder Zuführung der Braut („kaum deshalb, weil urspr. ein wettrennen um die braut gehalten wurde", wie Matthias LEXER in seinem Mittelhochdeutschen Taschenwörterbuch vermerkt).[3] Es handelte sich also um eine „Rechtshandlung", mit welcher der durch die Verlobung bereits geschlossene Vertrag zwischen zwei Familiengruppen zeremoniell erfüllt, d. h. in die Tat umgesetzt wurde.[4]

Die Braut und auch der Bräutigam, den man etymologisch (althochdeutsch *gomo* Mann, Mensch) als den Mann der Braut erklärt,[5] gerieten seit dem hohen Mittelalter vom Einflussbereich der weltlichen Rechtsgewohnheiten, zu denen eben die Brautführung gehörte, zunehmend in das Blickfeld des kirchlichen Rechts, das fortan die Eheschließungen stärker reglementieren und das damit verbundene religiöse und spirituelle Zeremoniell als Hochzeit bezeichnen sollte.

Hochzeiten als Übergänge

Was ist so wichtig an Hochzeiten, dass man dafür eigens Namen sowie rechtlich und religiös fundierte Durchführungsbestimmungen entwickelte? Auf einer etwas anderen Ebene gefragt: Sind Hochzeiten ein eher trennender oder vielmehr ein verbindender Akt? Übereinstimmung dürfte herrschen, dass es sich bei Hochzeiten um Rituale oder ritualisierte Handlungen handelt, die problematische Übergänge im Leben von Individuen und ihren Gruppen regeln:

> Heiraten bedeutet nämlich, von der Gruppe der Kinder oder Jugendlichen zur Gruppe der Erwachsenen, von einem bestimmten Klan zu einem anderen, von einer Familie zur anderen und oft von einem Dorf zu einem anderen überzuwechseln. Dieser Wechsel der Gruppenzugehörigkeit schwächt die Gruppen, die ein Mitglied verlieren, stärkt aber die anderen, die es hinzugewinnen.[6]

---

[3] Matthias LEXERs Mittelhochdeutsches Taschenwörterbuch, Stuttgart 1969, S. 27.

[4] Lexikon des Mittelalters, Bd. V., München 2002, Sp. 60 s. v. Hochzeit.

[5] KLUGE, Etymologisches Wörterbuch der deutschen Sprache. Bearbeitet von Elmar SEEBOLD, 25. Aufl., Berlin, Boston 2011, S. 148 f.

[6] Arnold VAN GENNEP, Übergangsriten (Les rites de passage), mit einem Nachwort von Sylvia M. SCHOMBURG-SCHERFF, Frankfurt a. M., New York 2005 (urspr. Paris 1909), S. 121, vgl. auch S. 114 f.

Auch bei Hochzeiten geht es, selbst wenn der Gedanke heute in den Hintergrund getreten sein mag, im Kern immer um den in der Einleitung zu diesem Band bereits erwähnten „Jobel", d. h. um Ausgleich, Versöhnung, Schlichtung von Streit und die Behebung von Ungerechtigkeiten. Hochzeiten eigneten sich dafür aus einem bestimmten Grund in ganz herausragender Weise: Sie waren und sind nämlich selbst der Modellfall sozialer Vertrauensbildung und sozialen Austausches schlechthin. Nach Arnold VAN GENNEP erklären sich die komplexen Riten und Bräuche der Hochzeiten vereinfacht gesagt dadurch, dass die eine soziale Gruppe eines ihrer meist weiblichen Mitglieder verliert, d. h. einem Vertreter einer anderen Gruppe die Braut zuführt, und daher stets wissen will, was sie dafür im Gegenzug als Preis, Ersatz, Belohnung von der anderen Gruppe erhält. In Riten, Bräuchen und Gewohnheiten wird diese virtuell konfliktträchtige Ausgangslage gespiegelt, eingefasst und symbolisch aufgelöst.

Man kennt den gut gemeinten Satz: „Du hast keine Tochter verloren, sondern einen Sohn gewonnen." Das stimmt natürlich vielfach nicht mit den tatsächlichen familiären Erfahrungen überein; solche Beschönigungen sollen Vertrauen und Zuversicht erzeugen und dadurch den Übergang erleichtern, etwa indem sie aktuell den wahren Verlust, die faktische Trennung und emotionale Loslösung eines Gruppenmitglieds verschleiern. So funktionieren Rituale fast überall auf der Welt: Über unangenehme Fakten und schmerzliche Erfahrungen wird gern die tröstlich wärmende Decke zweifelhafter Versprechungen gelegt.

Mittelalterliche Hochzeiten in Theorie und Praxis

Im frühen und hohen Mittelalter bestimmte das Bewusstsein dafür, dass es sich bei Eheschließungen um Allianzen zwischen zwei fremden, mitunter auch feindlichen Familiengruppen oder Sippen handelte, wie selbstverständlich die allseits geübte Praxis.[7] Die Kirche hat, wenngleich aus Gründen der Hochschätzung der Jungfräulichkeit und des enthaltsamen Lebens zunächst zögerlich, dann aber mit Nachdruck ihren Einfluss auch bei der ideellen Aufwertung und zeremoniellen Gestaltung

---

[7] Einen Überblick vermittelt das Sammelwerk Il matrimonio nella società altomedievale, Spoleto 1977 (SSAM 24,1 und 2). Vgl. auch Joachim BUMKE, Höfische Kultur. Literatur und Gesellschaft im hohen Mittelalter, Bd. 2, München 1986, S. 534 ff.

von Eheschließungen geltend gemacht. Nicht mehr nur die ökonomischen und machtpolitischen Interessen der beteiligten Familiengruppen, auch die Zustimmung, die ausdrückliche Einwilligung der Brautleute und der sakramentale Akt, der im Kirchenraum vollzogen wurde
und den die Eheleute einander spenden, sollten fortan die eheliche
Gemeinschaft begründen.[8] Versehen mit den Postulaten der Beständig-
keit, der gegenseitigen Liebe und der Unauflöslichkeit[9] durfte der ehe-
stiftende Akt dann durchaus von vielen anderen weltlichen Bräuchen
flankiert sein. Wer heute die kirchliche Trauung für verzichtbar hält,
weil er sich selber traut – wie man auf vielen modernen Hochzeitsan-
zeigen liest – weiß nicht oder schätzt nicht, was er dem Christentum –
historisch betrachtet – für das heute unverzichtbare Gut der freien
Partnerwahl verdankt.[10]

Gründlich untersucht wurden die hochmittelalterlichen Praktiken
der Eheschließung im gesamtgesellschaftlichen Zusammenhang von
dem französischen Historiker Georges DUBY.[11] Er gibt uns einen facet-
tenreichen Einblick in das Ringen der gesellschaftlichen Kräfte um den
größtmöglichen Einfluss auf das Heiratsgeschehen in Theorie und Praxis. Wichtig ist in unserem Zusammenhang, an die herausragende zivili-
satorische Bedeutung der Eheschließung zu erinnern, denn diese zentrale Aufgabe machte die eheliche Verbindung zu einem Werkzeug viel-
fältigster Interessen:

> Durch die Institution der Ehe, durch die Normen der Heirats-
> verbindung, durch die Art und Weise, wie diese Normen ange-
> wandt werden, versuchen alle menschlichen Gesellschaften, und
> wenn sie noch so frei sein wollen oder frei zu sein vermeinen, ih-
> re Zukunft zu regeln, d. h. sich selbst in der Aufrechterhaltung

---

[8] J. H. OSWALD, Die dogmatische Lehre von den heiligen Sakramenten der katholischen Kirche, Bd. II: Die Buße, die letzte Oelung, die Priesterweihe und die Ehe,
Münster 1864. „Ausspender des Sakramentes der Ehe sind die Brautleute oder Contra-
henten selbst." S. 399.
[9] So Arnold ANGENENDT, Geschichte der Religiosität im Mittelalter, Darmstadt 2009,
S. 269.
[10] Paul MIKAT, Dotierte Ehe – rechte Ehe. Zur Entwicklung des Eheschließungsrechts
in fränkischer Zeit, Opladen 1978.
[11] George DUBY, Le Chevalier, la femme et le prêtre. Le mariage dans la France féodale,
Paris 1981, deutsche Ausgabe: Ritter, Frau und Priester. Die Ehe im feudalen Frankreich, Frankfurt a. M. 1985.

ihrer Strukturen und gemäß einem Symbolsystem, einem Ideal-
bild der eigenen Vollkommenheit, zu perpetuieren. [...] Auf der
Ehe basieren die Verwandtschaftsbeziehungen, auf ihr basiert die
ganze Gesellschaft. Sie bildet den Eckstein des sozialen Gebäudes.[12]

Die Hochzeiten, die in der Literatur des Mittelalters beschrieben werden, standen im Kontext dieses Wissens und sie trugen zu der intensiven Debatte über die gesellschaftlich geltenden und anzuwendenden
Regeln ganz entschieden bei. Eine führende Rolle spielte dabei das
Erzählschema der Brautwerbung,[13] das im 12. und 13. Jahrhundert in
der sogenannten Spielmannsepik, in der Heldenepik und auch im höfischen Roman immer wieder aufgegriffen und variiert wurde. Es versteht sich von selbst, dass Brautwerbung – etwa der Raub, die Erobe-
rung, die Entführung, Rückentführung oder auch Verführung der Frau
durch Kampf, List, Diplomatie oder Attraktivität und Geschick – dem
anerkennenden und ausgleichenden Akt der Eheschließung vorgelagert
war und hinsichtlich des Konfliktpotentials sein Gegenpol. In diesem
Sinne ist es zutreffend, unter Hochzeit sowohl einen die Turbulenzen
der Zeit der Erwerbung oder Vergabe einer Braut abschließenden Akt
zu sehen als auch ein zukunftsorientiertes Ritual mit Aussicht auf geordnete, beruhigte Verhältnisse und Nachfolge. Gerade „im Denken

---

[12] Ebd., S. 25.

[13] Reiche Literatur zum Thema Theodor FRINGS, Max BRAUN, Brautwerbung, 1. Teil
(Verhandlungen der Sächsischen Akademie der Wissenschaften. Phil.-hist. Klasse
96/2), Leipzig 1947, Friedmar GEISSLER, Brautwerbung in der Weltliteratur, Halle an
der Saale 1955, Hinrich SIEFKEN, Überindividuelle Formen und der Aufbau des Kudrunepos (Medium aevum 11), München 1967, Friedmar GEISSLER, Brautwerbungssage, in: Reallexikon der Germanischen Altertumskunde, 2. Aufl., Bd. 3, Berlin, New
York 1978, S. 425–428, Kurt RANKE, Braut, Bräutigam, in: Enzyklopädie des Märchens,
Bd. 2, Berlin 1979, Sp. 700–726, Marianne E. KALINKE, Bridal-Quest Romance in
Medieval Iceland (Islandica 46), Ithaca, London 1990, Walter HAUG, Normatives Mo-
dell oder hermeneutisches Experiment: Überlegungen zu einer grundsätzlichen Revisi-
on des Heuslerschen Nibelungen-Modells, in: ders., Strukturen als Schlüssel zur Welt.
Kleine Schriften zur Erzählliteratur des Mittelalters, Tübingen 1989, S. 308–325, Peter
STROHSCHNEIDER, Einfache Regeln – Komplexe Strukturen. Ein strukturanalytisches
Experiment zum ‚Nibelungenlied', in: Mediävistische Komparatistik. Festschrift für
Franz Josef WORSTBROCK zum 60. Geburtstag, hg. von Wolfgang HARMS und Jan-Dirk
MÜLLER, Stuttgart, Leipzig 1997, S. 43–75, Nikolaus MILLER, Brautwerbung und Hei-
ligkeit. Die Kohärenz des *Münchner Oswald*, in: Deutsche Vierteljahrsschrift 52 (1978) S.
226–240.

der Literatur", darauf hat der Schweizer Literaturwissenschaftler Peter
VON MATT hingewiesen, kann es „gar keinen Begriff von einer umfas-
send versöhnten Welt geben, ohne einzelne Elemente der Chiffre
Hochzeit aufzurufen und einzubringen."[14]

Verschiedene Typen von Hochzeiten in der deutschen Literatur des
Mittelalters, die ich alle als schwierig qualifizieren möchte, sollen im
Folgenden untersucht werden. Aus dem Erzählverlauf wird ersichtlich,
dass Zweck und Ziel des Rituals vollständig oder in Teilen verfehlt oder
umgelenkt werden, und zwar so, dass die vom Ritual angestrebte Versöhnung grundsätzlich misslingen muss, dass die Verbindung in der
jeweiligen Erzählwelt allegorisch aufgefasst wird bzw. nicht im gemeinten Sinn realisiert werden kann oder ihr Zustandekommen nach den
jeweils geltenden Normen als utopisch qualifiziert wird. Vereinfacht
gesagt geht es um ritualsprengende und desaströse Eheschließungen,
um die Übertragung auf ungeschlechtliche Bindungen, um unerprobte
Verbindungen von zweifelhafter Tragfähigkeit und schließlich um
Träume und Wünsche, deren Realisierung nicht in Sicht ist.

Hochzeiten ohne Zukunft (Bluthochzeiten)

Im ersten Buch seiner Geschichte der Langobarden erzählt der karolin-
gische Geschichtsschreiber Paulus Diakonus vom Untergang der Gepi-
den. Sie gerieten im Jahr 567 in eine Zange zwischen den langobardischen und den avarischen Heeren und wurden aufgerieben. Zu den
rauen Sitten (nicht nur) der Völkerwanderungszeit zählte es, dass der
langobardische Sieger Alboin seinen Gegner, den Gepidenkönig Kuni-
mund, tötete, ihm das Haupt abschlug und sich aus dem Schädel einen
Trinkbecher anfertigen ließ. Dessen Tochter Rosimunda führte er mitsamt den Resten ihres Volkes gefangen nach Italien und machte sie
dann nach dem Ableben seiner bisherigen Frau zu seiner Gemahlin. Bei
einem ausgelassenen Gelage im Kreise seiner Männer in Verona, so
Paulus Diakonus: „den Becher vor sich, den er aus dem Schädel seines
Schwiegervaters hatte machen lassen, da befahl er auch der Königin
Wein zu trinken, und forderte sie selbst auf, lustig mit ihrem Vater zu

---

[14] Peter von MATT, Liebesverrat. Die Treulosen in der Literatur, München, Wien 1989,
S. 27.

trinken."[15] Diese öffentlichkeitswirksame, auch durch fortgeschrittenen Alkoholgenuss nicht zu entschuldigende Geste, wirft ein grelles Licht auf die Funktion dieser Vermählung. Der Sieger entehrt die höchste Repräsentantin der Besiegten vor aller Augen und markiert damit den asymmetrischen Status der Verbindung. Blut und Beute sind die begründenden Motive dieser Verbindung. Es handelt sich um eine Art von Vergewaltigung durch Eheschließung, die in der höhnischen Aufforderung zum Verrat an Herkunft, Familie und Volk gipfelt. Das bleibt nicht ohne Wirkung. Nach einer sorgfältig eingefädelten Palastintrige lässt Rosimunda einen gedungenen Mörder in das königliche Schlafgemach ein. Zuvor hatte sie eigenhändig alle Waffen aus dem Raum entfernt und das Schwert des Königs so festgebunden, dass er es weder von der Wand nehmen noch aus der Scheide ziehen konnte. Verzweifelt verteidigt sich Alboin eine Zeit lang mit einem Fußschemel: „Aber ach! der streitbarste und kühnste Mann vermochte nichts gegen seinen Feind und wurde wie ein Schwächling umgebracht; er, der durch die Besiegung so vieler Feinde sich den größten Kriegsruhm erworben hatte, fiel durch die Ränke eines Weibes."[16]

Die Bluthochzeit als Besiegelung von Niederlage und Vernichtung eines Volkes verkehrt nicht nur das ursprüngliche Ritualziel der Versöhnung und des Ausgleichs ins blanke Gegenteil. Sie entwickelt eine eigene Untergangsdynamik und untergräbt in letzter Konsequenz auch die männerbündischen Wertbegriffe der langobardischen Kriegermoral. Den nachfolgenden verräterischen Heiratsprojekten Rosimundas nach Alboins Tod ist denn ebenfalls kein Erfolg beschieden. Wie in einem Lehrstück der höheren Gerechtigkeit fällt die verratene und entwürdigte Frau ihrem verräterischen Treiben endgültig zum Opfer.

Zum Typus dieser Bluthochzeiten (den Frederico Garcia Lorca im Jahr 1933 im Drama *Bodas de sangre* aufgegriffen hat), auf denen gar kein Segen liegt, können wir ohne weiteres die drei Hochzeiten des mittelhochdeutschen *Nibelungenliedes* rechnen, die Hochzeit Siegfrieds mit Kriemhild, die Hochzeit Gunthers mit Brünhild und schließlich auch die Hochzeit Kriemhilds mit dem Hunnenkönig Etzel. Diese Verbindungen haben längere Planungsphasen, die Hochzeiten jedoch werden

---

[15] Zitate nach: Geschichte der Langobarden. Paulus Diakonus und die Geschichtsschreiber der Langobarden. Nach der Übersetzung von Otto ABEL neu hg. von Alexander HEINE, Kettwig 1992, Buch II., Kap. 2, S. 99.
[16] Ebd., S. 100.

in aller Eile vollzogen. Doch nach und nach kommt an den Tag, dass der Hochzeitszweck der Versöhnung von den Akteuren weder angestrebt, geschweige denn erreicht wurde. Siegfrieds Werbung um Kriemhild trägt Züge einer durch Minne gemilderten Übernahme von Weib und Land, wie es die mittelhochdeutsche Formel *wîp unde lant* prägnant zum Ausdruck bringt; Gunthers Werbung um Brünhild, für die er sich die heimliche Unterstützung Siegfrieds im Gegenzug für die Vergabe der Schwester ausbedingt, steht ebenfalls unter dem Vorzeichen des Zugewinns an Macht und Prestige.[17] Aus dieser Disposition heraus ist dem Kenner des Heiratsrituals von Beginn an klar, dass Versöhnung, Ausgleich, Konfliktbeilegung nicht gelingen können und die Hochzeiten fatale Folgen zeitigen werden.[18] Entsprechend kommt es – bedingt durch den Untergang der Burgunden – auch nicht zur Hochzeit zwischen Giselher und der Tochter Rüdigers, jener einzigen Verbindung in diesem Text, in der Minne, Verwandtschaft und Allianz einander bestärken und festigen könnten. Wo Übergänge, Passagen, Verbindungen im Kern immer weiter ausgehöhlt werden, verkehrt sich ihre Dynamik ins Gegenteil.[19]

Diese Inversionstendenz hat in der Rezeption und Adaption des *Nibelungenliedes* bis in das 21. Jahrhundert hinein nichts von ihrer Brisanz verloren. Auch in der mittelalterlichen Literatur entfalten narrative Strategien wie diese ihre Wirkung bis weit in die höfische Romanwelt hinein.[20] Wenn etwa die Herrscherin Laudine in Hartmanns von Aue zweitem Artusroman *Iwein* sich von ihrer Zofe dazu überreden lässt, den Gegner, der gerade eben ihren Mann erschlagen hat, zwar nach einigem Zögern, aber dann doch zu heiraten, dann hat diese herrschaftspolitisch

---

[17] Zu den rechtsgeschichtlichen Zusammenhängen vgl. Uta STÖRMER-CAYSA, Siegfried, Kriemhild und das historische Eherecht. Erwägungen zur Stoffgeschichte des Nibelungenliedes, in: Germanisch-Romanische Monatsschrift, NF Bd. 48 (1998) S. 1–25 und dies., Kriemhilds erste Ehe: Ein Vorschlag zum Verständnis von Siegfrieds Tod im Nibelungenlied, in: Neophilologus Bd. 83 (1999) S. 93–113.

[18] Auf der Ebene des Rituals zeigt sich die Verkehrung ins Gegenteil etwa bei der Hochzeit von Lemberslind und Gotelind in der Versnovelle *Helmbrecht*. Das üppige Hochzeitsmahl entpuppt sich kurz darauf als Henkersmahlzeit.

[19] Vgl. dazu Walter HAUG, Positivierung von Negativität. Letzte kleine Schriften, hg. von Ulrich BARTON, Tübingen 2008, S. 399 ff.

[20] Siehe dazu auch Barbara HAUPT, Das Fest in der Dichtung. Untersuchungen zur historischen Semantik eines literarischen Motivs in der mittelhochdeutschen Epik, Düsseldorf 1989.

zweckmäßige, aber emotional und moralisch prekäre Entscheidung zunächst keinen Bestand. Eine solche Verbindung kommt ohne gewaltige Veränderungen bei den Protagonisten, ritterlich-männliche Bewährung beim Mann, Isolation und Entbehrung bei der Frau, nicht ins Lot. Gänzlich irreparabel hingegen sind Bindungen im Spektrum epischer Hochzeitsdarstellungen, die sich über das Inzestverbot hinwegsetzen. Selbst wenn dies unwillentlich und unwissentlich geschieht wie in Hartmanns Legendenroman vom guten Sünder Gregorius, dem mit Thomas Manns Novelle *Der Erwählte* eine großartige literarische Nachblüte beschieden war, zeichnet sich eine Reintegration nur auf dem Wege des Gnadenwunders ab. Die radikale Buße des Sünders mit dem Ziel habitueller Umwandlung und der vollständige Rückzug der Mutter aus aller Gesellschaft schaffen die Voraussetzung für den Empfang der Gnade und den Eintritt in ein neues, desexualisiertes, nichtgeneratives Leben.

Allegorische, abgebrochene und ungleiche Hochzeiten

Die geistliche Dichtung greift im übrigen Motiv und Metapher der Hochzeit vielfältig auf, etwa anlässlich der Vermählung des Bischofs mit seiner Stadt oder bei der mystischen Hochzeit der Seele mit Christus, die im Umfeld der Auslegungen des biblischen Hoheliedes seit dem 12. Jahrhundert auch in den Volkssprachen verbreitet war.[21] Im Gedicht *Die Hochzeit* (ca. 1160) wird die Beziehung zwischen Gott und Mensch ebenfalls in diesem Sinne allegorisch ausgelegt. Der anonyme Dichter geht dabei allerdings ungewöhnlich präzise auf die Hochzeitsbräuche des Adels zu seiner Zeit ein, bevor er mit seinen geistlichen Auslegungen und Sinnzuweisungen einsetzt. Er erzählt von der Hochzeit eines hohen Herren im fernen Gebirge (Gott, Hl. Geist) mit einer edlen Jungfrau aus einem tiefen Tal (Mensch, Seele), die zu *der besten wirtschaft, die der ie dehein man ze sinen brutlouf gewan*[22] zu zählen ist. Der

---

[21] Dazu Urban KÜSTERS, Der verschlossene Garten. Volkssprachliche Hohelied-Auslegung und monastische Lebensform im 12. Jahrhundert. Studia humaniora. Düsseldorfer Studien zu Mittelalter und Renaissance, Bd. 2. Düsseldorf 1985.

[22] Kleinere deutsche Gedichte des 11. und 12. Jahrhunderts. Nach der Auswahl von Albert WAAG neu hg. von Werner SCHRÖDER, Band II, Tübingen 1972 (V. 320–22). (Übersetzung: zum besten Festmahl, das überhaupt jemals ein Mann bei seiner Hochzeit erhielt). Vgl. dazu Helmut de BOOR, Die deutsche Literatur von Karl dem Großen bis zum Beginn der höfischen Dichtung 770–1170 (Geschichte der deutschen Literatur,

Herr entschließt sich, zur Sicherung des Erbes und Gewinnung eines legitimen Nachfolgers die Ehe einzugehen. Er sendet einen Boten aus, der seine Werbung um die Braut vorbringt, die mit Zustimmung ihrer Verwandten einwilligt. Bekräftigt wird der Vertrag mit der Übergabe seines Ringleins; die Verwandten tragen Sorge dafür, dass in der Zeitspanne bis zur Heimholung der Braut nichts Ehrenrühriges vorfällt. Der Tag der Heimholung oder Heimführung der Braut wird verabredet, die Braut gebeten, sich dafür prächtig einzukleiden und zu schmücken. Am Hochzeitstag zieht der Bräutigam mit seinem hochgestellten Gefolge seiner Braut entgegen. Man unterrichtet, um Missverständnisse aller Art zu vermeiden, die Gegenseite durch Boten rechtzeitig von dieser Fahrt, die ihrerseits für die kostbare Ausstattung der Braut sorgt (weißes Gewand mit kostbaren Einfassungen und Gürtel, goldenen Spangen und Verzierungen aus Gold). Beim Zusammentreffen reicht der Bräutigam seiner Braut vor aller Augen die Hand zum Zeichen des Bundes und reitet gemeinsam mit ihr, die wie der Morgenstern am Himmel leuchtet, an der Spitze seines Zuges heim in sein Reich, wo alle Teilnehmer festlich empfangen und versorgt werden. Unterwegs freilich werden schon Gesänge angestimmt, mit denen der Abschluss des erfolgreichen, manchmal auch gefährlichen Unternehmens gebührend gefeiert wird:[23]

> *Dô riten mit der broute*
> *chindische loute,*
> *riter gemeite,*
> *hêrlîch gereite.*
> *Hoy, wie si dô sungen,*
> *do si sie heim brungen!* V. 301–306[24]

Bd. I), S. 187 f. und Gustav EHRISMANN, Geschichte der deutschen Literatur bis zum Ausgang des Mittelalters Bd. 2.1, München 1966, S. 200 ff.

[23] Das mag heute an die Triumphgesänge von Fußballfans nach gewonnenen Auswärtsspielen erinnern.

[24] Vgl. dazu auch Edward SCHRÖDER, Brautlauf und Tanz, in: Zeitschrift für deutsches Altertum 61 (1922) S. 17–34 sowie den Artikel Brautlied im Reallexikon der deutschen Literaturgeschichte, Bd. 1, Berlin 1958, S. 183 (Herbert KOLB). Übersetzung: Da ritten junge Leute zusammen mit der Braut, schmucke Ritter, herrlich ausgerüstet. Hei, wie sie da sangen, während sie sie heimführten.

Leider ist von diesen volkssprachlichen Brautliedern außer dieser Nachricht so gut wie nichts erhalten, während Hochzeitgesänge (*nuptialia carmina* bei Notker) im lateinischen Ruodlieb-Epos (XV, 89) und bei der Verlobungsfeier in der Versnovelle *Helmbrecht* (Vers 1533) aus dem späteren 13. Jahrhundert erwähnt werden.[25] Die Hochzeit dient in dieser allegorischen Erzählung vor allem der Vorbereitung der Auslegung. Der Mensch hat sich auf dem Weg zur Erlösung um seine Bindung an Gott zu kümmern, die er mit der Taufe eingegangen ist.

Die Heiligenviten, an ihrer Spitze vielleicht die Alexiuslegenden, geben sich mit derartigen Verwendungen des Schemas nicht zufrieden, sondern betonen die Unversöhnlichkeit von Ehe, Familie und heiligmäßigem christlichen Leben. Statt das Beilager mit seiner Angetrauten zu halten, missioniert der junge reiche Römer Alexius seine Braut auf dem Hochzeitsbett und lädt sie dazu ein, die jungfräuliche Scham zu bewahren. Er übergibt ihr Ring und die Schnalle seines Gürtels und sagt zu ihr: „Nimm das und bewahre es auf, solange Gott will, und der Herr sei zwischen uns."[26] Dann verlässt er Braut und Herkunftsfamilie, lebt 17 Jahre erst im Exil in Syrien und in Edessa, und danach bis zu seinem Tode noch einmal 17 Jahre lang unerkannt als Bettler unter einer Treppe im Hause seines Vaters.

Auch die im Rheinland verehrte Heilige Ursula mitsamt ihren elftausend Jungfrauen gehört zum Kreis der beharrlichen Ehe- und Hochzeitsverweigerer. Noch eine weitere Gruppe von Verbindungen hat wenig Aussicht, vom Versöhnungspotential der Hochzeit dauerhaft zu profitieren. Dies sind die Verbindungen von Menschen beiderlei Geschlechts mit einem übernatürlichen Partner, einer Mahrte, einer Fee, einer Hexe oder dem Teufel. Gleichviel ob einer oder beide der ungleichen Partner sich in den Erwartungen an diese Vermählung getäuscht sehen, am Schluss geht die Fahrt doch in die Hölle, wenn nicht rechtzeitige Umkehr und Buße den menschlichen Partner retten. Nicht zu retten war unter christlichen Vorzeichen auch die heidnische Vorstellung vom *hieros gamos*, der heiligen Hochzeit, deren Relikte noch Eingang in die irische Königsweihe des 12. Jahrhunderts gefunden haben sollen: „Unter den Augen seiner Untertanen paart sich der König mit einer Schimmelstute, die getötet und dann gekocht wird: das Fleisch

---

[25] Vgl. Gustav EHRISMANN, Geschichte der deutschen Literatur, Bd. I, S. 27.
[26] Jacobus de Voragine, Legenda Aurea. Heiligenlegenden, Zürich 1982, S. 220.

wird unter dem König und seinen Männern geteilt."[27] Das Tier soll
dabei die Mutter Erde und ihre Fruchtbarkeit symbolisieren.

Hochzeiten auf Probe

Unter interkultureller Perspektive ist die interessanteste Hochzeit der
mittelalterlichen Dichtung wohl die Vermählung eines angevinischen
hochadligen Ritters und Söldners mit einer jungfräulichen schwarzhäu-
tigen Herrscherin irgendwo im nördlichen oder mittleren Afrika. Davon erzählt die Vorgeschichte des *Parzival* von Wolfram von Eschenbach.[28] Das Werk entstand im ersten Jahrzehnt des 13. Jahrhunderts auf
der Grundlage des altfranzösischen Gralromanes von Chrétien de Tro-
yes, der die Geschicke der Elterngeneration des Haupthelden Perceval
nur kurz streift. Ich fasse die komplexen Handlungsstränge so knapp
wie möglich zusammen.[29] Landlos, aber ambitioniert und kampferprobt
macht sich der junge Ritter Gahmuret auf in den Orient, um dort Ansehen zu gewinnen und sein Glück zu machen. Nach Aufenthalten in
Kairo und Bagdad gelangt er dann per Schiff nach Patelamunt im Königreich Zazamanc. Wo das ungefähr liegen könnte, weiß ich nicht und
auch sonst kein Mensch. Die Burg der dort ansässigen jungfräulichen
Königin wird bedrängt von zwei Seiten, einem einheimischen und einem nordeuropäischen Heer. Beide Lager befinden sich auf einem
Rachefeldzug, denn sie wollen den Tod eines afrikanischen Bewerbers
namens Isenhart um die Hand dieser Königin rächen. Dessen Werbung
um die schwarze Königin verlief zwar aus nachweislich selbstverschul-
deten Gründen tödlich, doch die afrikanischen Gefolgsleute und die
merkwürdigerweise mit ihnen versippten Schotten (P. 28, 20 ff.) wollen

[27] Mircea ELIADE, Geschichte der religiösen Ideen Bd. 2, Freiburg u. a. 1993, S. 133.
[28] Vgl. dazu Herbert KOLB, Munsalvaesche. Studien zum Kyotproblem, München 1963,
Helmut BRALL, Gralsuche und Adelsheil. Studien zu Wolframs Parzival, Heidelberg
1983, Paul KUNITZSCH, Der Orient bei Wolfram von Eschenbach – Phantasie und
Wirklichkeit, in: Albert ZIMMERMANN, Ingrid CRAEMER-RUEGENBERG (Hgg.), Orientalische Kultur und europäisches Mittelalter, Berlin, New York 1985, S. 112–122, Michael
DALLAPIAZZA, Wolfram von Eschenbach, *Parzival*, Berlin 2009.
[29] Dem heutigen Leser außerhalb der altgermanistischen Seminare sei die Lektüre der
orientalischen Abenteuer in der Übersetzung von Peter KNECHT empfohlen. Wolfram
von Eschenbach, Parzival. Aus dem Mittelhochdeutschen von Peter KNECHT. Mit
einem Brief des Übersetzers an den Lektor, Frankfurt a. M. 1993.

den Tod ihres Verwandten an der spröden Braut rächen. Der Verlust des Bewerbers ist der ‚worst case' für die brautwerbende Gruppe. In diese Situation greift unser Held nun tatkräftig ein. Er verliebt sich erst einmal selbst in die Königin, verschafft sich dann Respekt bei den afrikanischen wie bei den schottischen Belagerern samt deren französischen Hilfstruppen, zumal er mit deren Anführern teils enge verwandtschaftliche Beziehungen unterhält. Es gelingt Gahmuret mit Kampf und mit Diplomatie, den Konflikt zwischen den feindlichen Parteien zu lösen, die Länder Zazamanc und Azagouc neu zu ordnen und der schönen schwarzen Königin ein Kind zu machen.

Von Hochzeit im Sinne des Beilagers ist auch die Rede, da der weiße Mann in Afrika als Landesherr auftritt und sich fortan auch als König von Zazamanc präsentiert. Um es vorweg zu nehmen: Schon nach kurzer Zeit wird Gahmuret heimlich unter Mitnahme beweglicher Güter seine schwangere Frau verlassen, ihr nicht mehr als den Adelsbrief für den ungeborenen gemeinsamen Sohn ausstellen, gelegentlich um sie trauern und dann den Heldentod sterben. Vorher wird er jedoch noch mit der Königin von Wales zwangsverheiratet, deren Hand er auf einem Turnier gewonnen hat, ohne das wirklich zu wollen. Mit ihr, der schönen Herzeloyde, zeugt er kurz vor seinem Ableben noch Parzival, den späteren Gralsucher. Denn allem Heiratszwang zum Trotz: Gahmuret war auf den ersten Blick entflammt auch für diese schöne Waliserin mit dem traurigen Namen.

Was lehrt uns diese Geschichte? Hochzeiten mit interkulturellem Hintergrund, so viel ist klar, haben es auch im höfischen Roman des hohen Mittelalters schwer. Selbst wenn man an das Ziel aller Wünsche kommt, *wîp unde lant* mit eigener Hand, wenn auch nur jenseits der Ökumene, in Afrika, erringt oder wenn die afrikanische Frau einen prächtigen europäischen Mann auf ihre Seite zieht, haftet dieser interkulturellen Verbindung in Wolframs Optik doch etwas Vorläufiges, Experimentelles an. Wenn nur Kampfkraft und sexuelle Anziehung (*strît und minne*),[30] hier noch verstärkt durch die Fremdheit der jeweiligen

---

[30] Dazu BRALL (wie Anm. 28) S. 159 ff. und Helmut BRALL, Familie und Hofgesellschaft in Wolframs Parzival, in: Höfische Literatur, Hofgesellschaft, Höfische Lebensformen um 1200, hg. von Gert KAISER und Jan-Dirk MÜLLER, Düsseldorf 1986, S. 541–582.

Hautfarbe, welche Wolfram sehr lustvoll ausmalt,[31] über die Eheschließung entscheiden, dann ist das weit entfernt von einer geregelten,
nachhaltigen Zukunftsplanung. Glück, Willkür und die unabsehbaren
Auswirkungen religiöser, kultureller, verwandtschaftlicher und farbli-
cher Vermischungen behaupten das Feld an einer zentralen Stelle der
Gesellschaftsordnung, an der nach Gottes Willen eine geordnete Übergabe und langfristige Planung angezeigt wären.

Aber auch Zwangsheiraten sind keine Lösung, sondern potentiell
Auslöser oder Indikatoren schwieriger Hochzeiten, wie dies im Falle
der zweiten Hochzeit des Helden Gahmuret mit Herzeloyde erkennbar
ist. Der stolze König von Zazamanc, zum Sieger im Turnier erklärt,
wird per Gerichtsurteil zur Eheschließung verpflichtet. Doch weder das
Urteil des hohen Gerichts noch das Beilager mit der schönen Königin
machen ihn wirklich heimisch. In den Gefilden des angevinisch-walisi-
schen Herrschaftsraumes bleibt er ein nicht weniger unsteter Gast als
im fernen Afrika. Migrant und Remigrant der ersten Generation, Wan-
derer zwischen Ost und West, bewegt Gahmuret sich zwischen den
Mühlsteinen der Kulturen, auch zwischen den divergenten Anforderungen von Ritterschaft und Herrschaft, Minne und Ehe. Noch während der ersten Schwangerschaft seiner neuvermählten Frau stirbt der
ritterliche Abenteurer – geschwächt durch heidnische List – in den
Kämpfen um Kairo den ehrenvollen Soldatentod.

Vielleicht, wir wissen es nicht genau, sollte das Projekt Interkultura-
lität auf dem Weg der Eheschließung eine Generation später doch wei-
tergehen. Denn Gahmurets schwarz-weiß gefleckter, dalmatinerartiger
Sohn Feirefiz aus der Ehe mit Belakane wirbt bei seiner Europatour am
Ende des Romans um die Christin und Graljungfrau Repanse de
Schoye, eine Schwester des Gralkönigs und die Muhme Parzivals. Diese
wohl schon etwas reifere Frau mit dem Namen „Wiederentdeckung der
Freude" führt der Exot als seine künftige Gemahlin mit sich heim in
sein orientalisch-indisches Königreich. Erleichtert wird diese womöglich zukunftsträchtige Verbindung durch den Umstand, dass Feirefiz'
bisherige Frau, die indisch-kaukasische Königin Secundille, rechtzeitig
vor dem Eintreffen der neuen Gattin stirbt. Aus dieser neuen westeu-

---

[31] Alfred EBENBAUER, *Es gibt ain mörynne vil dick susse mynne*. Belakanes Landsleute in der
deutschen Literatur des Mittelalters, in: Zeitschrift für deutsches Altertum 113 (1984) S.
16–42.

ropäisch-orientalischen Verbindung erwächst ein Nachfolger, auf den man unter dem Namen Priester Johannes im lateinischen Abendland große Hoffnung setzen sollte.[32]

Verbindungen diesen wildwüchsigen Typs, die im Wesentlichen durch die Mühen des Kampfes und die Freuden des Beilagers gestiftet werden, haben in den Dichtungen der mittelhochdeutschen Blütezeit durchaus Konjunktur, etwa im antikisierenden Roman, aber auch in höfischen Artusromanen wie dem *Lanzelet* Ulrichs von Zatzikhoven. Selbst in Hartmanns bravem Erstling *Erec* führt die pure sexuelle Anziehungskraft der Braut und Ehefrau Enîte und die Schönheit anderer Frauen zu einer Kette von Konflikten und zu rohen Kämpfen unter den Rittern und gegen die Räuber. Die sogenannten Gawanbücher im *Parzival* sind voller Hochzeitsturbulenzen, der Tristanroman Gottfrieds samt allen Vorstufen und Bearbeitungen setzt in großer Radikalität die Verstrickungen von rechtlich geregelten und wilden, emotional-sexuell begründeten Geschlechterbeziehungen in Szene. Aber auch nach Möglichkeiten des Ausgleichs zwischen Trieb und Vernunft wird auf erzählerischem Wege gefahndet, etwa in Konrads von Würzburg Adoleszenzroman *Partonopier und Meliur* oder in der unglaublich selbstlosen Hochzeitsregie eines Kölner Kaufmanns im *Guoten Gêrhart* Rudolfs von Ems.

Hochzeitsutopien

Um diesen letzten Typus utopischer Entwürfe wenigstens kurz zu streifen, begeben wir uns auf das Feld der literarischen Komik. Wenn irgendwo, dann werden überraschende Perspektiven auf Freizügigkeit und Selbstbestimmung in Partnerwahl und Eheschließung in Schwänken, Mären und Novellen des späteren Mittelalters eröffnet.[33] Natürlich gibt es auch Utopien des kompletten Zwangs, der vollständigen Regulierung und der rigiden Überwachung von Geschlechterbeziehungen.

---

[32] Vgl. dazu Elisabeth SCHMID, Priester Johannes oder die Aneignung des Fremden, in: Dietmar PESCHEL (Hg.), Germanistik in Erlangen. Hundert Jahre nach Gründung des Deutschen Seminars, Erlangen 1983, S. 75–93.
[33] Vgl. dazu die grundlegende, literarhistorisch an manchen Stellen fortentwickelte Arbeit von Michael SCHRÖTER, „Wo zwei zusammenkommen in rechter Ehe…". Sozio- und psychogenetische Studien über Eheschließungsvorgänge vom 12. bis 15. Jahrhundert. Mit einem Vorwort von Norbert ELIAS, Frankfurt a. M. 1990.

Auf der Seite des Zwangs, der Verachtung und Entwertung sind Satiren, misogyne Erzählungen und keineswegs nur lustige Historien wie die von *Till Ulenspiegel* angesiedelt. Auf der anderen Seite finden wir Hinweise auf diskrete Freiräume der erotischen Begegnung und Spekulationen über nicht geahndetes, sondern belohntes abweichendes Handeln bei Werbung und Eheschließung.

Ein literarisches Vorbild für diese Art von Lizenzen dürfte in der Gattung der Pastourelle, dem Schäferlied, zu sehen sein, die aus dem französischen und provenzalischen Raum stammend, ihren Siegeszug auch in der deutschen Lyrik angetreten hat. Deutsche Dichter der höfischen Blütezeit haben die Vorstellung einer von gesellschaftlichen Zwängen befreiten Liebe vorwiegend gegen die Konventionalität regulierter Liebeskommunikation in Stellung gebracht. Walther von der Vogelweide nimmt hier im deutschen Sprachraum den vordersten Platz ein, wenngleich dieser Gattung auch in den *Carmina Burana* eine lange Nachblüte beschieden war. Das bekannteste unter den Mädchenliedern Walthers von der Vogelweide, das sogenannte Lindenlied, schildert ja nichts anderes als die selige Erinnerung einer Frau an eine erotische Begegnung, die sich bei genauem Hinsehen freilich als Beilager auf einem blumengeschmückten Hochzeitsbett herausstellt, an einem Ort allerdings, an dem Hochzeitsbetten in der Regel nicht aufgestellt werden – inmitten der schönsten Natur.

Als nächstes Beispiel für die utopische Inszenierung des Hochzeitsthemas wähle ich die Erzählung *Das Häslein*.[34] Ganz kurz zur Handlung: Es gelingt einem Ritter auf der Jagd, ein wildes Häslein einzufangen, das er einem Mädchen, in das er seit längerem verliebt ist, im Gegenzug gegen ihre Minne verspricht. Die unschuldig Naive lässt sich in Unkenntnis dessen, was mit Minne gemeint ist, auf das Angebot ein. In einer Laube kommt es zum Beilager, das beiden große Freude bereitet. Der Ritter eilt ohne sein Häslein davon, die Tochter zeigt das Tier stolz ihrer Mutter und berichtet von dem Erfolg, was ihr allerdings Schelte und Prügel einbringt. Daraufhin will sie ihre Minne, sprich Jungfräulichkeit, zurückhaben, und wartet geduldig auf ihren Ritter, der nur zu bereit ist, ihr die Minne auf die gleiche Weise zurückzuerstatten, in der

---

[34] Der Text nebst Übersetzung und Kommentar findet sich bei Klaus GRUBMÜLLER, Novellistik des Mittelalters. Märendichtung, Frankfurt a. M. 1996, S. 590 ff.

er sie zuerst erhalten hat. Obendrein überlässt er dem Mädchen danach das geliebte Häslein.

Trotz erneuter Schelte und Prügel seitens der Mutter nach dieser Reprise unternehmen die beiden Frauen in dieser Sache nichts weiter, bis sie vom Ritter zu seiner Hochzeit mit einer anderen Frau eingeladen werden. Als er das Mutter-Tochter-Paar mit dem Häslein auf der Hochzeit sieht, bricht der Ritter in so großes Lachen aus, dass seine Braut eine Erklärung dafür verlangt. Als er nach einigem Zögern mit der Geschichte herausrückt, erklärt seine Braut das Mädchen mit dem Häslein für eine Närrin, weil es seiner Mutter das Geheimnis der geraubten Jungfräulichkeit verraten habe. Der Kaplan ihrer Familie habe wohl 100-mal mit ihr das gleiche getrieben, ohne dass sie dies je ihrer Mutter gesagt hätte. Der düpierte Bräutigam organisiert nach einer Beratung mit seinen Verwandten das Hochzeitsfest um, und setzt anstelle der falschen Braut die richtige, natürlich das Mädchen mit dem Hasen, an seine Seite – denn was geschehen soll, geschieht.

Wir brauchen nicht darüber zu sprechen, wie konstruiert dieser Handlungsfaden ist und auf welch fragwürdigen Voraussetzungen die Lösung des Knotens, die Feier der „richtigen" Hochzeit, wirklich beruht. Entscheidend scheint mir zu sein, dass diese Geschichte, die von Täuschung, Verführung und liebenswerter Naivität in Fragen der Liebe handelt, dennoch einem Providenzgedanken folgt, einer Logik der Vorsehung. Das Versöhnungspotenzial des Beilagers zeitigt seine Wirkung; es erscheint in dieser Sichtweise zielführender als alle Tricks und Torheiten, vorausschauender als alle Pläne und es erhebt sich über alle ständischen Barrieren.

Diesem Gedanken, dass gemeinschaftsstiftende Handlungen und Ereignisse über den Augenblick hinaus ihre Wirkung entfalten, wollen wir noch einen Augenblick weiter nachgehen. Dass tatsächlich geschieht, was geschehen soll, zeigt uns auch ein Hochzeitlied aus der Epoche der klassischen deutschen Lyrik. Johann Wolfgang Goethe greift hier auf Motive aus der Welt des Mittelalters zurück. Der vom Kreuzzug in seine Burg heimgekehrte Graf gewährt in einem Traum den „winzigen Wichten", die ihre Feste in seinem verlassenen Schloss zu feiern pflegen, auf Anfrage Gastrecht („Bedienet euch immer des Raumes") in seinem Gemäuer. Eine Hochzeit en miniature, aber mit allem Pomp beim Einzug der Braut, mit dem Brauttanz und dem

Gastmahl erfüllt das heruntergekommene, menschenleere Haus mit festlichem Leben.

Diese Ballade aus dem Jahr 1802 sieht den versöhnlichen und wahrhaft zukunftsweisenden Kern von Hochzeit nämlich nicht primär in der Allianz zweier Familiengruppen, sondern in der Bejahung des Lebens und in der Wertschätzung der Gastlichkeit. Die „Traumhochzeit", vom leidgeprüften Heimkehrer („Das Heimische findest du schlimmer!") großherzig gewährt und staunend miterlebt, gerät zum Vorbild und Vorspiel einer besseren Zukunft, nicht zuletzt auch für den Träumer selbst:

Und sollen wir singen, was weiter geschehn,
So schweige das Toben und Tosen.
Denn was er, so artig, im Kleinen gesehn,
Erfuhr er, genoß er im Großen.
Trompeten und klingender, singender Schall,
Und Wagen und Reiter und bräutlicher Schwall,
Sie kommen und zeigen und neigen sich all,
Unzählige, selige Leute.
So ging es und geht es noch heute.[35]

Literatur

Arnold ANGENENDT, Geschichte der Religiosität im Mittelalter, Darmstadt 2009

Helmut de BOOR, Die deutsche Literatur von Karl dem Großen bis zum Beginn der höfischen Dichtung 770–1170 (Geschichte der deutschen Literatur, Bd. I)

Helmut BRALL, Familie und Hofgesellschaft in Wolframs Parzival, in: Höfische Literatur, Hofgesellschaft, Höfische Lebensformen um 1200, hg. von Gert KAISER und Jan-Dirk MÜLLER, Düsseldorf 1986, S. 541–582

---

[35] Johann Wolfgang Goethe, Sämtliche Werke, Bd. 1. Sämtliche Gedichte. Erster Teil: Die Gedichte der Ausgabe letzter Hand, München 1977 (Artemis Gedenkausgabe), S. 125.

Helmut BRALL, Gralsuche und Adelsheil. Studien zu Wolframs Parzival, Heidelberg 1983

Joachim BUMKE, Höfische Kultur. Literatur und Gesellschaft im hohen Mittelalter, München 1986

Michael DALLAPIAZZA, Wolfram von Eschenbach: *Parzival*, Berlin 2009

Alfred EBENBAUER, *Es gibt ain mörynne vil dick susse mynne*. Belakanes Landsleute in der deutschen Literatur des Mittelalters, in: Zeitschrift für deutsches Altertum, Bd. 113 (1984) S. 16–42

Gustav EHRISMANN, Geschichte der deutschen Literatur bis zum Ausgang des Mittelalters Bd. 2.1, München 1966

Mircea ELIADE, Geschichte der religiösen Ideen, Freiburg u. a. 1993

Theodor FRINGS, Max BRAUN, Brautwerbung, 1. Teil (Verhandlungen der Sächsischen Akademie der Wissenschaften. Phil.-hist. Klasse 96/2), Leipzig 1947

Friedmar GEISSLER, Brautwerbung in der Weltliteratur, Halle an der Saale 1955

Friedmar GEISSLER, Brautwerbungssage, in: Reallexikon der Germanischen Altertumskunde, 2. Aufl., Bd. 3, Berlin, New York 1978, S. 425–428

Arnold VAN GENNEP, Übergangsriten (Les rites de passage), mit einem Nachwort von Sylvia M. SCHOMBURG-SCHERFF, Frankfurt a. M., New York 2005 (urspr. Paris 1909)

Klaus GRUBMÜLLER, Novellistik des Mittelalters. Märendichtung, Frankfurt a. M. 1996

Walter HAUG, Normatives Modell oder hermeneutisches Experiment: Überlegungen zu einer grundsätzlichen Revision des Heuslerschen Nibelungen-Modells, in: ders., Strukturen als Schlüssel zur Welt. Kleine Schriften zur Erzählliteratur des Mittelalters, Tübingen 1989, S. 308–325

Walter HAUG, Positivierung von Negativität. Letzte kleine Schriften, hg. von Ulrich BARTON, Tübingen 2008

Marianne E. KALINKE, Bridal-Quest Romance in Medieval Iceland
(Islandica 46), Ithaca, London 1990

Peter KNECHT, Wolfram von Eschenbach, Parzival. Aus dem
Mittelhochdeutschen von Peter Knecht. Mit einem Brief des
Übersetzers an den Lektor, Frankfurt a. M. 1993

Herbert KOLB, Munsalvaesche. Studien zum Kyotproblem, München
1963

Herbert KOLB, Artikel: Brautlied, in: Reallexikon der deutschen
Literaturgeschichte, Bd. 1, Berlin 1958

Paul KUNITZSCH, Der Orient bei Wolfram von Eschenbach –
Phantasie und Wirklichkeit, in: Albert ZIMMERMANN, Ingrid
CRAEMER-RUEGENBERG (Hgg.), Orientalische Kultur und
europäisches Mittelalter, Berlin, New York 1985, S. 112–122

Urban KÜSTERS, Der verschlossene Garten. Volkssprachliche
Hohelied-Auslegung und monastische Lebensform im 12.
Jahrhundert. Studia humaniora. Düsseldorfer Studien zu Mittelalter
und Renaissance, Bd. 2. Düsseldorf 1985

Peter VON MATT, Liebesverrat. Die Treulosen in der Literatur,
München, Wien 1989

Nikolaus MILLER, Brautwerbung und Heiligkeit. Die Kohärenz des
Münchner Oswald, in: Deutsche Vierteljahresschrift 52 (1978)
S. 226–240

J. H. OSWALD, Die dogmatische Lehre von den heiligen Sakramenten
der katholischen Kirche, Bd. II: Die Buße, die letzte Oelung, die
Priesterweihe und die Ehe, Münster 1864

Kurt RANKE, Artikel: Braut, Bräutigam, in: Enzyklopädie des
Märchens, Bd. 2, Berlin 1979, Sp. 700–726

Elisabeth SCHMID, Priester Johannes oder die Aneignung des Fremden,
in: Dietmar PESCHEL (Hg.), Germanistik in Erlangen. Hundert
Jahre nach Gründung des Deutschen Seminars, Erlangen 1983

Edward SCHRÖDER, Brautlauf und Tanz, in: Zeitschrift für deutsches
Altertum 61 (1922) S. 17–34

Michael SCHRÖTER, „Wo zwei zusammenkommen in rechter Ehe...".
Sozio- und psychogenetische Studien über Eheschließungsvorgänge
vom 12. bis 15. Jahrhundert. Mit einem Vorwort von Norbert
ELIAS, Frankfurt a. M. 1990

Hinrich SIEFKEN, Überindividuelle Formen und der Aufbau des
Kudrunepos (Medium aevum 11), München 1967

Uta STÖRMER-CAYSA, Kriemhilds erste Ehe: Ein Vorschlag zum
Verständnis von Siegfrieds Tod im Nibelungenlied, in:
Neophilologus Bd. 83 (1999) S. 93–113

Uta STÖRMER-CAYSA, Siegfried, Kriemhild und das historische Eherecht. Erwägungen zur Stoffgeschichte des Nibelungenliedes, in:
Germanisch-Romanische Monatsschrift, NF Bd. 48 (1998) S. 1–25

Peter STROHSCHNEIDER, Einfache Regeln – Komplexe Strukturen. Ein
strukturanalytisches Experiment zum ‚Nibelungenlied', in: Mediävistische Komparatistik. Festschrift für Franz Josef WORSTBROCK
zum 60. Geburtstag, hg. von Wolfgang HARMS und Jan-Dirk
MÜLLER, Stuttgart, Leipzig 1997, S. 43–75

Hochzeiten in Bulgarien

Nikolina Burneva

Vor mehr als 30 Millionen Jahren muss die Balkanhalbinsel noch unter Wasser gelegen haben, und seit dem Oligozän sind an mehreren Orten in Bulgarien vielfach gewundene, natürliche Plastiken gewachsen, die der Mensch in seinem anthropozentrischen Denken immerzu der eigenen Lebenswelt anzuverwandeln suchte. Eine von ihnen ist die Versteinerte Hochzeit – eine großartige Gruppenskulptur, die tatsächlich einem Menschenzug ähnelt.[1] Die Legende gibt die Schuld für die böse Verzauberung so vieler Menschen dem Schwiegervater, der seinen Sohn um die Schönheit der Braut beneidet und sie begehrt hatte. Ähnliche Stoffe sind zuhauf in Sagen und Liedern erhalten, um auch in die städtische Folklore von heute Eingang zu finden. Exemplarisch dafür ist etwa das populäre Klagelied „Man bat mich, oh Mutter, zur schwe-

---

[1] Eine eingehendere, deutschsprachige Vorstellung der Naturpyramiden in den Rhodopen bietet das „Bulgarische Wirtschaftsblatt" vom 02.11.2011 – http://www.google. de/imgres?imgurl=http%3A%2F%2Fwww.wirtschaftsblatt-bg.com%2Fimc%2F11_20 11-40-1.jpg&imgrefurl=http%3A%2F%2Fwww.wirtschaftsblatt-bg.com%2Findex.php %3Fm%3D11442%26PHPSESSID%3D088cbfe6e8411ee543f6c65807d6c6e0&h=188 &w=250&tbnid=IDT7opFSEYtaTM%3A&docid=RG78HieWGcKHJM&itg=1&ei= RASsVdnTB8W6sQH9k4bIDw&tbm=isch&iact=rc&uact=3&dur=330&page=2&star t=6&ndsp=8&ved=0CDIQrQMwB2oVChMI2YXioIDoxgIVRV0sCh39iQH5 (Für alle im Folgenden angebrachten Verweise auf Internetquellen gilt als letzter Zugriff der 15.8.2015.)

ren Hochzeit",[2] in dem die erfahrene Frau ihren Sohn den Grundsatz lehrt: „Der ersten Liebe wird man nicht Trauzeuge, / der ersten Liebe schenkt man sein Herz." Ethische Widersprüche liegen den meisten dramatischen Mustern zugrunde, die wir im Hochzeitsdiskurs antreffen. Es sind familiäre Spannungen, die recht häufig verbotenen, verborgenen und verdrängten Liebesbeziehungen entspringen und zu tragischen Lösungen führen. Hochzeit ist keine nur fröhliche Veranstaltung, genau besehen verbindet das Wort *hôchgezît* seit alters her *vrô* und *nôt*. Auch in Bulgarien. Und die Angst vor einem Inzest bzw. vor Promiskuität hat die Volkspsychologie schon lange vor Freuds Ödipus-Interpretation bewogen, diverse Figurationen gesunder Sittlichkeit in die Rituale einzuflechten, welche die Hochzeit – neben Geburt und Ableben – als eine der grundsätzlichen Übergangssituationen im Leben des traditionellen Menschen begleiten.

Hochzeiten sind Chronotopen, in denen das Ritual sowohl die kognitive wie auch die normative Funktion kollektiver Gedächtnisstrukturen realisiert. Wie verhält es sich aber mit dem so verbreiteten Spruch: „Die Hochzeit war der schönste Tag in meinem Leben"? Ist er der subjektive Ausdruck einer individuellen Einschätzung? Wenn die Bedeutung von Ausdrücken neben der Beschreibung eines Sachverhalts immer auch unsere (emotionale) Einstellung zu ihm enthält, dann hat es mit exquisiten Sachverhalten, wie es die Hoch-Zeit einer ist, eine besondere Bewandtnis auf sich, wenn ihm das Prädikativ „schön" zugeschrieben wird. Im Folgenden sei einigen wesentlichen Kriterien des Chronotopos Hochzeit nachgegangen, um ihn im Hinblick auf seinen ästhetischen, sozialen bzw. ethischen und psychologischen Wert zu hinterfragen.

Die Pluralform im Titel erklärt sich mit der Vorsicht gegenüber allzu leichten Verallgemeinerungen. Zwar sind der (europäischen) Hochzeit mehrere Gemeinsamkeiten eigen, denen wir in den meisten Ethnien und Ländern begegnen.[3] Auffällig ist die aufeinander bauende Abfolge einzelner, relativ selbständiger Sequenzen, die dem gesamten feierlichen Vorgang jene schicksalhafte Bedeutsamkeit zuschreiben, welche die

---

[2] Die charakteristische Tonalität bulgarischer Kunstlieder vermittelt z. B. die Interpretation der Pop Folk-Sängerin Nelina – https://www.youtube.com/watch?v=pgxF2Pa6pEE.
[3] Mehrere ethnologische Untersuchungen belegen den grosso modo universellen Charakter der Eheschließung, vgl. z. B. Arnold VAN GENNEP, Übergangsriten (1981).

Hochzeit seit Jahrhunderten in die altehrwürdige Kette der sakralen Handlungen gestellt hat. Der Ablauf wird im Folgenden zur Strukturierung unserer Beschreibung der Hochzeiten in Bulgarien dienen. Zugleich ist immer vergleichend vorzugehen, betrachtet man die Hochzeit in ihren spezifischen historischen Semantiken und ethnischen Variationen. Wir wollen von der traditionellen Hochzeit ausgehen, um ihre Abwandlungen in den gegenwärtigen Praktiken zu beobachten. Wir wollen die dominierende Kultur der Bulgaren als Ethnie vor Augen halten, aber mit Hinblick auf die sehr engen und oft kaum voneinander zu unterscheidenden Sitten der Armenier, Türken, Roma und Juden – sie alle haben im Laufe ihrer sehr engen Nachbarschaft und jahrhundertealten, unaufhörlichen und intensiven Kommunikation auch im Hinblick auf Riten und Bräuche sich einander angepasst.

Der traditionelle Hintergrund

Schon der erste Anschein einer sich abzeichnenden Hochzeit ist von großer Aussagekraft: Wie finden die beiden jungen Menschen zueinander? In manchen Kulturen kennen sie sich nicht einmal, bevor sie zum Paar geworden sind. In Bulgarien hat sich dieser Brauch bis heute in manchen Roma-Clans gehalten. In solchen Fällen können die beiden Jugendlichen nicht zum Paar werden, sondern sie werden zum Paar gemacht. Und schon versperrt uns die Einsicht in die linguistische Manipulation des Sachverhalts die Möglichkeit, ein spontanes, harmonisches Verhältnis zu denken. Die Verschiebung vom Passiv der Lebenspraxis zum Aktiv des verbalen Ausdrucks zeigt bereits hier die Macht der Metaphern, die den Hochzeitsdiskurs aufbauen. Das Zueinander-Finden und das Paar-Werden ist sehr häufig ein Zusammenführen und Ver-heiraten.

In Bulgarien verfügt man erst seit knapp drei Jahrhunderten, also ab dem ausgehenden 18. Jahrhundert, über zusammenhängende Narrative zum Thema Eheschließung. Ethnografische Belege sowie folkloristische Dokumente lassen erkennen, dass sich die künftigen Eheleute schon durch persönliche Bekanntschaft und emotionale Zuneigung mehr oder weniger selbstbestimmend angenähert haben. Die grundsätzliche Erfahrung einer geschlechtlich gemischten Gesellschaft in einem kleinen, übersichtlichen (ob ländlichen oder schon frühmodern städtischen), territorial begründeten sozialen Beziehungsgeflecht ist den Jugendlichen aller Ethnien gemeinsam. In unmittelbarer Nachbarschaft und gemeinsam durch ihre Sozialisation gegangen, haben sie schon eine zwar nicht festgeschriebene, aber durchgehend praktizierte Meinungsfreiheit in Fragen der Auswahl des/der Lebenspartners/-in. Unabwendbar ist allerdings die elterliche Zustimmung. Denn erst sie macht den Weg frei, auf dem sich die tatsächliche Annäherung der jungen Menschen in den vielfach gewundenen symbolischen Handlungen der Heiratsriten fortsetzen kann. Als Normverstoß werden die relativ seltenen Fälle der Flucht der Braut aus dem Elternhaus oder die Brautentführung angesehen – sie geben zwar den dramatischeren Stoff für folkloristische Texte ab, werden aber in der Lebenspraxis zumeist als asozial betrachtet. Spezifisch für die Balkanregion ist das Sujet um die vom übermächtigen osmanischen Lokalherrscher in seinen Harem entführte Slawen-Braut, das wir hier ignorieren wollen.[4]

Die Heiratsriten schreiben vor, dass die Initiative von der männlichen Partei ergriffen wird. Ursprünglich der Vater selbst (bei den bulgarischen Türken immer noch überwiegend) oder beide Eltern (bei Juden und Roma) bzw. deren Stellvertreter – ein Onkel und/oder ein älterer Bruder des Bräutigams (bei den Armeniern und Bulgarien) besuchen als Brautwerber die Eltern der Braut und bitten um ihre Hand. Das Gespräch findet in Abwesenheit der jungen Leute statt, was meistens als Zeichen ihrer scheuen Sittlichkeit interpretiert wird. Hinter diesem moralischen Vorwand steht aber, genau besehen, ein sehr pragmatisches Motiv. Hat das Gerücht Freunde und Verwandte bereits auf die bevorstehende Verbindung beider Jugendlichen vorbereitet, sind bei diesem Besuch vor allem die ökonomischen Parameter der künftigen Ehe abzustecken. Braut und Bräutigam, die in den traditionellen Kulturen noch viel zu jung und unerfahren sind, um diese Materie sachverständig zu bearbeiten, sind nicht nur überflüssig, sondern können auch durch ihre Anwesenheit stören. Die Teilung von Liebe und Kommerz ist natürlich gemildert durch (festgelegte) Gastgeschenke und Begrüßungsgesten, inklusive der reichlichen Bewirtung als Zeichen gegenseitiger

---

[4] Es würde eine ganz andere Untersuchung ergeben, sollten wir diesem Sujet nachgehen, denn an einem historisch entlegeneren, nationalideologisch geprägten Korpus würde sich ablesen lassen, wie in der Epoche der bulgarischen Wiedergeburt (19. Jahrhundert) Braut und Hochzeit zu komplexen Metaphern für Ethnie und Freiheitsbewegung der Slawen gegen die osmanische Fremdherrschaft transformiert worden sind.

Ehrerbietung. Dennoch darf bei dieser Eröffnungsphase der Heirats-
prozedur die Frage nach der „symbolischen Ökonomie"[5] der Handlungen gestellt werden. Über die ethische Begründung hinaus (als Versöh-
nungsakt dafür, dass man sich anschickt, die Tochter des Hauses an
sich zu nehmen) dürften diese Gesten auch als die erste, indirekte An-
nonce des ökonomischen Maßstabs für die anstehenden Verhandlungen gedeutet werden.

Bei erfolgreicher Absprache unter den künftigen Verwandten kann
nunmehr die Verlobung angegangen werden. Die Jungfrau wird in die
gute Stube zu den Gästen geholt und darf sich vor dem Schwiegervater
verbeugen, der Schwiegermutter die Hand küssen. Erfolgt die Brautwerbung durch stellvertretende Personen, wird dieser Schritt nur aufge-
schoben, aber nicht aufgehoben – denn Verbeugung und Handkuss
sind die ersten verbindlichen Gesten der Demut gegenüber den
Schwiegereltern, die die junge Frau von nun an mehrfach zu erweisen
hat. Die Verlobung ist die Zeit einer distanzierten Annäherung – der
Oxymoron entspricht der paradoxalen Situation, in der Mann und Frau
zwar öffentlich miteinander engagiert, aber nicht untereinander intim
sind. Schon ein Paar, aber noch keine Lebenspartner, dürfen sie öffentlich zusammen auftreten, ohne im Privaten auf einen gemeinsamen
Lebensraum zurückgreifen zu können.

Somit ist die Verlobungsphase eine Art aufgeschobene und nicht
wirkliche Zweisamkeit, so dass sich ihre häufig anzutreffende Interpretation als Bedenkzeit bei näherer Betrachtung als sehr problematisch
darstellt. Das bestätigt auch die Handhabung dieser Phase der Eheschließung durch die einzelnen Ethnien. Die konfessionellen Vorschriften mögen eine wesentliche Rolle bei der Festlegung der Dauer dieser
Phase gespielt haben. Weil die Eheschließung bei den Christen (d. h.
Bulgaren, Armeniern und einem Teil der Roma) erst durch die Weihe
des Popen legitimiert wird, hat die Verlobungsphase einen umso stärker
ausgeprägten Übergangscharakter. Um diesen zu überbrücken, erfolgte
bei den Bulgaren relativ früh die Zweiteilung der Verlobung in die kleine (d. i. die oben beschriebene) und die große (die wenige Wochen später erfolgende, fast wie eine Probe auf die Hochzeit veranstaltete) Feier,
worauf in einigen Monaten die Eheschließung selbst erfolgt. Bei Arme-

---

[5] Im Sinne der „Ökonomie der symbolischen Güter", in: Pierre BOURDIEU, Praktische
Vernunft. Zur Theorie des Handelns, Frankfurt a. M. 1998, S. 161 f.

niern und Juden kann die Verlobungsphase bis zu 2 oder 3 Jahren dauern, wenn der Bräutigam beruflich unterwegs sein sollte.[6] In allen Fällen
wird diese Zeitspanne von pragmatischen Erwägungen bestimmt, die
das Einrichten des künftigen Lebensraums des jungen Paares betreffen.
Ein weniger konfessionell als viel mehr demografisch und ökono-
misch begründeter Unterschied lässt sich ebenfalls beobachten: Die
ländlichen Kulturregionen sind nicht nur in ihren familialen Strukturen,
sondern auch in ihrem Lebensraum stärker patriarchalisch begründet.
Die vermögenden Familien sind schon jahrelang mit der Errichtung der
künftigen Wohnung des noch pubertierenden Sohnes beschäftigt, und
mit der Hochzeit wird eine vorbestimmte Wohnstätte bezogen. Angesichts dessen, dass selbst die größeren Städte des Landes um 1900 nur
knapp über 20.000 Einwohner zählten, kann man davon ausgehen, dass
der Einzug der Moderne in Bulgarien erst sehr schleppend erfolgt ist
und für lange Zeit sogar die städtische Kultur ländlich geprägt war.[7] In
den weniger vermögenden Schichten (und das ist das Gros der traditionellen bulgarischen Bevölkerung) zieht die Braut direkt in das Haus der
Schwiegereltern ein, und nicht selten teilt das junge Paar ein Zimmer
mit mehreren der jüngeren Geschwister des Bräutigams. Erst zu Beginn
des 20. Jahrhunderts besserten sich die Wohnverhältnisse, so dass diese
Praktiken weitere Jahrzehnte lang nur für die ärmeren Roma-Familien
erhalten blieben. Deswegen ist die in der Regel sehr jung verheiratete
Romni gleichsam ein Glied mehr im zahlreichen Kinderschwarm eines
Hauses, wo jedes den Lebenspuls der Großfamilie atmet und die
Schwiegermutter das Sagen hat. Der Abschluss des Feilschens um den
Brautpreis markiert die Heirat als vollendete Sache, bevor die Feierlichkeiten noch angefangen haben, und eine Verlobungsphase ist nicht
weiter nötig.
Zu jeder Eheschließung gehört unabdingbar der/die meistens stra-
tegisch gewählt/en Trauzeuge/n. Dass Türken, Juden und Armenier
einen oder zwei männliche Trauzeugen haben, scheint in der stärkeren

---

[6] Womit schon hier angemerkt sei, dass die ökonomische Migration seit jeher eine
Grunderfahrung der bulgarischen Gesellschaft ist.
[7] Der 1905 in der heute fünftgrößten bulgarischen Stadt Ruse (vormals Rustschuk)
geborene Nobelpreisträger Elias CANETTI bietet in den ersten Kapiteln seiner Autobio-
grafie „Die gerettete Zunge" (1977) eine gekonnte Beschreibung der Lebensweise im
Gehöft der vom Großvater verwalteten jüdischen Großfamilie zu Beginn des 20. Jahrhunderts.

Verwurzelung in der patriarchalischen Mentalität begründet zu sein. In der traditionellen Hochzeit der Bulgaren sind das die Pateneltern des Mannes oder ein Ehepaar aus der näheren Verwandtschaft – älter und erfahrener, nicht unvermögend und auf alle Fälle einflussreich und umgänglich, werden sie durch ihre Ratschläge, Beziehungen und Eingriffe eine bleibende Stütze der jungen Familie sein. Indem der Trauzeuge (und seine Gemahlin) mit wohlwollender, neutraler Nüchternheit die jungen Menschen durchs Leben begleiten und oft wirkungsvoller als die Eltern selber sind, können sie als Personifikationen der öffentlichen Meinung angesehen werden.

Die weltliche Sanktion durch die Trauzeugen wird auch durch kollektive Faktoren – zum Beispiel das Meschere bei den Roma, die Nachbarschaft bei den Bulgaren – ergänzt. Zu den Kontrollinstanzen gehört in religiös geprägten Gemeinden auch der Priester – der Hodscha, der Rabbiner oder der Pope.[8] Sie sind kein Muss bei den Roma-Hochzeiten. Bei den anderen Ethnien in Bulgarien ist die kirchliche Trauung ein fast unabdingbarer Bestandteil der traditionellen Hochzeit, ja, sie ist der Höhepunkt des ritualisierten Ablaufs, wogegen der Gang zum Standesamt sehr lange Zeit als administrativ-staatlich aufgepfropfter Überbau empfunden worden ist. Bedenkt man, dass in kleineren Gemeinden, wo die ungebildeten Menschen verständnislos ihren Problemen ausgeliefert sind, gerade die Geistlichen auch die einzigen Familienberater sind, kann ihre Rolle in der traditionellen Eheschließung und -führung nicht hoch genug geschätzt werden. So ist schon sehr früh, in der vormodernen Gesellschaft, eine Tendenz zur Abgabe eines Teils der Kompetenzen zu Erwägungen, Absprachen und Verabredung vom Familienoberhaupt an Vermittler (Brautwerber, Geistliche, Trauzeugen) zu vermerken.

Über diese familiale und institutionelle Verbindlichkeit hinaus ist in allen Ethnien eine möglichst weite Öffentlichkeit des Ereignisses angestrebt. Das Sich-Präsentieren des Brautpaares ist ein wesentlicher Schritt in der reifen Sozialisation der jungen Menschen, die nunmehr

---

[8] Nur ein kleiner Teil der Bevölkerung in Bulgarien ist katholisch. Es ist zu beachten, dass zwischen ethnischer und religiöser Zugehörigkeit keineswegs automatische Verbindungen bestehen. Klassisches Beispiel dafür sind die sogenannten *Pomaken* (im Mittelalter gewaltsam islamisierte Bulgaren, hauptsächlich in den Rhodopen), *Karakatschani* (gräzisierte Nachkommen des trazischen Ethnos) sowie viele christliche Roma-Clans.

die Bühne der Erwachsenenwelt betreten und deren Rollenvorgaben zu befolgen haben. Ob in der noch familialen oder schon in der stratifikatorischen gesellschaftlichen Formation: Von nun an wird die Frage „Was werden denn die Leute sagen?!" als mundartlicher Ausdruck der Last des Über-Ichs die Verhaltensweise des jungen Paares bestimmen. Es handelt sich bei den Hochzeitsgästen aber nicht um eine spontan zusammengekommene Masse, sondern um ein strukturiertes soziales Feld, das mehrere Ebenen der Zuständigkeit aufweist. Den Einwohnern der meist kleinen (ländlichen) Orte ist traditionell die Zuschauerrolle bedacht. Ein viel engerer Kreis von Verwandten und Freunden (aber immerhin um die 200 Menschen) wird Wochen vor der Hochzeit persönlich eingeladen, indem eine kleine Gruppe von Vertrauten der Brautleute die Häuser reihum besucht, die traditionelle, bunt bemalte Holzflasche mit Rotwein in der Hand des Anführers.

Besonders intensiv sind am Hochzeitsverlauf ausgewählte Verwandte beteiligt. Vater und Mutter der Braut sorgen für die Verabschiedung, die Eltern des Bräutigams für den Empfang der frisch Vermählten und ihrer Gäste. Ein Zeremonienmeister mit mehreren jüngeren Verwandten sorgt für die Befolgung und regelrechte Abwicklung des altbewährten Hochzeitsszenariums. Freunde und Freundinnen verrichten festgelegte symbolische Handlungen, die sie aus mehrfach wiederholten Praktiken auf schon erlebten, anderen Hochzeiten kennen. Da es in der traditionellen Gemeinschaft keine schriftlichen Überlieferungen gibt, sind das aber nur annähernde Frames, die jedes Mal mit-kreiert werden. Begleitet werden die Handlungen vom charakteristischen Hochzeitsgesang, der ausschließlich als Bestandteil dieses Chronotopos zu hören ist. In Liedern werden die Ereignisse be-stimm-t. Die Mädchen und Burschen (Freundinnen und Freunde der Brautleute) bauen Braut und Bräutigam im doppelten Sinne des Wortes auf – sie richten sie ein, sie stimmen sie ein. Mit ihren Liedern und Tänzen betätigen sie sich sowohl kreativ (sie „machen" am Geschehen mit, sie erschaffen es mit), als auch kommunikativ – deskriptiv (weil sie, singend und tanzend, über das Geschehen berichten) und performativ (es ggf. mithilfe von Requisiten vorführen). Die singenden und die Braut umtanzenden Mädchen und Jungen sind also als Kollektivkreator auch ein wesentlicher Kommunikator des Geschehens.

Die Lieder fungieren als eine Art Anweisung, weil sie die zu verrichten-
den Handlungen vorsagen, zugleich geben sie den kompositorischen
Rahmen ab für das Narrativ der aktuellen Hochzeit:

> *Ела се вие, превива,*
> *мома се с рода, леле, прощава.*
> *- Прощавай, мамо и татко,*
> *и ти ле рода, леле, голема!*
>
> *Досега съм ви слушала,*
> *от сега свекър, леле, свекърва* [...]⁹

Die Beschreibung der Handlung (die Braut verbeugt sich beim Abschiednehmen vor dem Vater und vor der Mutter und spricht die Ab-
schiedsworte zu ihren vielen Verwandten) verbindet sich mit der wichtigen pädagogischen Richtlinie: Eine Jungfrau hat unentwegt gehorsam
zu sein – ob den Eltern oder den Schwiegereltern gegenüber. Das
„Heute" des Hochzeitstags ist eine Schwelle zur neuen Lebensphase –
so die immerzu wiederholte, kulturpsychologische Beobachtung. Man
dürfte aber auch beachten, dass diese Grenze noch recht durchlässig ist
für manche grundsätzliche Gendereinstellungen, zum Beispiel, für die
Bevormundung der Frau – ob Jungfer oder Braut, durch die Figuren,
die das Sagen haben: die Eltern, die Schwiegermutter, der Ehemann. Es
müssen Jahre vergehen, bis die tatsächlich sehr junge Neue langsam die
häuslichen Machtverhältnisse zu ihren Gunsten verändert hat.

Diese Prospektive schlägt sich in den symbolischen Handlungen
nieder, die schon am Hochzeitstag verrichtet werden. Zum Beispiel
muss die Romni von einer monogamen Frau gekleidet werden, damit
auch sie ihrem Ehemann treu bleibt. (Die Untreue von Ehemännern
scheint bezeichnenderweise kein Thema zu sein. Dafür ist gerade bei
Roma-Familien die Frauenflucht vor häuslicher Gewalt in der neuen
Familie so häufig anzutreffen, dass die Auflösung der Ehe ein üblicher
Verhandlungskasus im Meschere ist.) Auffällig ist auch, dass die rituellen Waschungen bei Juden und Türken nur die Braut, nicht aber den
Bräutigam betreffen – viel zu lange hat sich die Ansicht gehalten, dass
die weibliche Physiologie gefährlich, weil von bösen Geistern gefährdet

---

⁹ „Die Tanne biegt sich, erzittert / die Jungfrau beugt sich und bekennt: / Ade, Du
Mutter, oh, Vater mein / Ade, Ihr vielen, lieben Leut. / Bis heute bin ich Euch gefolgt,
/ ab nun den Schwiegereltern nur [...]" – Übers. aus dem Bulg. von mir – N. B.

sei. Auffällig ist auch, dass rituelles Rasieren des Mannes wie rituelles Haarflechten der Frau den Auftakt geben für eine Reihe von kultivierenden, das Wilde bändigenden Gesten, die während der Hochzeitszeremonie fortgesetzt werden: Der Hochzeitszug muss über ein Wasser gehen, damit das Böse am zurückgelassenen Ufer bleibt. Die Braut darf während der Zeremonie kaum sprechen (das Schweigegebot kann bei den Bulgaren bis zu 40 Tagen nach der Hochzeit dauern). Der Bräutigam bekommt Holz zu hacken, die Braut muss Wasser vom Brunnen holen (wozu viel Übung gehört) und beim Betreten des neuen Heims in den Herd treten (sich besudelnd, ins Herz des Hauses gelangen). Das sind keine Erfindungen der einen oder der anderen Ethnie, die in Bulgarien ansässig ist, sondern seit der griechischen bzw. römischen Antike bekannte und mit der Zeit abgewandelte Praktiken, wie sie heute noch transregional üblich sind.

Der Abschiedsabend am Vortag und die Hochzeit selbst besiegeln, sozial gesehen, das Beenden des Single-Status, den Eintritt in die Erwachsenenwelt und legitimieren das Recht, ja die Pflicht zur Zeugung von Nachkommen. Rituell gesehen, ist die Ausführung aus dem wilden Zustand (Chaos) in die Ordnung der Ehe (Kosmos) durch die Semiotik der Bräuche und Requisite vermittelt. Die Braut ist Objekt des (Ge-) Brauchs – ein patiens (sie feiert nicht, sie erträgt die Feier) – bestenfalls als Adressat der Kommunikation, angehalten zum Gehorsam, Stillstehen, Schweigen, Nicht-Sehen und Nicht-Gesehen-Werden (weil verhüllt). Die Braut wird „gemacht", um „geholt" zu werden (wie man Holz und Wasser holte).

Die Wortverbindung „die Braut machen" ist dabei im doppelten prädikativen Sinn zu denken: Im Alltagsbewusstsein wird das Herausputzen, Verschönern assoziiert, aber ideologiekritisch gesehen, gehört zur Semantik auch das Konstruieren des Objekts. Die Braut „gibt es", aber sie „ist nicht": Sie ist Objekt der Kreation (nonverbal, verbal, performativ); ähnlich auch der Bräutigam, doch in abgeschwächter Form. Indem sie ihre Hochzeit ertragen, werden aber die Brautleute zu Anwärtern auf die höheren Ämter, die einst Schwiegermutter und -vater an sie werden abgeben müssen. Ihre Assimilation bezweckt die Wiederbringung der Ordnung (das Alternde soll verjüngt werden).

Diese Wiederkehr des Gleichen ist in den traditionellen Gesellschaften die Grundlage für den sozialen Frieden. Deswegen ist die Eheschließung ein gemeinschaftlicher, nicht bloß ein individueller, privater

Akt, der „keinen was angeht". Deswegen sind die Sauberkeitsrituale (Waschungen, Kleiden, Zopf flechten bzw. Rasieren) alles Motive der Entfernung chtonischen (bösen, unsauberen, unfertigen) Materials und Zuführung von uranischen (lichten, lebensfähigen) Attributen, die kollektiv ausgeführt werden. Der Reigentanz (*horo*) ist die feierliche Ergänzung zu den rein rituellen, situativ festgelegten Tänzen. Bezeichnenderweise wird er als Kollektivsingular wahrgenommen – mit Kopf (in der Hochzeitszeremonie gibt es den entsprechend angeführten Trauzeugen-, Schwiegermutter-, Brautreigen), Körper und Schweif, in den man sich ggf. gegen „Eintrittsgeld" eintanzen durfte.

Die symbolischen Handlungen (in den Herd greifen oder treten, Wasser holen, Holz hacken) als Marker des Grenzgangs zwischen Grundelementen der Natur und menschlicher Lebenswelt knüpfen die Bande der Versöhnung (durch Handkuss, Schweigen, um Vergebung bitten etc. symbolisiert). Die Schutzrequisite (Glasperlen, metallene Schmuckstücke und Goldmünzen) sind Abwehr gegen die bösen Blicke auf Stirn und Kehle, Gehirn und Herz bzw. Busen und Muttermilch, die kunstvoll gewundenen Gürtelspangen symbolisieren die schützende Geste vor dem Bauch bzw. der Gebärmutter der Braut. Auffällig ist die Dominanz von Rot und Weiß als Farben der Gesundheit und der Tatkraft (bzw. des Männlichen, Aggressiven, Dynamischen) und der unbescholtenen Sittsamkeit (bzw. der Weiblichkeit und der Jungfräulichkeit).

Hervorzuheben ist am Hochzeitsdiskurs in der traditionellen bulgarischen Gesellschaft noch die starke Verwurzelung der individuellen Eheschließung im gemeinschaftlichen Terminkalender der (ländlichen) Bevölkerung im Bulgarien des langen 19. Jahrhunderts. Auffällig ist die Kette von geschlechtlich markierten Riten und Tänzen, welche das Jahr über Tage und Tätigkeiten[10] begleiten und die Lebensumstände günstig

---

[10] In der vorweihnachtlichen Woche ziehen Truppen von verkleideten Jugendlichen durchs Dorf, um mit Liedern die bösen Geister zu vertreiben – erst mit der Teilnahme an diesem *Koledari*-Zug wird der heranwachsende Bursche zum heiratsreifen jungen Mann. In der Woche vor Ostern suchen Gruppen von blumengeschmückten Mädchen jedes Haus auf, um den aufbrechenden Frühling einzusingen – erst dieses *Lazaruvane* weist das Mädchen als Jungfrau aus. Dann tanzen die Jungfrauen den offenen Reigentanz – den *Buenek* (‚buen' meint im Bulgarischen ‚ungestüm'), d. i. ein trippelnder, schneller bis wilder Tanz, der die Windungen einer Schlange nachahmt und auch sonst in europäischen Ländern anzutreffen und unter der ital. Sammelbezeichnung *farandola* bekannt ist: Er schlängelt und dehnt sich, kreist um eine wandernde Mitte oder entfaltet sich zu einer Geraden. Zu Ostern wird mit langsamem Reigentanz der während des

mitzugestalten versuchen. Bei näherem Betrachten ließe sich an einer Reihe von Riten feststellen, dass in diesen folkloristisch gewachsenen sozialen Formen heidnische und christliche, sakrale und alltägliche, fiktionale und faktuale Einflüsse sich verbinden, und dass aus der strengen Moral der ländlich-kleinbürgerlichen Menschen dennoch bacchanalische Impulse emporzüngeln. Das Umgehen der Regeln ist auf dem Balkan eine der wohl am sichersten funktionierenden Regeln, wenn es gilt, Lebenslust gegen patriarchalische Einschränkungen durchzusetzen.

Moderne Rationalisierungen des Überlieferten an kulturpolitischen Schwellen

Die Ankunft der Moderne in Bulgarien ist vor dem Hintergrund relativ häufiger kulturgeschichtlicher Paradigmenwechsel zu betrachten. Die bulgarischen Rituale und Bräuche gründen prinzipiell in drei substantiellen Schichten: der paleobalkanischen (trazischen), der antiken griechisch-römischen und der ostorthodox-christlichen,[11] an denen die im 14. Jahrhundert aufgezogene osmanisch-moslemische Fremdherrschaft im Laufe der nächsten 500 Jahre unauslöschbare Überschreibungen zeitigt. Die angestammte Folklore wird durch gräzisierende und türki-

---

vergangenen Jahres verstorbenen Jungen und Mädchen gedacht, womit dann zu Christi Auferstehung der feierliche Osterreigen eröffnet wird und dabei die neue Generation heiratswilliger junger Leute sich präsentiert. Die im Vorjahr verheirateten jungen Frauen führen ebenfalls ihren gesonderten Reigen auf. Fortsetzen ließe sich die Aufzählung solcher genderbetonter Festlichkeiten mit dem Reigentanz über den Ton für die Brottöpfe am Tag des Patrons aller Kriechtiere (!) – des Hl. Hieronymus (am 1. Mai), gefolgt vom Reigentanz um das Gelage mit Broten und Lammfleisch zum Hl. Georgius-Tag (am 6. Mai), wobei der erste Reigen von einer schwangeren oder noch stillenden Frau angeführt wird. Dann sind am Hl. Konstantin-und-Helena-Tag (am 21. Mai) die Feuertänzerinnen am Zuge. Zu Pfingsten (aber mancherorts um Silvester herum) tanzen wiederum die Männer – die sogenannten *Kaluschari* treten auf gegen die von Nixen herbeibeschworenen Krankheiten (*rusali*). Zum 24. Juni werden bei Sonnenaufgang erste Kräuter von Jungfern gepflückt, und die Erntezeit beschließen junge Frauen mit erneuten Reigentänzen und Gesang. Damit kann die Heiratssaison in ihre Rechte treten – zur nicht mehr so arbeitsintensiven Zeit darf an die Erneuerungsaktivitäten auch im Sozialen gedacht werden.

[11] Schon 200 Jahre nach der Staatsgründung (681 n. Chr.) setzte Fürst Boris I. das Christentum als offizielle Religion durch, musste es aber entgegen den eigenen Bestrebungen nicht vom Papst, sondern vom byzantinischen Patriarchen empfangen, womit Bulgarien nachhaltig zur Pax Slavia Ortodoxa geschlagen wurde.

sierende Einflüsse in den Status von (lokal begrenzten) Subkulturen versetzt, und nur unsystematische, flüchtige Referenzen in gegen sie polemisierenden Texten lassen von Dämonenspielen und Zauberstücken sowie von gotteslästerlichen Heidenriten wissen. Die bulgarische Kirche selbst bleibt lange Zeit schriftlos, weit entfernt sowohl von den kirchlichen Dogmen, als auch von den philosophischen Konzepten der Aufklärung.

Jahrhundertwende 1900

Erst mit dem Errichten einer bulgarischen Kirche und dem Abfall vom Osmanischen Reich im ausgehenden 19. Jahrhundert können die slawisch-christlichen Kulturmuster den modernen bulgarischen Staat mitbegründen, ohne allerdings den vielen, seit Jahrhunderten hier ansässigen Ethnien das Recht auf konfessionelle Selbstbestimmung und rituelle Eigenart abzusprechen. Diese tolerante Politik in ethnischer Hinsicht ermöglicht heute auch positive Einschätzungen des bulgarischen ethnischen Modells.

Die Ankunft der Moderne in Bulgarien erfolgt in der zweiten Hälfte des 19. Jahrhunderts und ist – nach der Befreiung von der türkischen Fremdherrschaft und der Neugründung des Königreichs Bulgarien – durch die politische Umorientierung des Landes nach Westen und vor allem durch Kulturimporte aus den zentraleuropäischen Staaten (Frankreich, Italien, Deutschland) stark beeinflusst.[12] Die städtische Kultur macht erstmals Anstalten, nicht orientalisch zu wirken. Eine multiethnische Elite europäischer Prägung wächst heran, die – teilweise an zentraleuropäischen Universitäten und Hochschulen ausgebildet – ihren Habitus von kapitalistisch geprägter Unternehmermentalität und Lebensart bestimmen lässt. Sie zeichnet sich u. a. an rein äußerlichen, alltäglichen Details ab, etwa an der modisch gewordenen Männerkleidung *a la franga* (sic), die ländlich geprägte, grob gewobene und geschneiderte Modelle ablöst, oder an Damenfrisuren, die erstmals in der Geschichte des Landes kurz gehalten werden dürfen. Der Handkuss, der traditionell ausschließlich als Geste der Ehrerbietung gegenüber Autoritäten (Eltern, Geistlichen) gilt, wird nunmehr langsam auch in seiner mittel-

---

[12] Zum Kontext dieser Transformationen vgl. die Eingangsstudien in: Nikolina BURNEVA, Wendezeiten der bulgarischen Literatur, Göttingen 2013.

europäischen Semantik als galante Kavaliersgeste abgewandelt.[13] Ein weiteres Beispiel ist der Kuss auf den Mund, der – ursprünglich als öffentlich vollzogene Annäherungsgeste zwischen Mann und Frau geradezu unanständig war – erstmals in der städtischen Hochzeitszeremonie auftaucht, um die vollzogene Trauung zu besiegeln. Betrachtet man Fotos aus dieser Zeit, fällt die Kreolisierung der Hochzeitsriten auf, die sich europäischen Modellen angleichen wollen, doch zugleich die traditionelle, balkangeprägte Grundlage behalten.

Abb. 1: Quelle: www.lostbulgaria.com[14]

In den 1920er-Jahren ist bereits eine städtische, von der Mittelklasse getragene Kultur ausgeprägt, die den Standard der Kleinfamilie durchsetzt. Unter diesen Bedingungen verändert sich auch die Stellung der Frau in der bulgarischen Stadt. Ob in der landwirtschaftlichen Produk-

---

[13] Allerdings überwiegend als verbale Phrase („Küss die Hand, verehrte Dame…") und seltener als Kinemomorphem. Vgl. dazu Dženi MADŽAROV, Semantics of the Greeting with Handkissing in Bulgarian Traditional Culture. In: Times, Places, Passages. Ethnological Approaches in the New Millennium. Ed.-in-chief Attila PALÁDI-KOVÁCS, Budapest, Akadémiai Kiadó, 2004, S. 618 – 626.
[14] Vgl. z. B. das Foto „Hochzeitspaar in Veliko Târnovo um 1890" auf Pejo Kolevs Portal www.lostbulgaria.com.

tion, in der Verpflegung vielköpfiger Familien oder aber in der vorindustriellen Heimproduktion von Gebrauchswaren und -gütern – bis in ihr hohes Alter ist die bulgarische Frau immer schon eine dem Mann nicht nachstehende Arbeitskraft gewesen. Mit der Entstehung einer bourgeoisen Elite formiert sich in der empfindsamen, romantischen oder aber demonstrativ das Bürgerliche ablehnenden Ambiente der großen Städte auch eine neue Genderbeziehung, die Mann und Frau als artistisch veranlagte und künstlerisch interessierte Persönlichkeiten auftreten lässt. Schon mit den ersten Vorzeichen der Moderne ziehen die Lebensmuster der *bohème* und der *belle époque* ins Land.

Diese Zeit ist übrigens durchdrungen vom Kulturkampf zwischen „dem Eigenen und dem Fremden" in allen Kulturbereichen, so dass die Dynamik im Hochzeitsdiskurs um 1900 den Kulturwandel en miniature darstellt. Mit diesen kulturphilosophischen Motiven erklärt sich auch die beginnende Reflexion auf die nationalen Traditionen, die mit unterschiedlichen Akzentsetzungen das gesamte 20. Jahrhundert prägen.

Abb. 2: „Svatba" (o. J.)[15]

Eines der Hochzeitsbilder des ausgewiesenen Malers Vladimir Dimitrov – Maystora (1882–1960) – veranschaulicht die Tendenz zur Stilisierung bis Verklärung auch der Hochzeitsriten, die als ureigene Tradition verinnerlicht werden.

---

[15] http://magna-aula.blogspot.com/2013/03/blog-post_30.html.

Nach Kriegsende 1944, im Realsozialismus

Ein scharfer Schnitt in der bulgarischen Kulturgeschichte stellt sich mit der *sozialistischen Revolution*[16] der 1940er-Jahre ein. Armut und Engpässe begrenzen nach Kriegsende die Hochzeitszeremonien auf ein Minimum. Dazu kommen fast gleichzeitig auch die vielfachen Einschränkungen traditioneller sozialer Formen durch die neue *Volksmacht*, die alle Überlieferung im Brauchtum von *religiösen Elementen* und *bourgeoisen Überbleibseln* säubern will. Die ideologische Verbrämung aller Lebensbereiche macht auch vor dem Hochzeitsdiskurs nicht halt. So gilt für die in den 1950er-Jahren eingegangenen Ehen fast ausschließlich, dass die Hochzeitszeremonie im Bürgermeisteramt abgewickelt, anschließend ein Baum (als Ersatz für alle als bürgerlich, also rückständig verpönten Riten) am *Denkmal der in den Kämpfen um die Freiheit des Volkes Gefallenen* gepflanzt, und der Fall ad acta gelegt wird.

Die Eheschließung ist gesetzlich vorgeschrieben, und der Akzent liegt nicht mehr auf der Hochzeit und dem Hochzeitsritual selbst, sondern auf den traditionellen Funktionen der Ehe: Kinder zeugen und großziehen (alleinstehende Mütter sind bis in die 1970er-Jahre hinein geächtete Sonderfälle). Zentrales Anliegen des *Arbeiter-und-Bauern-Staates* ist es, Mann und Frau vor allem als Produktivkräfte zu stärken. Figurationen der vor- und aufwärts strebenden Entwicklung prägen das Bild der *sozialistischen Familie*, bis hin zur offiziellen Sprachregelung, etwa wenn die Frage „Und was macht deine *Genossin*?" die berufliche Beschäftigung der Gattin meint.

---

[16] Das Kursiv verweist auf offiziöse kulturpolitische Bezeichnungen, wie sie im öffentlichen Sprachgebrauch zwischen 1944 (Kriegsende für Bulgarien) und 1989 (Abwendung vom Realsozialismus) üblich waren. Konkrete Quellenangaben wären der Ubiquität dieser Ausdrücke nicht angemessen.

Abb. 3: „Nach dem Sieg" (1953)[17]

Der *Volksmaler*[18] Stoyan Venev (1904–1989) hat etliche erotisch ange-hauchte Humoresken zum ländlichen Leben hinterlassen, die sich auf die Thematik der Ernte und der Festlichkeiten, einschließlich der Hochzeit konzentrieren. In obigem Bild hat er vermutlich eine ernst und positiv gemeinte Darstellung der *sozialistischen Frau und Mutter* bie-ten wollen, die aber – besonders aus heutiger Sicht – peinlich bis kari-kierend wirkt. Die ideologische Botschaft des Bildes ist nicht zu ver-kennen: Die bulgarische Frau arbeitet zwar immer noch sehr viel, aber a) nicht mehr in der häuslichen Produktion bzw. auf einem kleinen Flecken privaten Ackers und b) nicht mehr bodentief gebückt, mit der Sichel in der Hand. Die bulgarische Frau ist technisch ausgebildet und arbeitet mit dem Traktor – das absolute Novum in der Landwirtschaft jener Jahre. Zugleich hat sie ihrer traditionellen Mutterrolle immer noch inne und nutzt die Arbeitspause, um, auf dem Kettenlaufwerk des Traktors sitzend, das Kind zu liebkosen…

---

[17] http://www.google.de/imgres?imgurl=http%3A%2F%2Fnauka.bg%2Fforum%2Fuplo
ads%2Fmonthly_11_2011%2Fpost2642071282800%2525201320565566.jpg&imgrefurl=
http%3A%2F%2Fnauka.bg%2Fforum%2Findex.php%3Fshowtopic%3D12468&h=686
&w=492&tbnid=tYZ6hzXZpyhc8M%3A&docid=UJ4HiavHhzB64M&ei=bp7HVYuFM
KMsAGLh7yYBQ&tbm=isch&iact=rc&uact=3&dur=1364&page=1&start=0&ndsp=1
&ved=0CCEQrQMwAGoVChMIi63cidOcxwIVQgYsCh2LAw9T.
[18] Höchste staatliche Auszeichnung eines Künstlers in den Staaten des sozialistischen Lagers im Bereich der bildenden Kunst.

Tatsächlich bringt der Realsozialismus eine enorme Veränderung der Situation der Frau und der Genderbeziehungen mit sich. Unter den neuen ökonomischen Bedingungen dominierender Verstaatlichung aller Produktionsaktivitäten kommt es zu einer zweifachen Belastung der Frau, die einerseits den privaten Haushalt weiterhin verrichtet, andererseits aber – vor wie nach der Heirat – schon außerhalb der Familie arbeiten geht. Die veränderten sozialen Felder führen zu einer tatsächlichen Gleichstellung beider Geschlechter, die auch ihr Heiratsverhalten beeinflusst.

Bei den Bulgaren und den Armeniern steigt das Alter der Brautleute von den traditionellen 17–20 auf nunmehr 22–24 Jahre. Die gesetzliche Regelung der Geschlechterbeziehungen geht so weit, dass jede Form von Zusammenleben eines jungen, aber unverheirateten Paares kriminalisiert wird, was die Heirat zu einem unumgänglichen Moment der legitimen geschlechtlichen Partnerschaft macht. Nach wie vor gilt die Sanktion durch beide Familien, besonders was die materiellen Voraussetzungen der künftigen Ehe betrifft. Aber die finanzielle Selbständigkeit der in geregelten Arbeitsverhältnissen stehenden jungen Menschen lockert die Bande zu den Eltern und erhöht beträchtlich die individuelle Freiheit der Partnerwahl.[19]

Im Hinblick auf die ethnische Zusammensetzung der Bevölkerung im Bulgarien des Realsozialismus (1944–1989) sind mehrere Einschnitte zu verzeichnen, die größtenteils aus politischen Fehlentscheidungen der damaligen Regierungen resultieren. Eine davon ist die (häufig durch Staatsräson begründete und aufgezwungene) Migration großer Gruppen von jungen Menschen aus dem Dorf in eine der schnell wachsenden Städte, wo die bulgarische Volkswirtschaft aus der agrarischen in die industrielle Formation transformiert werden sollte. Eine andere ist die politische Manipulierung der ethnischen Zugehörigkeit großer Bevölkerungsgruppen – ein krasses Beispiel sind die Menschen im südwestlichen Teil des Landes, die in den Jahren nach dem Zweiten Weltkrieg gezwungen wurden, sich als Mazedonier auszugeben, deren Nachkom-

---

[19] Eine interessante, aber statistisch nicht belegbare Tendenz der Übergangsphase von der bürgerlichen zur realsozialistischen Gesellschaftsverfassung ist, dass in neu gegründeten Ehen der 1950er-Jahre sehr häufig die eine Partei *bourgeoiser*, die andere *fortschrittlicher* (meint: Funktionäre des kommunistisch begründeten Regimes) Herkunft war. Solche Verbindungen legen nahe, dass es sich um Zweckgemeinschaften handelte, in denen das kulturelle Kapital der einen mit dem sozialen Kapital der anderen Seite zusammengeführt wurde, um jeder gesellschaftspolitischen Wende gewachsen zu sein.

men aber – angesichts der verschlechterten Beziehungen zum westlich
sich orientierenden Jugoslawien – dann unbedingt Bulgaren sein sollten.
Ein Kapitel für sich ist die leidvolle Geschichte der ethnischen Türken
und Roma, die erst intensiv toleriert, ab den 1970er-Jahren aber starken
Assimilationszwängen ausgesetzt waren, bis hin zum gesetzlich verord-
neten Namenwechsel und dem Verbot, öffentlich eine andere Sprache
als das Bulgarische zu gebrauchen, in den 1980er-Jahren. Das erklärt
auch die starke Dominanz der bulgarischen bzw. slawischen Traditionen zur Zeit des Realsozialismus. Rituale und Habitus anderer Ethnien
sind in dieser Periode sehr in den Hinter- bzw. Untergrund verdrängt,
aber auch alle christlich-konfessionellen Momente als fremdes Kultur-
und Gedankengut unterdrückt worden. Stilisiert und in einen national-
ethnologischen Pathos getaucht, wird die Folklore allerdings ernsthaft
gefördert, was bis in unsere Tage hinein andauernde, sehr positive Effekte bewirkt hat.

So abgeschwächt, erscheint der Chronotopos Hochzeit in der zweiten Hälfte des 20. Jahrhunderts kaum des Interesses wert. Ab den
1970er-Jahren ist eine gewisse Liberalisierung der Kulturpolitik zu verzeichnen, aber wegen der bescheidenen materiellen Bedingungen und
der inzwischen urbanisierten Lebensart der Menschen kann man das
Ereignis Hochzeit nicht gerade zum biografischen Urknall werden lassen. Zumal auch in Bulgarien – verstohlen zwar und in abgeschwächter
Form – die sogenannte Sexuelle Revolution der 1960-Jahre ihre Auswirkungen getätigt hat und Eheschließung wie Scheidung nicht mehr so
schicksalhaft relevant erscheinen.

Nach der Wende 1989

Der vorerst letzte Wandel im Heiratsverhalten der Menschen in Bulgarien kommt mit der Abwendung von der realsozialistischen Gesell-
schaftsformation und dem Abfall einer Unzahl von normativen, institu-
tionell verbindlichen Regelungen. Ein sehr wesentlicher Faktor der
gegenwärtigen demografischen Situation ist die starke Migration, die
keine ortsgebundenen Verwandtschaften mehr im Zentrum des individuellen Lebens des Menschen zulässt. Die auch in vorausgegangenen
Jahrhunderten übliche Form der Arbeitsmigration in der südlichen
Balkanregion hat sich in den letzten drei Jahrzehnten auf Europa und

Übersee ausgeweitet, so dass die Bevölkerung des Landes von 9 auf 7,2 Million geschrumpft ist.

Ein zweiter Faktor ist die zentripetale Kraft der Hauptstadt in diesem hyperzentralisierten Staat. Weil hauptsächlich in Sofia und einigen wenigen Großstädten Hochkonjunktur herrscht, weil auch die strengen polizeilichen Einwohnerzulassungsbeschränkungen aus der Zeit des Realsozialismus abgefallen sind, drängen sich die jungen Menschen dorthin. Die Bevölkerung in den kleineren Städten altert, auf dem Lande herrscht Depression, verursacht teils durch die politisch erzwungene demografische Diskontinuität, teils durch die Konkurrenzunfähigkeit der eigenen landwirtschaftlichen Produktion gegenüber den günstigeren Importen. Die im Realsozialismus gebauten mehrstöckigen Bauernhäuser stehen leer und verfallen, während man sich in den größeren Städten oft mit recht niedriger Lebensqualität begnügen muss. Die Migranten leben oft als Singles, um flexibler agieren zu können.

Zum Dritten hat sich das Selbstbewusstsein der Menschen im Vergleich etwa zu den Erwartungen und der Einsatzbereitschaft der vorausgegangenen Generationen sehr verändert. War im Bulgarien des Realsozialismus durch permanente Engpässe in fast jeder Handelsbranche eine relative Bescheidenheit angesagt, so divergieren die Hochzeitszeremonien heute, wenn die Handelsketten die Kaufhäuser mit Waren überfluten und die Banken mit Krediten um sich werfen – von minimalistisch bis ultraprotzig.

Weil junge Menschen das Mittelmaß verpönen, sich aber meistens – als Normalverbraucher – kaum mehr als eine durchschnittliche, recht banal ablaufende Veranstaltung leisten können, verzichten sie ganz auf sie und verlassen sich auf ihr Ja-Wort, das nur die unmittelbar Betroffenen gehört haben. Auch ist die Prozentzahl der offiziell verheirateten Paare gegenüber den in freier Partnerschaft lebenden rapide gesunken.[20] Haben sich vor der Wende 1989 alle der polizeilichen Verpflichtung zum ehelichen Zusammenleben beugen müssen, sind seit den 1990er-Jahren sehr viele junge Menschen nicht mehr motiviert, die

---

[20] Genauere statistische Angaben z. B. in: Все повече българи предпочитат да живеят на семейни начала. [Immer mehr Bulgaren bevorzugen das außereheliche Zusammenleben] – в. Сега, Брой 4519 (239), 16.10.2012, URL: http://www.segabg.com/article.php?sid=2012101600019985007.

oft verdächtig erscheinende Institution Ehe einzugehen.[21] Selbst am traditionellen Heiratsmarkt der Roma-Clans der *Kardarashi* und *Jerlii*, der seit jeher ihre nomadische Lebensweise kompensiert, verzeichnet man massive Einbußen, weil sich die Jugendlichen nunmehr im Facebook kennenlernen und dem Feilschen der Eltern zu widersetzen beginnen.[22]

Vor diesem Hintergrund spielt sich die allmähliche Distanzierung von den traditionellen Ritualen ab, wobei sich sehr viele Abstufungen der Rekodierung im Hochzeitsdiskurs beobachten lassen. Im Folgenden seien anhand charakteristischer Beispiele, die im Internet uneingeschränkt zugänglich sind, auf einige von ihnen hingewiesen: In provinziellen Lebensräumen wird die traditionelle Hochzeit zumindest als Szenarium repräsentiert, die Menschen leben noch einige der Tänze, ohne sie aber magisch zu transzendieren.[23] Eine natürliche Verbindung zwischen dem Ritus und der modernen, von der traditionellen Lebensführung schon sehr entfernten Hochzeitszeremonie wird angestrebt, wenn Tanztruppen einzelne Elemente der Tradition vorführen.[24] Recht häufig verrät die eklektische Zusammenführung von Stilen, Formen und Farben den totalen Verlust der ursprünglichen Symbolik des Hochzeitsrituals – durch Kleidung, Gesten und Tänze präsentiert man sich, ohne Begriffe und Ideen zu repräsentieren.[25] Eine leider recht oft anzutreffende Art ist, die Hochzeit zur prunkvollen Demonstration von Wohlstand und Aufsteigermentalität zu instrumentalisieren. Die sozialen Machtverhältnisse, die sich zwischen reicher und armer Verwandtschaft hinter den Kulissen fast zwanghafter Fröhlichkeit abspielen, sind

[21] Das Thema kann eine gesonderte Publikation ergeben, zumal das *faktische außereheliche Zusammenleben* ein Grund für die Aufenthaltsgenehmigung von Ausländern im EU-Land Bulgarien sein kann.

[22] Фейсбук удари пазара за булки. [Facebook schlug den Brautmarkt] – в. Монитор, 29.08.2013, URL: http://www.monitor.bg/article?id=397958.

[23] https://www.youtube.com/watch?v=Ck_xL0k9V0g.

[24] Z. B. der Junggesellentanz auf einer Hochzeit in der Kleinstadt Vratsa – http://www.bgnow.eu/news.php?cat=2&cp=0&newsid=46655, oder wenn die Tanztruppe mit dem Brautpaar befreundet ist und die Vorführung als Gastgeschenk bietet – https://www.youtube.com/watch?v=Z3RXbzZoO2s, oder wenn professionelle Hochzeitsmanager den Ablauf der Zeremonie bestimmen und Berufstänzer einladen, z. B. zum Vorführen des Junggesellenreigens – https://www.youtube.com/watch?v=9U6Yq0UefmM&index=7&list=RDw_dPVELVsqo.

[25] So z. B. die „Hochzeit von Nasko und Galena im Dorf Gradishte" – https://www.youtube.com/watch?v=geRu3LCU2i0.

dabei unverkennbar.[26] Der Hochzeit-Chronotopos in der traditionellen Kultur kann nicht mehr hermetisch bleiben, seine Resistenz gegen die Einwirkungen wird schwächer und sinkt langsam zur unterhaltenden Veranstaltung herab.

Diese faktischen Veränderungen machen die Hochzeitsrituale zu musealen Momenten im Kulturgedächtnis, deren zielbewusste Pflege in Liebhaberinitiativen erfolgt, wie z. B. auf dem Festival traditioneller Trachten in Zheravna zu beobachten:

Abb. 4: Visit My Bulgaria (2014)[27]

In dieser Stilistik ist auch die professionelle Pflege der bulgarischen Folklore gehalten, wobei mehrere Künstler es zum weltweiten Ansehen gebracht haben: zum Beispiel der Chor „The Mystery of Bulgarian Voices", die Tanztruppe „Pirin Folk" oder Ivo Papasov Ibryama, um nur wenige unter sehr vielen zu nennen.[28]

---

[26] Wer sich für den Hochzeitsdiskurs in der Kulturindustrie interessiert, möge sich bitte die Dokumentation der „Hochzeit von Sali und Umiye" in der gesamten Videolänge ansehen: https://www.youtube.com/watch?v=9ZjvRqzeKWw.

[27] Zit. nach SharlopovGroup, Bulgaria Travel -https://plus.google.com/+SharlopovGroup/posts/FtpAV8gtxgV.

[28] Kostproben auf den URLs: https://itunes.apple.com/de/album/bulgarian-customs-songs-mystery/id258036806 oder https://www.youtube.com/watch?v=RuezXvq88uA sowie https://www.youtube.com/watch?v=xLkklt_MPdM.

Zusammenfassend kann man die These aufstellen, dass sich die rituelle Verklärung der Hochzeit in unseren Tagen nicht mehr mit jener transzendenten Denkweise verbindet, die sie vormals begründet hat. Die narrative und performative Seite der Riten wird zwar (in Fragmenten) mitgeführt, aber die instrumentelle Funktion der Übertretung einer Grenze ist sichtlich abgeschwächt. Im 21. Jahrhundert scheinen die Menschen in Bulgarien viel zu dynamisch zu sein und permanent Übergangssituationen und Schwellenerlebnisse zu erfahren – die Hochzeit bleibt eine der wichtigeren unter ihnen. Mehr nicht.

Literatur

Nikolina BURNEVA, Wendezeiten der bulgarischen Literatur, Göttingen 2013

Pierre BOURDIEU, Die Ökonomie der symbolischen Güter, in: Pierre BOURDIEU. Praktische Vernunft. Zur Theorie des Handelns, Frankfurt am Main 1998, S. 161–200

Elias CANETTI, Die gerettete Zunge, München/Wien 1977

Michel FOUCAULT, Der Wille zum Wissen. Sexualität und Wahrheit Bd. I., Frankfurt am Main 1987

Arnold VAN GENNEP, Übergangsriten, (1981) 3., erw. Aufl. Frankfurt/New York 2005

Dženi MADŽAROV, Semantics of the Greeting with Handkissing in Bulgarian Traditional Culture, in: Times, Places, Passages. Ethnological Approaches in the New Millennium. Ed.-in-chief Attila PALÁDI-KOVÁCS, Budapest, Akadémiai Kiadó, 2004, S. 618–626

Анастасия ПАШОВА, Детство и жизнени светове на роми в България. София, Семарш, 2010

Мария РАДЕВА (и др.), История и култура на ромите. Учебно помагало за IX.-XI. клас. София, изд. КП, 1997

Liebe auf den zweiten Blick?
Eheoptionen konservativer türkeistämmiger Männer

Ahmet Toprak

1. Einführung

Der vorliegende Beitrag analysiert die Sichtweise betroffener junger Männer. Es wird der Frage nachgegangen, wieso Männer einer arrangierten Ehe zustimmen und ob sie überhaupt im Vorfeld einer solchen Eheschließung gefragt werden. Warum überlassen die jungen Männer eine solch wichtige Entscheidung ihren Eltern und warum suchen sie – obwohl in Deutschland geboren oder zumindest aufgewachsen – ihre zukünftige Frau in den Heimatdörfern ihrer Eltern oder Großeltern?

In diesem Beitrag werden nur die Männer in den Mittelpunkt gestellt, die ihre zukünftigen Ehefrauen durch die klassisch-traditionelle Brautwerbung, durch ein Arrangement der Eltern, heiraten. Die thematisierten Männer kommen aus bildungsbenachteiligten Familien, die aus dem ländlich geprägten Teil der Türkei eingewandert waren. Dieser Aufsatz erlaubt deshalb nur Rückschlüsse auf Familien aus diesem Milieu. Diese Ausführungen sind nicht repräsentativ und es sei darauf hingewiesen, die Ausführungen nicht zu pauschalieren und auf alle Männer zu übertragen. Das Erkenntnisinteresse richtet sich auf die Sichtweise von Männern, die eine sehr konservativ-traditionelle Lebensform wählen, obwohl sie in Deutschland sozialisiert wurden.

2. Die traditionelle Form der Eheschließung

Wenn junge Männer Frauen aus der Türkei – aus dem Heimatdorf der
Eltern bzw. Großeltern – heiraten wollen, läuft das Verfahren der Eheschließung nach den traditionellen Prinzipien der bäuerlich-ländlich
geprägten Vorgaben. Hier geht es nicht um eine Heirat nach dem
Grundsatz der romantischen Liebe, sondern um eine Verbindung zweier Menschen und deren Eltern, die Vertraulichkeit, ökonomische Aspekte und das traditionelle Rollenverständnis in den Vordergrund stellen. Bei der Argumentation der Eheschließung werden sehr viele Aspekte als Pro und Kontra genannt, mit der Liebe wird kaum oder nur
am Rande argumentiert, weil die Heirat nicht als individuelle Entscheidung der Kinder betrachtet wird, sondern als eine kollektivistische Bestimmung. Das Verfahren der Eheschließung läuft nach diesem Prinzip
wie folgt.

2.1. Die Suche nach einer Braut

Die Suche nach einer geeigneten Braut muss sehr sorgfältig vorbereitet
werden und ist in erster Linie die Aufgabe der Mutter und der anderen
weiblichen Familienmitglieder, wie z. B. Großmutter, Schwester oder
Schwägerin. Bevor sie jedoch aktiv werden, müssen sie das Einverständnis des Vaters und ggf. des Sohnes einholen, was ein eher formaler Akt ist, da der Vater bzw. der Sohn in den meisten Fällen die Mutter
mit der Suche beauftragt. Die Eltern legen großen Wert darauf, dass die
zukünftige Braut aus gutem Hause kommt. Außerdem muss die Braut
als eine gute Hausfrau bekannt sein und einen Haushalt selbständig
führen können. Da auch religiöse Vorstellungen zentral sind, orientieren sich die Brautwerberinnen gerne Richtung Heimatdorf bzw. Hei-
matstadt, um sicher zu sein, dass die Braut in diesem Sinne erzogen
wurde. Eines der Kriterien bei der Suche ist der zentrale Begriff „An-
stand" oder „anständige Frau". Mit „anständiger Frau" meinen die
Männer und deren Angehörige, dass die Braut sich unterordnet und die
Wünsche und Vorstellungen des Mannes ohne Widerrede umsetzt.
Gehorsamkeit, Zurückhaltung und Unterordnung sind die wichtigsten
Prinzipien. Eine Frau, die ihrem Freund oder ihrem Mann widerspricht,
wird kategorisch abgelehnt und als eine unehrenhafte Frau wahrgenommen. Der sicherste Weg, um eine diesen Vorstellungen entspre-

chende Braut zu bekommen, scheint deshalb eine Brautwerbung in der bäuerlich-dörflichen Heimat zu sein.

Bevor aber vom Vater des Bräutigams um die Hand der Braut angehalten werden kann, recherchiert die Mutter im Umfeld, welche Mädchen noch ledig und für die Familie geeignet sind. Es ist auch nicht ausgeschlossen, dass die weiblichen Familienmitglieder der Familie der Brautkandidatin einen Vorbesuch abstatten. Wenn man sich bei einer Familie zum Moccatrinken anmeldet, ist der Grund des Besuches eindeutig: nämlich das Werben um die Tochter. Wenn die weiblichen Brautwerber in die Türkei fahren, um eine Braut für den Sohn auszuwählen, versuchen sie, das Mädchen und deren Familie von den Vorteilen Deutschlands zu überzeugen. Es wird hervorgehoben, dass man in Deutschland angenehm leben kann, z. B. über eine eigene Wohnung mit warmem Wasser verfügt, ein eigenes Auto oder jährlicher Urlaub seien eine Selbstverständlichkeit.

Im Vorgespräch interessieren sich die Brautwerber in erster Linie für das Verhalten der angehenden Braut. Ist sie in der Lage, den türkischen Mocca gut zu kochen und einwandfrei zu servieren, ist das ein Zeichen für eine gut erzogene Hausfrau, denn der Mocca ist kompliziert in der Zubereitung. Sind die Rahmenbedingungen geklärt und die Eltern der Braut stimmen einem Besuch mit dem Vater und dem angehenden Bräutigam zu, kann der Vater um die Hand der Braut anhalten.

2.2.   Um die Hand der Braut anhalten

Das Anhalten um die Hand der Braut ist in traditionell-ländlichen Zusammenhängen viel wichtiger als die eigentliche Hochzeit, weil in diesem Gespräch die entscheidenden Rahmenbedingungen für das weitere Vorgehen abgesteckt werden. Hier wird nicht nur das formale Einverständnis der Eltern und der Braut eingeholt, sondern ggf. auch über den Brautpreis und über die Art und Weise, wie die Hochzeit stattfinden soll, entschieden. Beispielsweise wird verhandelt, wer welchen Teil der Hochzeit finanziell und organisatorisch übernimmt. In vielen Fällen kann festgestellt werden, dass der Vater der Braut primär die finanziellen Vorteile der Verheiratung sieht. Einige lassen gar den Brautwerber nicht einmal die so wichtige rituelle Bitte „Auf Gottes Befehl und mit dem Worte des Propheten möchte ich deine Tochter für meinen Sohn" aussprechen. Viele Brautväter verhandeln auch nicht darüber, wer was übernimmt, sondern machen ganz klare und präzise Vorgaben, unter welchen Bedingungen sie ihre Töchter verheiraten möchten. Zusammenfassend ist festzustellen, dass die Eltern in der ländlichen Türkei unter schwierigen wirtschaftlichen Bedingungen zu leiden haben und die Verheiratung der Tochter vor allem eine wichtige Finanzquelle ist.

2.3. Der Hennaabend

Wenn ein Termin für die Feier gefunden werden konnte, findet der Hennaabend am Vorabend der Hochzeit in der Wohnung der Braut statt. Der Hennaabend ist eine wichtige islamisch-türkische Tradition, die ein fester Bestandteil der Hochzeitsfeier ist; in einigen Orten der Türkei ist dieser Abend sogar wichtiger als die eigentliche Feier. Das Brennen des Henna soll der Braut in ihrer Ehe Glück bringen. Allgemein soll eine Frau, die Henna an ihren Händen hat, mit diesen Händen fromme Taten verrichten, weil Henna allgemein als Glücksbringer betrachtet wird. Zu diesem Abend werden nicht so viele Gäste wie zur Hochzeitsfeier eingeladen. Hier sind nur Frauen,[1] auch die Schwestern des Bräutigams, anwesend. Die Männer begleiten zwar ihre Frauen, nehmen aber an der eigentlichen Zeremonie nicht teil. Während die Frauen feiern, singen und tanzen, bleiben die Männer in einem Nebenraum unter sich und unterhalten sich. Die Stimmung der Männer ist eher ruhig und gesellig, für sie werden Speisen und (alkoholische) Getränke bereitgestellt. Diese Zeremonie ist auch dafür da, dass die Braut Abschied von ihrem Elternhaus nimmt. Wenn sie nach der Eheschließung in eine andere Stadt geht oder – wie im Kontext der Migration – ins Ausland, nehmen ihre Freundinnen Abschied und singen traurige Lieder. Das „Abschiednehmen" bedeutet in diesem Kontext aber nicht unbedingt, dass die Braut ihr Dorf oder ihr Land verlassen wird. Im eigentlichen Sinne nimmt sie Abschied vom Leben als junge, ledige Frau, was als einmaliges Geschehen betrachtet wird. Die Prozedur des Hennaabends wird nur einmal im Leben für eine Frau veranstaltet. Im Falle einer zweiten Heirat werden weder ein Hennaabend noch eine große Hochzeitsfeier organisiert. An diesem Abend brennen auch andere junge Frauen Henna auf ihre Hände, damit es ihnen Glück bringe und sie ebenfalls bald heiraten.

---

[1] Es gibt aber auch Orte, in denen Männer und Frauen zusammen feiern.

2.4. Die islamische Eheschließung

Bis 1926 galt in der Türkei das islamisch-osmanische Familienrecht, nach dem die Eheschließung an keine strengen formalen Vorschriften gebunden war und die Männer bis zu vier Frauen heiraten durften. Die Ehe nach islamisch-osmanischem Recht entsteht durch einen Vertrag, der „Nikah" genannt wird. In seiner ersten Bedeutung heißt „Nikah" auf Arabisch Geschlechtsverkehr, meint aber in diesem Falle einen Vertrag, der den Geschlechtsverkehr „legal" ermöglicht:

> Eine Ehe kann nach islamischem Recht nicht allein durch die Vereinigung und gemeinsame Lebensführung der Partner zustande kommen; es bedarf zur Gründung vielmehr des Abschlusses eines Vertrages (des Nikah).[2]

Um den Vertrag zu besiegeln, ist eine feierliche Abmachungsversammlung erforderlich, an der die beiden Partner oder ihre Vertreter und zwei Trauzeugen teilnehmen müssen. Grundsätzlich müssen beide Partner mündlich mitteilen, dass sie heiraten wollen, allerdings müssen sie nicht persönlich anwesend sein. An ihrer Stelle können ihre Eltern bzw. Freunde an der Versammlung teilnehmen und den Willen der Partner erklären.

Nach frühislamischen Regeln durften die Eltern ihre noch nicht geschlechtsreifen Kinder verheiraten, ohne deren Zustimmung einzuholen, und die Ehe war an keine Altersgrenze gebunden. Der Geschlechtsverkehr war den Verheirateten erst nach Erreichen der Geschlechtsreife erlaubt. Die islamische Eheschließung wird als Brauch angesehen, und sie wird deshalb grundsätzlich vor einem Imam vorgenommen. Die Aufgabe des Imam besteht darin, die Hochzeitsfeierlichkeiten zu leiten und am Ende ein Gebet für das Wohlbefinden der Eheleute und das Gelingen der eingegangenen Ehe zu sprechen; dieses Gebet ist ein unentbehrlicher Teil der Zeremonie.

Nachdem das neue türkische Zivilrecht 1926 in Kraft getreten war, galten die islamischen Eheschließungen vor dem Gesetz als nicht mehr wirksam. Die religiösen Eheschließungen wurden per Gesetz zwar nicht verboten, aber ohne den Nachweis des amtlichen Echescheines darf die religiöse Trauung nicht vorgenommen werden (Art. 110,

---

[2] Aydin ZEVKLILIER, Nichteheliche Lebensgemeinschaften nach deutschem und türkischem Recht, Würzburg 1989, S. 61 ff.

ZGB). Nach diesem Gesetz sind die eingegangenen Imam-Ehen ohne amtliche Trauung nicht rechtskräftig; die aus dieser Ehe hervorgegangenen Kinder gelten als nicht-ehelich.[3] Die türkische Bevölkerung, insbesondere auf dem Lande, blieb den jahrhundertealten Traditionen treu und setzte das Gesetz nicht flächendeckend im Sinne der Regierung um. Dafür gibt es die folgenden Motive:

- Die Imam-Ehen werden insbesondere von der ländlichen Bevölkerung akzeptiert und toleriert, obwohl bekannt ist, dass Imam-Ehen keine rechtliche Grundlage haben.

- Die Brautleute auf dem Lande heiraten häufig im nach dem Zivilgesetz heiratsunmündigen Alter und lassen deshalb die Ehe durch eine religiöse Trauung schließen.

- Der ländlichen Bevölkerung erscheint die amtliche Trauung häufig wegen der damit verbundenen Formalitäten als zu umständlich.

- Um das Monogamieprinzip umgehen zu können, heiraten Männer mehrere Frauen, indem sie sich von einem Imam trauen lassen.[4]

In den ländlich-bäuerlichen Gebieten der Türkei wird der islamischen Eheschließung weiterhin mehr Bedeutung zugesprochen als der standesamtlichen Trauung. In den Augen der meisten Eltern sind die Brautleute erst dann verheiratet, wenn – auch ohne eine standesamtliche Trauung – sich die Partner vor einem Imam das „Ja-Wort" gegeben haben. Die Eheschließung vor einem Imam verläuft in der Regel wie eingangs beschrieben. Es ist auch heute noch üblich, dass in Einzelfällen zwei Menschen miteinander verheiratet werden, ohne persönlich an der Zeremonie teilzunehmen. Für die Eltern hat die standesamtliche Eheschließung nur einen sekundären Wert, d. h. aber nicht, dass sie darauf verzichten wollen. Vielen Eltern ist sehr wohl bekannt, dass eine Imam-Ehe sowohl in Deutschland als auch in der Türkei keine rechtliche Relevanz hat.

Die Eheschließung vor dem Imam mittels eines Zeugen als Stellvertreter eines der Ehepartner ist problematisch. Es muss davon ausgegangen werden, dass die Braut, wenn sie nicht persönlich erscheint, sich

---

[3] Vgl. ebd., Art. 112, 241 ff. ZGB.
[4] Vgl. ebd.

gegen eine Eheschließung gewehrt hat. Beispielsweise wird eine Krankheit als eine kleine „Notlüge" für das Fehlen der Braut installiert, um in der Öffentlichkeit das Gesicht zu wahren, denn eine Tochter, die nicht auf ihre Eltern hört, ist nicht ehrenhaft.

2.5. Die Hochzeitsfeier

Die eigentliche Hochzeitsfeier findet einen Tag nach dem Hennaabend statt – je nach Region auch eine Woche später. Zumindest die islamische Eheschließung muss vorher erfolgt sein, weil am Abend der Hochzeitsfeier das Paar den Geschlechtsverkehr vollziehen wird. Der Hauptteil des Hochzeitstages für die Braut besteht darin, dass sie zum Friseur geht und auf die Feier vorbereitet wird. Hier geht es nicht nur darum, dass die Braut und die weiblichen Angehörigen gepflegt und gut aussehen, sondern um die Tradition, was sich bei einer ehrenhaften Frau gehört und dass der Bräutigam bzw. sein Vater keine Kosten scheut und die Bedingungen erfüllt. Da der offizielle Beischlaf nach der Hochzeitsfeier erfolgen wird, bedarf es bei beiden Partnern einer gründlichen Körperreinigung, die auf das islamische Reinigungsprinzip zurückzuführen ist. Bei der Frau dauert der Besuch beim Friseur in einigen Fällen deshalb so lange, weil die Körperbehaarung vor der Hochzeitsnacht – „gerdek gecesi" – entfernt werden muss.

Die Angehörigen der Braut möchten in jedem Fall eine aufwendige Hochzeit durchsetzen, weil sie damit ihre Macht demonstrieren. Wer ein ehrenhaftes und gut erzogenes Mädchen bekommen möchte, muss sich das auch etwas kosten lassen, so die allgemeine Annahme der Angehörigen der Braut. Wenn auf der Hochzeitsfeier eine Band türkische Musik spielt und die Hochzeitsfeier in einem Saal in der nächsten Kreisstadt stattfindet, wenn die Feier aufwendig und teuer ist, dann ist sie der Familie würdig und angemessen. Während der Höhepunkt der Hochzeitsfeier für die Brautpaare unterschiedlich sein kann, ist der Höhepunkt für die Eltern in der Regel die Zeremonie der Beschenkung der Brautleute, die nach dem Essen stattfindet. Das Ansehen der Familie wird daran gemessen, wie viele Gäste zur Hochzeitsfeier kommen und welche Geschenke sie mitbringen. Mit dem Wert des Geschenks – Geld oder Gold – wird zum Ausdruck gebracht, welches Ansehen die Familie in der Gesellschaft genießt, wie gut man die Familie kennt bzw. wie gut man mit der Familie befreundet ist. Es wird dabei nicht gefragt,

welche Wünsche und Vorstellungen das Brautpaar hat. Die Hochzeitsfeier ist nicht die persönliche Angelegenheit des Brautpaares, sondern
eine Familiensache bzw. betrifft die Familienehre, über die die „Kinder" nicht mitdiskutieren.

2.6. Die standesamtliche Eheschließung

Auch wenn der standesamtlichen Trauung im bäuerlich-ländlichen
Kontext nur eine sekundäre Bedeutung zukommt, werden heute standesamtliche Ehen, oder besser gesagt beide Formen der Ehe, öfter
geschlossen als noch vor 30 Jahren. Der Wert der standesamtlichen
Eheschließung gewinnt bei den in Deutschland lebenden Männern an
Bedeutung, weil die Männer eine Partnerin aus der Türkei heiraten. Da
die islamische Trauung vor dem Gesetz nicht als Ehe gilt, müssen die
Männer, die eine Partnerin aus der Türkei heiraten, eine standesamtliche Eheschließung vorweisen. Nur im Rahmen einer gesetzlich anerkannten Eheschließung wird von der Ausländerbehörde einer Familienzusammenführung stattgegeben. Die standesamtliche Eheschließung
ist aus Sicht der Brautpaare und der Angehörigen ein formaler Akt, der
getätigt werden muss, damit einer Familienzusammenführung in
Deutschland nichts mehr im Weg steht. Die meisten Familienangehörigen fahren nicht einmal mit, um an der Trauung teilzunehmen.

2.7. Die Familienzusammenführung in Deutschland

Um das Verfahren der Eheschließung abzuschließen, ist es wichtig
abzuklären, wie eine Familienzusammenführung in Deutschland zu-
stande kommt. Die Praxisbeispiele belegen, dass zwischen der Heirat
und der Familienzusammenführung bis zu 2, 3 Jahre vergehen können.
Der Paragraph 17 des Ausländerrechts regelt den Familiennachzug der
Ausländer folgendermaßen:

> Einem ausländischen Familienangehörigen eines Ausländers
> kann (…) eine Aufenthaltserlaubnis für die Herstellung und
> Wahrung der familiären Lebensgemeinschaft mit dem Ausländer
> im Bundesgebiet erteilt und verlängert werden.[5]

---

[5] Deutsches Ausländerrecht, 2000, § 17, 6 f.

Diese Aufenthaltsgenehmigung für den Familienangehörigen ist allerdings an die folgenden Bedingungen geknüpft: Der Antragsteller in Deutschland muss eine Aufenthaltserlaubnis oder eine Aufenthaltsberechtigung besitzen, er muss über ausreichenden Wohnraum verfügen sowie in der Lage sein, den Lebensunterhalt des Familienangehörigen aus eigener Erwerbstätigkeit zu bestreiten.[6] Darüber hinaus müssen bei der Anreise Grundkenntnisse der deutschen Sprache nachgewiesen werden.

Wenn die in Deutschland lebenden Männer einige dieser Bedingungen nicht erfüllen oder erfüllen können, dauert die Familienzusammenführung länger als geplant. In einigen Fällen müssen die Eltern der Männer dafür bürgen, dass sie finanziell für den Familienangehörigen sorgen wollen. Das Ausländergesetz schreibt des Weiteren vor, dass ausreichender Wohnraum für die Familienangehörigen vorhanden sein muss. Denn laut Ausländergesetz benötigen Kinder zwischen 0 und 6 Jahren mindestens 8 Quadratmeter Wohnraum und alle anderen Personen oder Familienmitglieder mindestens 12 Quadratmeter Wohnraum. Um diese Mindestanforderungen zu umgehen, werden in einigen Fällen ein oder zwei Familienmitglieder vorübergehend abgemeldet und nach der Familienzusammenführung wieder angemeldet.

3. Die Form der arrangierten Ehe als Disziplinarmaßnahme bei Männern

Im Diskurs der Zwangsverheiratung wird der Kontext in der Regel auf die Frau gerichtet, was auch berechtigt ist.[7] Allerdings gibt es Indizien und Erkenntnisse, dass auch die Männer einer Eheschließung nicht immer aus eigener Überzeugung zustimmen. Da die Männer die Eheschließung als eine gesellschaftliche Pflicht sehen, stimmen sie ohne große Widerrede einer Ehe zu. Es muss hier eindeutig festgestellt werden, dass die Männer von einer Ehe profitieren, d. h. die administrativen Aufgaben und die Alltagslasten werden der Ehefrau zugesprochen. In diesem Abschnitt wird erläutert, wie die Eltern bei ihren Söhnen Druck ausüben, um einer Ehe zuzustimmen. Aus Sicht der Eltern dient

---

[6] Vgl. ebd.
[7] Vgl. dazu den Beitrag von Jennifer KRECKEL in diesem Band.

die Eheschließung als Disziplinarmaßnahme, wenn andere Maßnahmen nicht (mehr) greifen. Da die geschlechtsspezifische Erziehung der Eltern dazu beiträgt, dass die Jungen ihr Verhalten nicht reflektieren, wird zunächst der Ansatz der geschlechtsspezifischen Erziehung nachgezeichnet.

Die besonders konservativen Eltern in Deutschland teilen sich die erzieherische Disziplinierung der Kinder in der Regel nach Geschlecht auf: Das heißt, die Mutter unterweist die Töchter und der Vater die Söhne. Im frühkindlichen Alter (von 0 bis 3 Jahren) wird noch nicht zwischen den Geschlechtern unterschieden. Die Kinder tragen in dieser Zeit für ihr Verhalten bzw. ihre Haltung keine Verantwortung. Dies ist im Vorschulalter, zwischen 3 und 6 Jahren, nur noch bedingt der Fall. Das Kind erfährt die bis dahin schützende Familie nun auch als strafende Instanz. Mit der physischen und der intellektuellen Entwicklung des Kindes verändert sich gleichzeitig das Verhalten der Eltern, das nun deutlich geschlechtsspezifisch ausgerichtet ist.

3.1. Jungenerziehung

Da sich der Junge zunächst – in der frühen Kindheit – in der häuslichen Umgebung aufhält, sind die wichtigsten Bezugspersonen die Mutter und ggf. die älteste Schwester (*büyük abla*). Bereits im Vorschulalter ist das Verhältnis des Jungen zur Mutter bzw. zur Schwester zwiespältig: Einerseits ist es noch von körperlicher Zärtlichkeit geprägt, andererseits wird von beiden Seiten diese Körperlichkeit abgelehnt. Diese ambivalente Haltung spiegelt sich ebenso gegenüber der Autorität von Mutter und Schwester wider. Alle Aufforderungen der weiblichen Erziehungsberechtigten appellieren an seinen freien Willen. Er soll ihnen zwar nachkommen, aber außer einem Tadel geschieht ihm nichts, wenn er sich verweigert. Diese Aufforderungen werden häufig von einer Art von Vorlob begleitet. Damit er den Aufforderungen nachkommt, wird der Junge zwar von der Mutter ermahnt, sie lässt ihn jedoch gewähren und setzt ihre Autorität ihm gegenüber nicht immer durch. Dieses Gewährenlassen führt beim Jungen teilweise zur Verunsicherung hinsichtlich der Autorität seiner weiblichen Bezugspersonen und auf der Handlungsebene zu Provokationen diesen gegenüber.

In dieser Zeit beginnt der Vater, den Sohn zu begleiten: Er weist ihn in den männlichen Aufgabenbereich ein; er achtet auf sein Verhalten, bestraft und lobt ihn. Im Gegensatz zur Mutter, deren Aufgaben sich zunehmend auf Fürsorge sowie Rückhalt beschränken, wird der Sohn vom Vater in allen Bereichen gefordert. Die Jungen dürfen ab der Pubertät ihre Freizeit eigenständig organisieren, dürfen Tanzlokale und Kneipen aufsuchen, ohne von den Eltern reglementiert zu werden. Außerdem dürfen die Jungen in der Jugend sexuelle Erfahrungen sammeln und sich mit Mädchen befreunden, auch wenn sie nicht unbedingt heiraten wollen. Rauchen bzw. Alkoholkonsum wird als männertypisches Verhalten geduldet, während es bei den Mädchen stark abgelehnt und reglementiert wird.

3.2. Mädchenerziehung

Das Mädchen hält sich in der unmittelbaren Nähe der Mutter und der älteren Schwester auf, die ihre Hauptbezugspersonen sind. Der Aufenthaltsort des Mädchens ändert sich nicht, der räumliche Bezug ist das Haus und die nähere Umgebung. Das Mädchen kommt mit anderen Haushalten und deren Familienmitgliedern erst dann in Kontakt, wenn die Mutter die Tochter zum Besuch bei Verwandten oder Nachbarn mitnimmt. Im Gegensatz zum Jungen werden die Kontakte des Mädchens über die Mutter vermittelt und berühren primär Nachbarschaft und Verwandtschaft. Während die Mutter den Jungen bei der Orientierung am männlichen Geschlecht ohne Strenge positiv unterstützt, wird der gleiche Prozess beim Mädchen durch die Festlegung der weiblichen Geschlechterrolle mit mütterlicher Rigidität begleitet. Hier muss das Mädchen den Aufforderungen der Mutter zu Hilfsdiensten folgen. Die Autorität der Mutter ist unangreifbar. Am Anfang hilft die Tochter gelegentlich bei leichten Arbeiten, wie z. B. Aschenbecher leeren und bereitstellen oder das Zimmer aufräumen. Weiterhin soll das Mädchen lernen, sich in Anwesenheit anderer ruhig zu verhalten. Die Mutter-Tochter-Beziehung ist kaum von körperlicher Zärtlichkeit geprägt, so dass das Mädchen selten von der Mutter auf den Schoß genommen und zärtlich umarmt und geküsst wird. Zudem wird jedem Mädchen prinzipiell die Fürsorge für jüngere Geschwister übertragen; dies ist beim Jungen nicht zwangsläufig der Fall. Wenn die Tochter diese Fürsorge nicht nach den Vorstellungen der Mutter erfüllt, ermahnt die Mutter sie dafür. Die Autorität des Vaters besteht unangetastet und ist aufgrund der relativ großen sozialen Distanz und der Prinzipien der Achtung über die der Mutter gestellt. Bei den Konflikten zwischen Mutter und Tochter schaltet sich der Vater oft ein, indem er ihn durch einen lauten Befehl beendet. In vielen Fällen droht die Mutter dem Mädchen mit dem Vater, überträgt aber die Disziplinierungsmaßnahmen nicht auf den Vater, sondern führt diese selbst durch. Da der Vater sich aus der Erziehung der Tochter weitgehend heraushält, ist die Vater-Tochter-Beziehung freundlich. Wenn zwischen Vater und Tochter direkte Inter-aktionen stattfinden, dann haben sie den Charakter von kleineren Dienstleistungen der Tochter sowie seinerseits von milden Korrekturen ihres Verhaltens.[8]

Zusammenfassend ist Folgendes festzuhalten: Beim Jungen fällt ins Auge, dass er viele Freiheiten genießt, ihm wird vieles nachgesehen und sein Fehlverhalten wird mit seiner Jugendlichkeit entschuldigt. Das heißt, ihm werden kaum Grenzen gesetzt und er erfährt weniger scharf die Übergänge von der Kindheit über die Adoleszenz zum Erwachsen-sein. Weiterhin wird der Junge nicht altersadäquat behandelt, indem immer betont wird, dass er gewisse Sachverhalte nicht wissen muss. Um pointierter zu argumentieren: In der Adoleszenz bis zum Erwach-senenalter werden die Jungen wie kleine Kinder behandelt, sie tragen für ihr Verhalten selten Verantwortung und erst ab einem bestimmten Alter müssen sie auf „Knopfdruck" erwachsen werden. Ohne diese Entwicklungsübergänge zu „erleben", müssen die Jungen erwachsen werden und eine Familie gründen. Wenn die Jungen sich nicht diszipli-niert verhalten (haben mehrere Freundinnen, kommen abends nicht nach Hause, werden strafrechtlich auffällig, Alkoholmissbrauch etc.), ergreifen die Eltern gewisse Maßnahmen, um das Erwachsenwerden der Jungen zu forcieren, nämlich: Militärdienst in der Türkei, die Heirat und schließlich Vaterschaft.

3.3. Militärdienst in der Türkei

Viele Eltern erhoffen sich durch den Militärdienst in der Türkei eine Verhaltensänderung ihrer Söhne. Die Grenzsetzung und Disziplinie-rung, die sie selbst bei ihren Kindern nicht erreichen konnten, übertra-gen sie dem Militärdienst, da der türkische Militärdienst für seine Rigi-

---

[8] Vgl. dazu ausführlich auch Ingrid PFLUGER-SCHINDLBECK, „Achte die Älteren, liebe die Jüngeren". Sozialisation türkischer Kinder, Frankfurt a. M. 1989.

dität bekannt ist. Obwohl es den Eltern bekannt ist, dass ein in Deutschland lebender türkischer Staatsbürger den zeitlichen Umfang des türkischen Militärdienstes (von zurzeit 18 Monaten) reduzieren kann (auf 30 Tage), indem er ca. 7500 Euro an den türkischen Staat überweist, wird in einigen Fällen darauf verzichtet. Viele Eltern wollen, dass ihre Kinder die volle Zeit des Militärdienstes ableisten. Dadurch erhoffen sich diese Eltern nicht nur eine Disziplinierung.

Die Reduzierung der Militärzeit kommt für viele Männer nicht in Frage, weil sie mit dem Militärdienst einen Beitrag für die Verteidigung und Entwicklung des Landes als Staatsbürger leisten wollen. Außerdem wird von den Männern betont, dass jeder türkische Staatsbürger während der vollen Militärzeit in der Türkei Geld ausgibt und dadurch einen Beitrag zur wirtschaftlichen Entwicklung der Türkei leistet. Inwieweit die jungen Männer nach dem türkischen Militärdienst tatsächlich die erwünschte Verhaltensänderung zeigen, ist fragwürdig. Die Erfahrungen zeigen, dass sich nur vorübergehende Verhaltensänderungen einstellen und die jungen Männer binnen kürzester Zeit zu ihrem vorherigen Lebenswandel zurückkehren.

3.4. Die Heirat

Ist die gewünschte Verhaltensänderung aus Sicht der Eltern nach dem Militärdienst nicht erfolgt, ist die nächste Maßnahme die Verheiratung des Sohnes, damit er Verantwortungsbewusstsein und Eigeninitiative als Versorger, Ernährer und Oberhaupt einer Familie entwickelt. Im Zuge dessen soll der Sohn sich von seinem jugendtypischen Verhalten verabschieden, indem er seine Jugendfreunde seltener trifft, den Alkoholkonsum reduziert bzw. einstellt und insbesondere ein geregeltes Sexualleben erfährt. Der Sohn wird allerdings weder auf eine Eheschließung vorbereitet noch wird mit ihm ausgelotet, warum eine Eheschließung ab einem bestimmten Alter wünschenswert ist. Das heißt, dem Sohn ist nicht klar, dass sein abweichendes Verhalten die Eltern beunruhigt und sie deshalb eine Heirat vorbereiten. Die Entscheidung wird vom Vater getroffen, und er erläutert seinem Sohn nicht, warum er jetzt heiraten muss. Es wird lediglich ein Machtwort, verbunden mit einer Drohung, ausgesprochen, und der Sohn muss sich der Entscheidung des Vaters fügen. Der Sohn wird auf dem direkten Wege niemals erfahren, dass sein Verhalten nicht normkonform ist, weil die Grenzsetzung indirekt kommt und der Konflikt mit einem Machtwort des Vaters beendet wird, ohne die Interessen der Konfliktparteien auszuloten. Dass die Söhne sich durch solche Maßnahmen der Eltern nicht bändigen lassen, verdeutlicht die Phase nach der Eheschließung, denn meistens werden die unausgesprochenen Regeln auch nach der Eheschließung weiterhin verletzt. Nach der Eheschließung wohnen die frisch verheirateten Paare meistens in Deutschland bei den Eltern. Ist der Sohn aufgrund der Erwerbstätigkeit oder der persönlichen Freizeitgestaltung außer Haus, so sind die Eltern oder die Geschwister die Ansprechpartner für seine Frau. Durch die Verheiratung übernimmt der Sohn keine Verantwortung, wie die Eltern gehofft haben, sondern es kommt im Gegenteil noch mehr Verantwortung auf die Eltern zu, da sie sich in der Abwesenheit des Sohnes um die Schwiegertochter kümmern müssen. Im Grunde bringt die neue Situation den Sohn nicht dazu, seinen Lebensstil zu modifizieren, weil er die Verantwortung für seine Frau auf seine Eltern bzw. Geschwister überträgt. Das Konzept der Eltern, mit der Verheiratung den Sohn zu disziplinieren, geht nicht auf, da der Sohn wie auch in der Phase der Kindheit und Adoleszenz alle Freiheiten genießt. Er erfährt die Grenzen seines abweichenden Verhaltens nicht, weil die Eltern unbewusst auf das Prinzip „Lernen am Modell" setzen. Das heißt, sie gehen davon aus, dass der Sohn anhand der Beispiele in seinem Umfeld, wie sich ein verheirateter Mann zu verhalten hat, seine Haltung ändern wird. Wenn die gewünschte Änderung nicht unmittelbar erfolgt, wird die Braut seitens der weiblichen Familienmitglieder angehalten, ein Kind zu bekommen.

3.5. Vaterschaft

Das letzte Mittel, das die Eltern für die Disziplinierung des Sohnes einsetzen, ist die Verantwortungsübernahme für den eigenen Nachwuchs. Während das Ableisten des Militärdienstes und die Eheschließung seitens der Eltern beschlossen werden und der Sohn die Maßnahmen als abstrakt empfinden kann, scheint der Weg über eine Vaterschaft die emotionalen Seiten des Mannes anzusprechen. Der folgende Exkurs, entnommen aus TOPRAK, bekräftigt diese These.[9]

---

[9] Ahmet TOPRAK, Das schwache Geschlecht – die türkischen Männer. Zwangsheirat, häusliche Gewalt, Doppelmoral der Ehre, 2. Auflage, Freiburg 2007.

Als Ibrahim nach der Eheschließung in der Türkei ohne seine Frau nach Deutschland kommt, befreundet er sich mit einer Türkin. Er fühlt sich für seine Frau in der Türkei nicht zuständig und verantwortlich, weil er seine Frau kaum kennt. Die Beziehung zu seiner Freundin beendet er erst, nachdem er erfährt, dass seine Frau schwanger ist:

> Ich habe halt gehört, meine Frau ist in Türkei schwanger. Ja, dann habe ich mit meiner Freundin Schluss gemacht (…). Ja, für mein Kind. Ich habe das für mein Kind gemacht (…). Als meine Frau nach Deutschland kam, ne, da war schon mein Sohn da. Ich wollte für mein Sohn da sein. Ich war dann nicht mehr weg. Ich wollt nur für mein Kind was machen.

Wenn der Interviewausschnitt separat betrachtet wird, kann angenommen werden, dass die letzte Maßnahme der Eltern Auswirkungen auf das Verhalten des Sohnes hat. Die Erfahrungen zeigen allerdings, dass die Verhaltensänderung der Söhne temporär ist. Die Verantwortungsübernahme schlägt sich nicht kontinuierlich und umfassend in allen Bereichen des Verhaltens nieder. Die Ehefrau wird trotzdem vernachlässigt und die temporärere Veränderung resultiert nicht aus Überzeugung und Einsicht, sondern korreliert mit dem Konzept des Ansehens. Denn ein Mann, der nicht zu seiner schwangeren Frau hält, verliert in der Öffentlichkeit an Ansehen und Glaubwürdigkeit.

> Weißt du, wenn meine Frau nicht schwanger wäre, ne, dann hätte ich mit meiner Freundin nicht Schluss gemacht (…). Ja, die Leute würden sagen, schau mal, seine Frau ist in Türkei schwanger, und er hat andere Freundin. Das ist ganz schlecht. Das macht man halt nicht. Die Leute reden dann schlecht. Die werden dann immer sagen, Ibrahim macht nur schlechte Sachen, die arme Frau in Türkei und so weiter (…). Ja, wenn mein Sohn in Deutschland war, erst war ich zu Hause. Dann hab ich gesehen, mein Frau ist da, meine Schwester ist da, meine Mutter ist da und so weiter (…). Ich hab mich dann nicht mehr gekümmert. Alle waren ja da. Ich bin dann wieder mit Freunden weggegangen, Fußball schauen oder so. (Ibrahim)

Als er sieht, dass die Erziehung seines Sohnes von den weiblichen Familienmitgliedern übernommen wird, zieht sich Ibrahim in seine alte Rolle zurück, er trifft seine Freunde und ist nach außen orientiert.

Denn in traditionell-bäuerlichen Familien wird unter der Erziehung des Kindes die Versorgung, hier die körperliche Pflege und die Ernährung, verstanden, darauf wird an anderer Stelle noch zurückzukommen sein. Der Mann wird ein weiteres Mal aus der Verantwortung genommen und die konventionellen Maßnahmen der Eltern bleiben dadurch ohne große Wirkung.

4. Motive für eine Eheschließung der Männer

Die Motive für eine Eheschließung bei jungen konservativen und bildungsbenachteiligten Männern sind mannigfaltig. Die wichtigsten Motive für eine Heirat bei Männern sind in kurzen Zügen:

- Gründung einer Familie als Mittel zur gesellschaftlichen Anerkennung,
- der Wunsch nach einem Kind,
- Sexualität,
- Führung des Haushalts durch eine Frau.

4.1. Gründung einer Familie als Mittel zur gesellschaftlichen Anerkennung

Die Gründung einer Familie wird in den türkeistämmigen Familien, sei es bei Jungen oder Mädchen, nicht nur gefördert, sondern zwingend vorgeschrieben. Eine junge Frau oder ein junger Mann, der oder die mit spätestens Mitte 20 nicht geheiratet hat, wird unter Druck gesetzt. Die Heirat bzw. die Gründung der Familie ist gesellschaftlich anerkannt und legitimiert die Männer in der öffentlichen Wahrnehmung zu mehr Selbstbewusstsein, da das Heiraten den Schritt in das Erwachsenenleben dokumentiert. Erst mit der Heirat werden die Männer im sozialen Bezugsrahmen als volle und anerkannte Gesprächspartner der Erwachsenen wahrgenommen, bis dahin werden sie altersunabhängig als „Kind" bezeichnet. Erst mit der Übernahme von Verantwortung für Ehefrau und Kind/er werden die jungen Männer als vollwertige Mitglieder der Community aufgenommen, weil sie selbständig für das Wohl der gegründeten Familie sorgen, die Familie nach außen repräsentieren bzw. schützen müssen. Wer keine gesellschaftlich anerkannte

Verantwortung übernimmt, wird auch nicht in die Entscheidungen oder Entscheidungsfindungsprozesse der Familie einbezogen. Bis zur Verheiratung müssen die Söhne, unabhängig von ihrem Alter, bei den Eltern wohnen. Erst die Gründung einer eigenen Familie legitimiert einen Auszug. Dass in vielen Fällen die Männer nach der Eheschließung temporär bei den Eltern wohnen, resultiert aus der Tatsache, dass die hohen Kosten für eine eigene Wohnung vermieden werden sollen und die Form der Großfamilie mit drei Generationen weiter gelebt werden soll. Darüber hinaus erhoffen sich die Männer, dass ihre Frauen von der Familie kontrolliert werden, während sie arbeiten oder ihre Freizeit außerhalb der Familie verbringen.

4.2. Der Wunsch nach einem Kind

Die Heirat bzw. die Gründung einer Familie ist grundsätzlich mit dem Wunsch nach einem Kind verbunden. Kinder haben in der Familie einen großen Stellenwert. Ein kinderloses Ehepaar wird im engeren Sinne nicht als Familie betrachtet und die Ehe kann sehr bald geschieden werden, wenn die Frau nicht ein Kind oder mehrere Kinder auf die Welt bringt. Ein frisch verheiratetes Paar steht unter enormem Druck, insbesondere seitens der Familien der Eheleute, ein Kind zu bekommen. Das Geschlecht des ersten Kindes spielt zunächst keine Rolle, aber im Allgemeinen wollen die Männer mit eingeschränkten wirtschaftlichen Ressourcen spätestens beim zweiten Kind einen Sohn haben. Dieser starke Wunsch des Mannes nach einem Sohn kann mit den Motiven „Fortbestehen der Familie", „Stärkung des Haushaltes" sowie „gut in schlechten Zeiten", also mit ökonomischen Motiven, begründet werden.

Zudem gehen konservativ-traditionellen Männer bzw. Familien davon aus, dass verheiratete Töchter den Haushalt verlassen und Jungen nicht; die Söhne sollen die Eltern im Alter finanziell unterstützen, die Töchter werden in eine „fremde" Familie verheiratet und deshalb wird eine finanzielle Unterstützung in der Regel nicht erwartet. Des Weiteren muss davon ausgegangen werden, dass der überwiegende Teil der in Deutschland lebenden türkeistämmigen Männer einem unehelichen Kind gegenüber sehr skeptisch sind. Nicht nur die Ehre einer türkeistämmigen Frau würde gegen ein uneheliches Kind sprechen, sondern die Tatsache, dass die Männer im Allgemeinen in dieser Frage konservativ sind. Auch sind die Männer gegen ein uneheliches Kind mit einer deutschen Frau, deren Ehre aus Sicht der türkischen Männer keine große Bedeutung zugesprochen wird. Die Männer argumentieren u. a. mit der Fortführung des Namens, weil die Kinder bei unehelichen Geburten den Familiennamen der Mutter bekommen.

4.3. Die Sexualität

Die Sexualität spielt bei der Eheschließung zwar eine große Rolle, zumindest für die Eltern, das wird aber meist nicht direkt ausgesprochen, weil die Sexualität ein Tabuthema ist. Während es gesellschaftlich anerkannt ist, dass die Männer vor der Eheschließung sexuelle Erfahrungen sammeln, wird dies bei Frauen aufgrund der Ehre kategorisch abgelehnt. Ab einem bestimmten Zeitpunkt sind sich allerdings die meisten Männer, vor allem aber deren Eltern, einig, dass die Sexualität in der geregelten Form, also in der Ehe, ausgelebt werden soll. Bei der Sexualität geht es aber nicht um die Wünsche der Frau, sondern um die Bedürfnisse des Mannes. Wenn der Mann mit seiner Frau schläft, geht es nicht um den gleichberechtigten und leidenschaftlichen Geschlechtsverkehr zweier Menschen, die sich lieben, sondern um die Befriedigung des Mannes. Einige Männer gehen sogar so weit zu behaupten, dass es der Frau nicht zustehe, dabei Lust zu empfinden. Die Aufgabe der Partnerin bestehe lediglich darin, dafür zu sorgen, dass der Mann zum Samenerguss kommt.[10]

4.4. Führung des Haushalts durch eine Frau

In konservativ-traditionellen Familien ist es durchaus üblich, dass die Kinder nach den klassischen Geschlechterrollen, nach den ländlich-bäuerlichen Normen erzogen werden. Das heißt, innerhalb der Familie sind die Rollen der Kinder nach Alter und Geschlecht differenziert. In der Erziehung vermitteln die Eltern ihre persönlichen Eigenschaften als Vater bzw. Mutter an die Kinder weiter. Der Sohn wird zum späteren Familienoberhaupt und die Tochter zu einer guten Hausfrau geformt. Deshalb übernehmen in diesen Familien die männlichen Kinder keine Aufgaben im Haushalt. Die Jungen werden in erster Linie mit Aufga-

---

[10] Vgl. dazu TOPRAK, Das schwache Geschlecht (wie Anm. 9).

ben befasst, die die Außenwelt betreffen: Versorgung der Familie bzw. finanzielle Absicherung. Wie bei der Brautwerbung deutlich wurde, begutachten die Brautwerber, ob die angehende Braut eine gute Hausfrau ist. Die Ehefrau wird hier als Versorgerin für den Mann gesehen, die die Mutter bzw. die anderen weiblichen Familienmitglieder ablösen soll. Hier wird Folgendes deutlich: Traditionell denkende Männer sind gegen eine Vermischung der konventionellen Rollen, indem der Mann im Haushalt mitarbeitet. Dies wird in der Regel mit der Ehre des Mannes begründet, der sich nicht in die „Rolle" der Frau begeben darf. In der bäuerlich-traditionellen Sicht wird der Haushalt ausschließlich als „Frauensache" betrachtet, in einigen Gebieten wird ein Mann sogar als unehrenhaft bezeichnet, wenn er sich an der Arbeit im Haushalt beteiligt.

4.5. Warum eine Partnerin aus der Heimat der Großeltern?

Nachdem die allgemeinen Grundmotive für eine Eheschließung bei den Männern geklärt wurden, sollen die Beweggründe erläutert werden, warum die Männer ihre Frauen ausgerechnet aus den Heimatdörfern ihrer Eltern oder Großeltern wählen. Der Hauptgrund für die Orientierung in die Türkei bei den Männern besteht darin, dass sie das Verhalten der türkeistämmigen Mädchen in Deutschland unehrenhaft finden. Das heißt, die Männer glauben, in der Türkei, im Heimatdorf, eine Frau finden zu können, die die oben genannten Heiratskriterien am besten erfüllt. Männer, die ihre Frauen nach oben genannten Kriterien in der Türkei suchen, haben in irgendeiner Form Erfahrungen mit türkeistämmigen Mädchen in Deutschland, die aus ihrer Sicht immer negativ bzw. enttäuschend verlaufen sind. Erst nach diesen negativen Erfahrungen mit Frauen in Deutschland orientieren sich die jungen Männer Richtung Türkei. Vielen Männern agieren die türkeistämmigen Mädchen in Deutschland zu selbstbewusst, zu selbständig und zu eigenverantwortlich, indem sie sich den Wünschen und Vorstellungen der Männer nicht unterordnen. Dem Wunsch nach einer Frau, die sich anpasst, nicht widerspricht und die konventionelle Geschlechterrolle annimmt, entsprechen nach Wünschen dieser Männer die Mädchen, die in konservativen Umfeldern in der ländlichen Türkei aufgewachsen sind.

5. Konsequenzen

Obwohl die hier beschriebene Gruppe aus in Deutschland sozialisierten jungen Männern besteht, ist einigen unter ihnen die Denk- und Funktionsweise der Mehrheitsgesellschaft nicht wirklich vertraut. Ihr Bild von der Mehrheitsgesellschaft bleibt verzerrt und diese erscheint manchen von ihnen bedrohlich. Auch die Gefühlswelt von Frauen, sowohl der Frauen der eigenen Familie als auch der deutschen Frauen, bleibt ihnen fremd.

Durch die unreflektierte Übertragung des ländlichen Erziehungsstils durch die Eltern und der strengen Geschlechtertrennung sind viele junge Männer nicht ausreichend auf die Erfordernisse der globalisierten westlichen Industriegesellschaft vorbereitet. Ihnen fehlen zum großen Teil wichtige Schlüsselkompetenzen wie Flexibilität im Denken, eine gewisse Frustrationstoleranz, Teamfähigkeit, Selbstdisziplin, Selbstorganisation, Kritikfähigkeit, eigenständige Meinungsbildung, Kreativität und last but not least häufig auch eine abgeschlossene Schul- und Berufsausbildung. All diese Qualifikationen sind notwendig, um in moderneren Gesellschaften Chancen auf eine qualifizierte Berufstätigkeit zu haben.

Die jahrelange Erfahrung des Autors in der praktischen Arbeit mit jugendlichen und jungen Männern macht deutlich, dass tradierte Werte aus dem Herkunftsland wie Ehre, Männlichkeit, Freundschaft, Solidarität oder aber bedingungslose Verteidigung der „Ehre" der weiblichen Familienmitglieder überbetont werden, wenn die jungen Männer in der Gesellschaft keine adäquate Anerkennung, Partizipation oder Perspektive finden. Während selbstbewusste und offene Jugendliche in der dritten Generation sich von diesen gesellschaftlich vorgegebenen Normen befreien und sich beispielsweise über ihr Studium oder ihren Beruf definieren, klammern sich Jugendliche mit wenig Selbstwertgefühl und geringer Bildung bzw. Prestige gerade an diese Werte und betonen diese zum Teil sogar rigider als ihre Eltern.

Literatur

Deutsches Ausländerrecht (2000), Textausgabe mit ausführlichem Sachverzeichnis und einer Einführung von Prof. Dr. Helmut RITTSTIEG, 13., völlig überarbeitete Auflage, München 2000

Ingrid PFLUGER-SCHINDLBECK, „Achte die Älteren, liebe die Jüngeren". Sozialisation türkischer Kinder, Frankfurt a. M. 1989

Ahmet TOPRAK, Das schwache Geschlecht – die türkischen Männer. Zwangsheirat, häusliche Gewalt, Doppelmoral der Ehre, 2. Auflage, Freiburg 2007

Aydin ZEVKLILIER, Nichteheliche Lebensgemeinschaften nach deutschem und türkischem Recht, Würzburg 1989

Was heißt ‚japanisch' heiraten? Gegenwärtige Shintō-Hochzeiten zwischen ‚Tradition' und Individualisierung

Elisabeth Scherer

Der amerikanische Ethnologe Michael FISCH ging 1999 während eines Japan-Aufenthaltes einer ziemlich außergewöhnlichen Nebentätigkeit nach: Er mimte für einen kommerziellen japanischen Hochzeitsanbieter einen christlichen Priester. Seine Hauptaufgabe war es, einige Gebete und Bibelstellen auf Englisch zu verlesen und für den Ringtausch und die Ausstellung eines rechtlich völlig irrelevanten „Hochzeitszertifikats" auch einige japanische Sätze zu sprechen. Dafür hagelte es, wie FISCH in einem Aufsatz berichtet, zwar Kritik – allerdings vor allem von seinen nicht-japanischen Kollegen: Er beteilige sich an einer zunehmenden Verwestlichung und damit an der Zerstörung der japanischen Kultur, war deren Vorwurf.[1]

Die Kritik bezog sich auf die Gefährdung der sogenannten *shinzenshiki*, der shintōistischen Hochzeitszeremonie, die im Schrein abgehalten wird und vielen als die ‚japanischste' Form der Hochzeit gilt. Bei diesem anscheinend wesentlichen Element japanischer Kultur handelt es sich jedoch um eine „invented tradition", die deutlich die von Eric HOBSBAWM angeführten Kriterien erfüllt. Erfundene Traditionen sind

---

[1] Michael FISCH, The Rise of the Chapel Wedding in Japan: Simulation and Performance, Japanese Journal of Religious Studies 28/1–2 (2001) S. 57–76, hier S. 70.

nach HOBSBAWM Praktiken von ritueller oder symbolischer Natur, die (häufig angesichts gesellschaftlicher Veränderungen) bestimmte Normen und Werte vermitteln, ein Gemeinschaftsgefühl erzeugen und Herrschaft bzw. Autorität legitimieren. Ihre Wirkung entfalten sie durch stetige Wiederholung und durch ein Anknüpfen an die Vergangenheit, was einen Eindruck von Kontinuität vermittelt und identitätsstiftend wirkt: „In short, they are responses to novel situations which take the form of reference to old situations, or which establish their own past by quasi-obligatory repetition."[2] Für „invented traditions" werden neue Zeichen und Praktiken erschaffen, aber auch Elemente herangezogen, die in anderen rituellen Kontexten schon lange existiert haben.[3] Genau dies geschah um 1900 in Japan mit der Shintō-Hochzeit, wie ich erläutern werde.

Für Shintō-Schreine in Japan sind Hochzeiten heute eine wichtige Einnahmequelle. Seit dem Ende des Zweiten Weltkrieges sind in Japan Religion und Staat strikt getrennt und religiöse Institutionen müssen sich selbst mithilfe von Spenden und Angeboten wie Hochzeiten, Bestattungen und anderen Zeremonien finanzieren. Die zunehmende Diversifizierung auf dem Hochzeitssektor und die harte Konkurrenz haben das Geschäft mit dem schönsten Tag im Leben jedoch für die Schreine – und auch für andere Hochzeitsveranstalter – zunehmend schwieriger gemacht. Wie reagieren die Institutionen, die Shintō-Hochzeiten anbieten, auf diese Situation? Welche Argumente werden in einer Zeit vielfältiger Lebensstile und -modelle für die *shinzenshiki* vorgebracht?

In meinem Aufsatz stelle ich kurz dar, wie sich die *shinzenshiki*-Zeremonie entwickelt hat, und welche Ziele mit dieser erfundenen Tradition in der Zeit der Modernisierung Japans verbunden waren. Darauf aufbauend erläutere ich anhand einiger Beispiele aus einer Analyse der Webseiten verschiedener *shinzenshiki*-Anbieter, mit welchen Strategien diese den Herausforderungen durch die immer stärker werdende Konkurrenz entgegentreten und welche neuen ‚Erfindungen' in diesem Sektor gegenwärtig auftauchen. Es zeigt sich dabei eine große Vielfalt von Hochzeitsfeiern, die als besonders ‚japanisch' angepriesen werden,

---

[2] Eric HOBSBAWM, Introduction: Inventing Traditions, in: The Invention of Tradition, hg. von Eric HOBSBAWM und Terence RANGER (1983) S. 1–14, hier S. 2.
[3] HOBSBAWM, Introduction (wie Anm. 2) S. 6–7.

und ein weites Spektrum an Bedeutungen, mit denen die Shintō-Zeremonie aufgeladen wird.

Die Erfindung der Shintō-Hochzeit

Am 10. Mai 1900 heiratet der Kronprinz Yoshihito, der spätere Taishō-Tennō, Prinzessin Sadako im Kashikodokoro-Schreinheiligtum auf dem Gelände des Kaiserpalastes in Tokyo.[4] Dies kann als die Geburtsstunde der ‚japanischen‘ Hochzeit gelten: Für die neue Hochzeitszeremonie nach Shintō-Ritus werden verschiedene bereits vorhandene Elemente rekombiniert.[5] Bestandteile sind die shintōistischen Praktiken der Reinigung und der Darbringung von *tamagushi* (Zweigen des Sakaki-Strauches), beides Elemente, die aus anderen rituellen Zusammenhängen bekannt sind. Hinzu kommt das sogenannte *sansankudo* bzw. *sankon no gi*, ein Sake-Ritual, das aus der Samurai-Kultur der Muromachi- und Edo-Zeit stammt.[6] Später, als die Shintō-Zeremonie bereits in der Bevölkerung populär geworden ist, werden noch ein Ringtausch und das Verlesen eines Eides hinzugefügt – beides Elemente, die auf westliche Vorbilder zurückzuführen sind.[7]

Vor 1900 wurden Hochzeiten in Japan lokal sehr unterschiedlich begangen. Volkskundler, die um die Wende zum 20. Jahrhundert begannen, japanische Bräuche zu beobachten und festzuhalten, beschreiben die Heirat in bäuerlich geprägten Regionen als einen längeren Prozess, in dem ein junges Paar zunächst eher lose verbunden war, bevor die Braut irgendwann später in das Haus des Mannes einzog.[8] Hochzeitszeremonien wurden zuhause abgehalten, häufig wurde das ganze Dorf

---

[4] Zum Ablauf dieser kaiserlichen Zeremonie vgl. Taryō ŌBAYASHI, Der Ursprung der shintōistischen Hochzeit, in: Rituale und ihre Urheber. Invented Traditions in der japanischen Religionsgeschichte, hg. von Klaus ANTONI (1997) S. 39–48, hier S. 40.

[5] Zum typischen Ablauf einer Shintō-Hochzeit und den einzelnen zeremoniellen Elementen siehe: Klaus ANTONI, Religion and Commercialization: The Shintō Wedding Ritual (*shinzenshiki*) as an Invented Tradition in Japan, Japanese Religions 26/1 (2001) S. 41–53, hier S. 44–46. Walter EDWARDS, Modern Japan Through its Weddings: Gender, Person, and Society in Ritual Portrayal (1989) S. 16–19. Kiyoshi SHIDA, The Shintoist Wedding Ceremony in Japan: an Invented Tradition, Media Culture Society 21 (1999) S. 195–204, hier S. 197.

[6] EDWARDS, Modern Japan Through its Weddings (wie Anm. 5) S. 38.

[7] ANTONI, Religion and Commercialization (wie Anm. 5) S. 46.

[8] EDWARDS, Modern Japan Through its Weddings (wie Anm. 5) S. 39–40.

einbezogen und die Feiern dauerten mehrere Tage. Durch die Verlegung in einen Shintō-Schrein erhält die Hochzeitszeremonie ab 1900 einen religiösen Charakter, der ihr zuvor niemals eigen war. Dies zeigt sich auch im dem Wort *shinzenshiki* 神前式 selbst, das „Zeremonie vor den Gottheiten" bedeutet.

Die Kronprinzenhochzeit weist sehr deutlich Merkmale auf, die HOBSBAWM als wesentlich für „invented traditions" beschreibt. Die japanische Bevölkerung, die sich zuvor in erster Linie an ihrer lokalen Kommune orientiert hat, soll nun im Zuge der Modernisierung zu einer Nation werden. Die kaiserliche Familie wird zum Symbol für die neue Nationalordnung, die alle Bewohner Japans als große Familie einschließt, unter dem Dach des Staatsshintō. Hierfür wird die kaiserliche Familie nach Jahrhunderten des isolierten Lebens ins Zentrum gerückt: „[...] the Meiji leaders attempted to turn the emperor into a public figure around whom they could rally popular feeling and support."[9] Wie ANTONI in Anlehnung an ROTHERMUND darlegt, wird in Japan zur Meiji-Zeit (1868–1912) mit dem Staatsshintō ein universaler Traditionalismus etabliert, der dazu dient, soziale, kulturelle und religiöse Solidarität zu stiften.[10] Anders als gelebte Tradition, die immer auch Widersprüche und Ungereimtheiten aufweist, handelt es sich bei Traditionalismus demnach um ein bewusstes Konstrukt, das ideologisch aufgeladen ist.

Die Kronprinzenhochzeit wird so deutlich als Pendant zu den königlichen christlichen Hochzeiten Europas in Szene gesetzt, die ebenfalls im Rahmen der ,nationalen' Religion zelebriert werden.[11] Die kaiserliche Würde erhält ein angemessenes Spektakel. Durch den Umstand, dass sich die Zeremonie auf den Prinz und die Prinzessin als Paar konzentriert, wird außerdem die neue Einstellung zur Monogamie zur Schau getragen und ein neues Ehe- und Familienbild propagiert.[12]

---

[9] EDWARDS, Modern Japan Through its Weddings (wie Anm. 5) S. 103.
[10] Klaus ANTONI, Tradition und ,Traditionalismus' im modernen Japan. Ein kulturanthropologischer Versuch, Japanstudien 3 (1991) S. 105–128.
[11] Vgl. hierzu auch EDWARDS, Modern Japan Through its Weddings (wie Anm. 5) S. 104.
[12] Auf japanische Hochzeiten im Kontext von Familienbildern und Geschlechterverhältnissen gehe ich in einem anderen Aufsatz ein: Elisabeth SCHERER, „Neben ihm die zierliche Gestalt der Liebsten…". Performanz von *gender* in japanischen Hochzeitsritualen, in: Frauenbilder – Frauenkörper. Inszenierungen des Weiblichen in den Gesellschaften Süd- und Ostasiens, hg. von Stephan KÖHN und Heike MOSER (2013) S. 51–72.

Die „invented tradition" der *shinzenshiki* fördert somit den sozialen Zusammenhalt, legitimiert die Autorität des Kaiserhauses und zielt darauf ab, ein bestimmtes Wertesystem zu verbreiten. Die klar als ‚japanisch' deklarierte Hochzeit sorgt zugleich für eine deutliche Abgrenzung zum Westen und befördert die Konstruktion einer nationalen japanischen Identität: „[...] in the path to Japan's modernisation, the emphasis on ‚Japaneseness' has been crucial for the power bloc as a means of mobilising the people."[13] Gerade weil die japanische Gesellschaft sich im Zuge der Modernisierung in allen Bereichen radikal und in sehr kurzer Zeit an westliche Vorbilder anpassen musste, war es wichtig, über (erfundene) Traditionen eine stabile japanische Identität aufrecht zu erhalten.

Nach HOBSBAWMS Definition werden „invented traditions" durch Wiederholung gefestigt. Regierungsnahe Intellektuelle hatten sich in Japan schon seit den 1890er-Jahren für eine Standardisierung der Hochzeitszeremonien in Japan eingesetzt, und nach der Kronprinzenhochzeit entsteht schnell eine Bewegung zur weiteren Verbreitung der *shinzenshiki*, die unter anderem von einem Verein für Etikette getragen wird.[14] Es bedarf jedoch gar keiner allzu großen Bemühungen, um die Shintō-Zeremonie zu popularisieren. Nach der Kronprinzen-Hochzeit ist das Interesse in der Bevölkerung an der *shinzenshiki*, die als schickes Novum betrachtet wird, sehr groß. Die ersten bürgerlichen Hochzeiten werden mit Genehmigung der Regierung bereits ab 1901 in dem Schrein Hibiya Daijingū in Tokyo umgesetzt. Das *shinzenshiki* wird in den höheren Gesellschaftsschichten schnell populär und vor allem Offiziere und Staatsbeamte nutzen die Gelegenheit, in einem Schrein zu heiraten.[15] Schon in dieser Zeit, als das *shinzenshiki* gerade erst aus der Taufe gehoben worden ist, setzt rund um die Zeremonie eine starke Professionalisierung und Kommerzialisierung ein: Der Schrein erhebt eine Gebühr für die Zeremonie, man engagiert Fotografen, und die Feier findet teilweise schon in Restaurants und Hotels statt.[16]

---

[13] Kōichi IWABUCHI, Complicit Exoticism: Japan and its Other, Continuum: The Australian Journal of Media & Culture 8/2 (1994). Via http://wwwmcc.murdoch.edu.au/readingroom/8.2/Iwabuchi.html (abgerufen: 29.7.2015).

[14] ŌBAYASHI, Der Ursprung der shintōistischen Hochzeit (wie Anm. 4) S. 42.

[15] ŌBAYASHI, Der Ursprung der shintōistischen Hochzeit (wie Anm. 4) S. 42.

[16] SHIDA, The Shintoist Wedding Ceremony in Japan (wie Anm. 5) S. 200.

Das *shinzenshiki* bleibt vor dem Zweiten Weltkrieg allerdings vor allem eine Angelegenheit der oberen Gesellschaftsschichten und besonders auf dem Land dominieren weiter einfache Hochzeitszeremonien zu Hause. Hier wird, wie bereits erwähnt, die gesamte Kommune und Nachbarschaft einbezogen und die Feiern dauern oft mehrere Tage.[17] Insgesamt ist die Vorkriegszeit geprägt von einer großen Diversität der Hochzeitsfeiern.

Erst seit der Nachkriegszeit wird das *shinzenshiki* wirklich als die „traditionelle" Form der japanischen Hochzeitszeremonie angesehen.[18] Die Schreine beginnen, eine Kontinuität des *shinzenshiki* zu konstruieren, die bis in das in der Mythologie beschriebene Götterzeitalter zurückreicht.[19] Die Zeremonie im Schrein setzt sich nun endgültig gegen die Hochzeit zuhause durch. Indem die Verehelichung nach außen getragen wird, wird sie zum öffentlichen Ereignis, und die Menschen beginnen, durch die Hochzeit zu zeigen, was sie haben und wer sie sind. Der Transfer in den öffentlichen Raum bietet für kommerzielle Anbieter zahlreiche Möglichkeiten. Für die Shintō-Schreine wird nach der Säkularisierung das *shinzenshiki* zu einer Haupteinnahmequelle.[20] So eröffnet der Meiji-Schrein 1947 auf Anregung des Geschäftsmanns Ichimura Kiyoshi eine der ersten Hochzeitseinrichtungen, die alle Services unter einem Dach anbietet, das Meiji kinenkan.[21] Danach entwickeln sich schnell weitere Hochzeitseinrichtungen, von denen viele unabhängig von Schreinen agieren, und auch Hotels entdecken diesen Geschäftszweig für sich. Diese Institutionen bieten bis heute die Shintō-Zeremonie in eigenen Räumen an, die wie Shintō-Schreine dekoriert sind. Zur Durchführung der Zeremonie kommen Shintō-Priester aus benachbarten Schreinen ins Haus, und die shintōistischen Altäre werden als provisorische Zweigstellen dieser Schreine anerkannt.[22] Wie

---

[17] Ofra GOLDSTEIN-GIDONI, Packaged Japaneseness. Weddings, Business and Brides (1997) S. 34.

[18] EDWARDS berichtet davon, dass seine Interviewpartner teilweise sehr erstaunt darüber gewesen seien, dass es die Shintō-Hochzeit noch gar nicht so lange gibt. EDWARDS, Modern Japan Through its Weddings (wie Anm. 5) S. 103.

[19] SHIDA, The Shintoist Wedding Ceremony in Japan (wie Anm. 5) S. 201

[20] Laut HARDACRE habe dieser Prozess der Kommerzialisierung von Hochzeiten dazu beigetragen, dass Shintō an gesellschaftlichem Ansehen verlor. Helen HARDACRE, Shintō and the State 1968–1988 (1989) S. 143.

[21] SHIDA, The Shintoist Wedding Ceremony in Japan (wie Anm. 5) S. 200–201.

[22] ŌBAYASHI, Der Ursprung der shintōistischen Hochzeit (wie Anm. 4) S. 39.

ANTONI darlegt, spielt der Ort keine Rolle für den Ablauf der Zeremonie: „The place of a marriage does not affect the religious ‚validity' of such a ceremony".[23]

In den 1950er- und 1960er-Jahren verändert sich die Bedeutung, die der Hochzeit zugeschrieben wird. Vor allem in den Großstädten verbreitet sich das Ideal der Liebesheirat, und immer mehr Menschen sind der Ansicht, dass nicht die Eltern den Ehepartner/die Ehepartnerin aussuchen sollten, sondern die eigenen Gefühle ausschlaggebend sein sollten. Auch wenn in der Praxis arrangierte Ehen zunächst weiter dominieren, zeigt sich ein deutliches Umdenken, das auch Auswirkungen auf die Gestaltung von Hochzeitsfeiern hat.[24] Zur gleichen Zeit steigert sich die Pracht der Shintō-Zeremonien, was sich vor allem durch die sehr kostbaren *uchikake*-Kimonos bemerkbar macht, die bis heute Standard für Bräute geblieben sind. Diese *uchikake*, die es in bunten Farben oder in weiß gibt, sind sehr schwere Überkimonos, deren Saum gefüttert ist und auf dem Boden schleift. Bis in die frühe Nachkriegszeit wären solche die Bewegung einschränkenden Kimonos für Bräute außerhalb der Oberschicht schon deshalb nicht denkbar gewesen, weil sie normalerweise bei den Hochzeitsfeiern selbst die Gäste bedienten.[25] Als Accessoires zu den prächtigen Kimonos setzen sich in den 1950er- und 1960er-Jahren Perücken mit Takashimada-Frisur sowie zwei verschiedene Arten der Kopfbedeckung durch (*tsunokakushi* und *watabōshi*).[26] Heute wird statt dieses etwas unbequemen Kopfschmuckes häufig eine Hochsteckfrisur mit echten Blumen gewählt. Die prächtigen Kimonos, die bei Hochzeiten aber auch bei den Volljährigkeitsfesten der Töchter zum Einsatz kommen, sind in den späten 1950er- und 1960er-Jahren auch ein Statussymbol, mit dem die Mittelschicht ihren neuen Wohlstand zeigen kann.[27]

---

[23] ANTONI, Religion and Commercialization (wie Anm. 5) S. 44.
[24] Joy HENDRY, Marriage in Changing Japan: Community and Society (1989), S. 29.
[25] GOLDSTEIN-GIDONI, Packaged Japaneseness (wie Anm. 17) S. 139.
[26] Zu der Entwicklung des Hochzeitsgewandes siehe GOLDSTEIN-GIDONI, Packaged Japaneseness (wie Anm. 17) S. 137–139. Joan RENDELL erläutert sehr genau die Bestandteile des Hochzeits-Kimonos für die Frau: Joan RENDELL, Japanese Bridal Custom and Costume, Costume: The Journal of the Costume Society 27/1 (1993) S. 92–99.
[27] Ofra GOLDSTEIN-GIDONI, Kimono and the Construction of Gendered and Cultural Identities, Ethnology 38/4 (1999) S. 351–370, hier S. 359.

Einen weiteren Schritt in Richtung einer vermeintlich authentischen ‚Japanizität' nimmt die Konstruktion des *shinzenshiki* in den späten 1970ern: Der Bräutigam trägt nun statt des vorher obligaten westlichen „Morning Dress" ebenfalls Kimono, bestehend aus einen *hakama*-Hosenrock und einer Überjacke (*haori*) mit Familienwappen.[28] Dieser erste ‚Nostalgie-Boom' fällt in die Zeit der japanischen Wirtschaftsblase, in der Japanizität besonders hoch geschätzt wird und die Hochzeiten immer prächtiger werden. In den 1970er- und 1980er-Jahren ist das *shinzenshiki* die absolut dominante Hochzeitszeremonie.

Die Entwicklung der *shinzenshiki* zeigt, dass die „invention of tradition" in diesem Fall zwar an einem konkreten Ereignis festgemacht werden kann und dem Prozess der Nationenbildung diente, jedoch hiermit längst nicht ihr Ende fand. In einem Zusammenspiel der Konsumenten und Produzenten wurden zahlreiche weitere ‚Erfindungsschritte' genommen, so dass tatsächlich ebenso von einer *tradition of invention* die Rede sein kann wie von einer *invention of tradition*.

Einen weiteren Wendepunkt kann man um 1990 ausmachen. Nach dem Platzen der Wirtschaftsblase wird die christliche Zeremonie zur bevorzugten Wahl, meist unter der Bezeichnung „chapel wedding", was schon andeutet, dass es hier viel mehr um die äußere Form, den Schauplatz, geht als um eine religiöse Motivation. Die Hinwendung zum ‚Westlichen', die sich in der Popularität der „chapel wedding" ausdrückt, zeigt sich auch deutlich in der Werbung von Hochzeitsveranstaltern, die nun meist mit westlichen Brautpaaren und japanisch-englischen Werbesprüchen auf sich aufmerksam machen.[29] Wie CREIGHTON verdeutlicht, dient diese Repräsentation des ‚Fremden' in der Werbung auch der Konstruktion einer eigenen Identität in der Auseinandersetzung mit dem ‚Anderen': „The prevalence of both foreign places and foreign faces in Japanese advertising functions to delimit Japanese identity by visual quotations of what Japan and Japanese are not."[30] FISCH sieht in der Popularität der „chapel wedding" eine Ablehnung des kulturellen Nationalismus der 1970er- und 1980er-Jahre.

---

[28] GOLDSTEIN-GIDONI, Packaged Japaneseness (wie Anm. 17) S. 138.
[29] Millie R. CREIGHTON, Imaging the Other in Japanese Advertising Campaigns, in: Occidentalism: Images of the West, hg. von James G. CARRIER (1995) S. 135–160, hier S. 135.
[30] CREIGHTON, Imaging the Other (wie Anm. 29) S. 136.

Die christliche Zeremonie wurde als Symbol für einen international ausgerichteten, individuelleren Lebensstil gesehen.[31]

Situation der Shintō-Hochzeit heute

Walter EDWARDS und Ofra GOLDSTEIN-GIDONI, die in den 1980er-Jahren Feldforschung zu Hochzeiten in Japan gemacht haben,[32] berichten in ihren Arbeiten von einer klaren Dominanz der shintōistischen Zeremonie. Im Laufe der 1990er-Jahre hat sich dies stark gewandelt, und heute stellt sich die Situation völlig verändert dar. Die japanische Hochzeitszeitschrift *Zexy* gibt regelmäßig Umfragen in Auftrag, in denen Hochzeitspaare nach ihren Ausgaben, nach der Gestaltung ihrer Feier und der Wahl ihrer Zeremonie befragt werden. Die Ergebnisse dieser Umfragen spiegeln die Diversifikation wider, die sich seit den 1990er-Jahren auf dem japanischen Hochzeitsmarkt entwickelt hat. Aus den Daten zu Tokyo und Umgebung seit 1994 (siehe Abb. 1) geht hervor, dass sich die christliche Zeremonie als Hauptform durchgesetzt und die *shinzenshiki* erheblich an Bedeutung verloren hat.

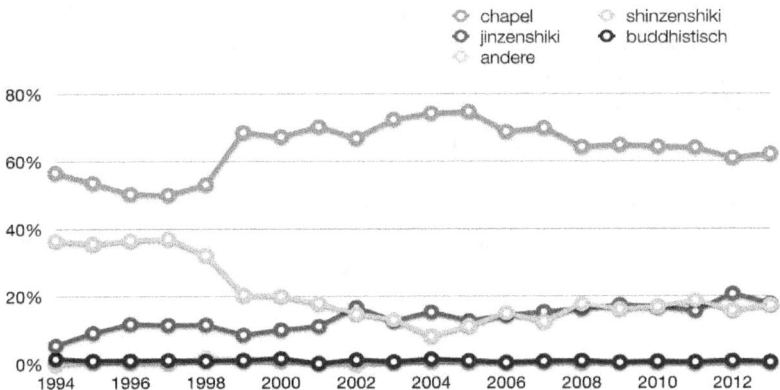

Abb. 1: Statistische Darstellung der Hochzeitsformen in Japan

---

[31] Michael FISCH, The Rise of the Chapel Wedding (wie Anm. 1) S. 74.

[32] EDWARDS hat seine Forschungen Anfang der 1980er-Jahre durchgeführt, GOLD-STEIN-GIDONI Ende der 1980er-/Anfang 1990er-Jahre. EDWARDS, Modern Japan Through its Weddings (wie Anm. 5) und GOLDSTEIN-GIDONI, Packaged Japaneseness (wie Anm. 17).

Noch 2001 schrieb GOLDSTEIN-GIDONI: „Even the most pessimistic observers of the wedding industry tend to agree that in the foreseeable future Japanese costume and ceremony will not go below 30 %."[33] Wie sich herausgestellt hat, waren diese ‚pessimistischen' Einschätzungen noch zu zuversichtlich. 2014 wählten im Großraum Tokyo nur 16,8 % der Paare eine *shinzenshiki*, während 60 % im christlichen Stil heirateten und 19,8 % eine sogenannte *jinzenshiki* 人前式 bevorzugten.[34] Mit *jinzenshiki* werden einfache nicht-religiöse Zeremonien vor den geladenen Gästen bezeichnet, die der westlichen standesamtlichen Hochzeit nachempfunden sind. Buddhistische Zeremonien (2014: 0,6 %) und sonstige Formen (0,4 %) haben in Japan noch nie eine größere Rolle gespielt. Die steigende Popularität einer ausdrücklich nicht-religiösen Zeremonie ist auf eine allgemeine Religions-Skepsis zurückzuführen, die gegenwärtig in der japanischen Gesellschaft vorherrscht. Wie KAWANO beschreibt, nehmen daher auch nicht-religiöse Bestattungen langsam zu,[35] und Bestattungszeremonien werden ebenfalls zunehmend individueller gestaltet.

In Umfragen werden Hochzeitspaare auch immer wieder zu den Gründen befragt, weshalb sie sich für eine bestimmte Art von Zeremonie entschieden haben. Die Zahlen von 2013 für Tokyo zeigen, dass Religion mit nur 3,6 % dabei eine sehr untergeordnete Rolle spielt und auch der Wille der Eltern nachrangig ist (3,7 %). Vielmehr geht es um die Atmosphäre der Hochzeitseinrichtung (44,0 %), persönliche Wünsche (39,3 %) oder ganz lapidar darum, welche Zeremonien die Einrichtung anbietet, deren Dienste man in Anspruch nimmt (37,1 %).[36]

Statt um Werte, Prinzipien oder gar um Religion geht es bei der Hochzeitszeremonie heute also vor allem um einen bestimmten ‚Style', und die *shinzenshiki* ist nur noch eine von mehreren Optionen. Wie

---

[33] Ofra GOLDSTEIN-GIDONI, Hybridity and Distinctions in Japanese Contemporary Commercial Weddings, Social Science Japan Journal 4/1 (2001) S. 21–38, hier S. 30.
[34] RECRUIT, Zekushi kekkon torendo chōsa 2014 [Zexy Hochzeitstrend-Untersuchung 2014]. http://www.recruit-mp.co.jp/news/library/pdf/20141022_01.pdf (abgerufen: 29.7.2015).
[35] Satsuki KAWANO, From the ‚Tradition' to a Choice: Recent Developments in Mortuary Practices, in: Handbook of Japanese Religions, hg. von Inken PROHL und John K. NELSON (2012), S. 413–430, hier S. 420.
[36] RECRUIT, Zekushi kekkon torendo chōsa shutoken 2013 [Zexy Hochzeitstrend-Untersuchung für das Hauptstadtgebiet 2013] S. 99. http://bridal-souken.net/data/trend2013/XY_MT_13_report_06shutoken.pdf (abgerufen: 29.7.2015).

reagieren die Anbieter, die von der Durchführung der *shinzenshiki* leben, auf diese Situation? Welchen Stellenwert hat das *shinzenshiki* heute und wie lässt sich mit Japanizität Geschäfte machen? Um dieser Frage nachzugehen, habe ich eine qualitative Analyse von Webseiten japanischer Hochzeitsanbieter durchgeführt. Ich habe Anbieter ausgewählt, die besonders gefragt sind, und solche, die an der historischen Entwicklung bzw. der „Erfindung" des *shinzenshiki* beteiligt waren. Auch habe ich Vertreter verschiedener Angebotskonzepte (d. h. Schreine, Hochzeitseinrichtungen, Hotels und sogenannte „Wedding Producer") berücksichtigt. Hilfreich war für die Auswahl wichtiger Akteure auch ein sogenanntes „Industry Trend Guide Book" zu Hochzeitsfeiern in Japan, in dem der aktuelle japanische Hochzeitsmarkt umfassend beschrieben wird.[37] Ich beschränke mich auf Tokyo, da das *shinzenshiki* dort zuerst entwickelt wurde und auch heute neue Trends im Hochzeitssektor meist zuerst in der Hauptstadt auftauchen.

„Das schöne Japan": Die Shintō-Hochzeit als Ausdruck nationaler Identität

Die Hochzeitseinrichtung Meiji Kinenkan, deren Angebot durch die Anbindung an den Shintō-Schrein Meiji Jingū auf das *shinzenshiki* beschränkt ist, wirbt mit dem Slogan *utsukushii nihon no kekkonshiki* für ihren Hochzeits-Service[38] – was „die schöne japanische Hochzeit", aber auch „die Hochzeit des schönen Japan" heißen kann. Die folgende Abbildung zeigt eine Frau in einem hellen Hochzeitskimono auf der Terrasse eines großen Gebäudes im japanischen Stil, hinter ihr ein Garten, dessen Gestaltung ebenfalls ‚typisch Japanisch' anmutet.[39]

---

[37] Minako KUME, Buraidaru gyōkai no dōkō to karakuri ga yōku wakaru hon [Das Buch, mit dem man die Trends und Kniffe der Hochzeitsindustrie gut versteht] (2008).
[38] MEIJI KINENKAN, Utsukushii nihon no kekkonshiki [Die schöne japanische Hochzeit]. http://www.meijikinenkan.gr.jp/wedding/ (abgerufen: 29.7.2015).
[39] Der japanische Garten gilt als ein wichtiges Symbol für traditionelle japanische Identität. Wie Christian TAGSOLD darstellt, ist aber auch das Konzept ‚japanischer Garten' erst zur Zeit der Modernisierung Japans entstanden, in einem diskursiven Prozess, in dem sich West und Ost wechselseitig beeinflussten. Christian TAGSOLD, Orte exotischer Fremdheit. Japanische Gärten auf Ausstellungen nach 1900, in: Nipponspiration. Japonismus und japanische Populärkultur im deutschsprachigen Raum, hg. von Michiko MAE und Elisabeth SCHERER (2013) S. 93–112.

美しい日本の結婚式

Abb. 2: Frau mit hellem Hochzeitskimono

Der Slogan lässt an Tourismuskampagnen oder Maßnahmen zur Regionalentwicklung denken. So hat das japanische Landwirtschaftsministerium 1992 eine Aktion gestartet, in der „100 dörfliche Landschaften des schönen Japan" (*Utsukushii nihon no mura keikan*) ausgezeichnet wurden.[40] Auch in der Rede von KAWABATA Yasunari anlässlich der Verleihung des Literatur-Nobelpreises, den er 1968 als erster japanischer Autor erhielt, ist vom „schönen Japan" die Rede.[41] *Utsukushii nihon no watashi*, „Das schöne Japan und ich", lautet der Titel der Rede, und der Inhalt ist geprägt von einer verklärten Sicht auf Japan als einem tief in jahrhundertealten Traditionen verwurzelten Land. KAWABATA erfüllte damit das Bild, das sich der westliche, orientalistisch geprägte Blick zu dieser Zeit von japanischer Literatur gemacht hatte: „Kawabata [...] needed to define Japan in a univocal way using only one adjective [...], and this naturally led him to separate himself and his works from the rest of the world".[42] *Utsukushii nihon* ist damit ein Schlagwort für die

---

[40] MINISTRY OF AGRICULTURE, FORESTRY AND FISHERIES, Utsukushii nihon no mura keikan [100 dörfliche Landschaften des schönen Japan]. http://www.maff.go.jp/j/nousin/noukei/binosato/b_hyakusen/hyakusen.html (abgerufen: 29.7.2015).

[41] KAWABATA hielt die Rede auf Japanisch; auf den Webseiten des Nobelpreises ist die Rede in englischer Übersetzung unter dem Titel „Japan, the Beautiful and Myself" verfügbar. Yasunari KAWABATA, Japan, the Beautiful and Myself. http://www.nobelprize.org/nobel_prizes/literature/laureates/1968/kawabata-lecture.html (abgerufen: 29.7.2015).

[42] Mitsuyoshi NUMANO, Toward a New Age of World Literature. The Boundary of Contemporary Japanese Literature and Its Shifts in the Global Context, Gendai bungeiron kenkyūshitsu ronshū ‚Renikusa' 1 (2009) S. 188–203, hier S. 190. Via http://repository.dl.itc.u-tokyo.ac.jp/dspace/bitstream/2261/51931/1/reny001012.pdf (abgerufen: 29.7.2015).

vermeintliche Einzigartigkeit Japans, für die ‚Unverständlichkeit' Japans für Außenstehende und für eine klare Abgrenzung – vor allem zu westlichen Ländern.

Diese Thematik weist auch eine Nähe zu nationalkonservativen Diskursen auf, in denen das „schöne Japan" ebenfalls auftaucht. *Utsukushii kuni e* („Toward a beautiful country") ist der Titel eines Buches des Premierministers Abe Shinzō aus dem Jahr 2006, in dem er sich dafür ausspricht, Reformen aus der Besatzungszeit nach dem Zweiten Weltkrieg rückgängig zu machen, die seiner Auffassung nach den japanischen Traditionen zuwider laufen.[43] So plädiert er u. a. für die Abschaffung des Artikels 9 der japanischen Verfassung, in dem der Verzicht auf Krieg festgehalten ist. Zudem rechtfertigt Abe in dem Buch Besuche hochrangiger Politiker an dem umstrittenen Yasukuni-Schrein, in dem verstorbene Soldaten, aber auch Kriegsverbrecher des Zweiten Weltkrieges eingeschreint sind. Eine konservative Bürgerbewegung in Japan, die seit Oktober 2014 aktiv ist und sich für eine Revision des Artikels 9 der Verfassung und eine Präambel mit Betonung „der schönen Tradition unseres Landes"[44] einsetzt, nennt sich „Bürger für die Schaffung einer Verfassung für das schöne Japan" (*utsukushii nihon no kenpō o tsukuru kokumin no kai*).[45] Hier wird ‚Tradition' deutlich als Argument für politische Ziele eingesetzt.

Auch wenn die Slogans vom „schönen Japan" im Kontext von Hochzeitszeremonien in erster Linie der Vermarktung dienen mögen, besteht doch eine diskursive Verbindung zu derartigen verklärenden, konservativen oder sogar nationalistischen Argumentationen. Deutlich wird das auf den Schreinwebseiten auch, wenn von der Geschichte der shintōistischen Hochzeit die Rede ist. Die *shinzenshiki* wird auf der Webseite des Meiji Kinenkan auf die Hochzeit zwischen den Gottheiten Izanagi und Izanami zurückgeführt, die in der japanischen Mythologie beschrieben wird: „Die gegenwärtige *shinzenshiki* setzt den Geist

---

[43] Tessa MORRIS-SUZUKI, The Re-Branding of Abe Nationalism: Global Perspectives on Japan, The Asia-Pacific Journal 11/28/1 (2013). Via http://www.japanfocus.org/site/view/3966 (abgerufen: 29.7.2015).

[44] UTSUKUSHII NIHON NO KENPŌ O TSUKURU KOKUMIN NO KAI, Q&A. https://kenpou 1000.org/faq/ (abgerufen: 29.7.2015).

[45] UTSUKUSHII NIHON NO KENPŌ O TSUKURU KOKUMIN NO KAI, Home. https://kenpou 1000.org/ (abgerufen: 29.7.2015).

dieses Mythos fort."⁴⁶ Wie die beiden Gottheiten durch ihre Hochzeit das Land Japan hervorgebracht hätten,⁴⁷ so stelle die Hochzeitszeremonie einen wichtigen Wendepunkt im Leben eines Paares dar, das von nun an füreinander einstehe und seinen Beitrag zur Gesellschaft leiste. Auch auf anderen Schreinwebseiten wird sehr häufig die nationale Verankerung und Traditionalität der *shinzenshiki* betont. Für den Schrein Kanda Myōjin zum Beispiel reicht die *shinzenshiki* ebenfalls bis zum Götterzeitalter zurück und ist Ausdruck der „japanischen Seele":

„Heute, wo es verschiedene Arten von Hochzeitszeremonien gibt, sieht man die elegante *shinzenshiki* mit ihrer japanischen Seele in einem neuen Licht. Rein, mystisch, würdevoll und schön. Diese Zeremonie mit ihrer weit zurückreichenden Geschichte, die in einer dem Alltag enthobenen Atmosphäre abgehalten wird, lässt einen vor Freude und Glück strahlen und prägt glänzende Erinnerungen in die Seele ein."⁴⁸

Ähnlich verhält es sich bei dem Tokyo Daijingū im Zentrum von Tokyo, der in der Meiji-Zeit noch Hibiya Daijingū hieß. Es handelt sich, wie oben erwähnt, um den ersten Schrein, der in Tokyo *shinzenshiki* für Privatpersonen abgehalten hat. Dieser Umstand wird auf der Webseite des Schreins mehrmals erwähnt, und es gibt einen optisch deutlich hervorgehobenen Slogan auf der Startseite, der diese Rolle des Schreins zusätzlich verdeutlicht: „Die schöne, stilvolle *shinzenshiki*. Hier am Tokyo Daijingū hat sie ihren Anfang genommen".⁴⁹ Die Anfänge der Shintō-Hochzeit in der Meiji-Zeit werden auf dieser Webseite also nicht verschleiert, sondern offen angesprochen, da sich der Schrein selbst als wichtiger Akteur in der Entwicklungsgeschichte der *shinzenshiki* sieht. Direkt darunter folgen weitere Erklärungen zur Shintō-Hochzeit:

„Die Hochzeit ist die wichtigste Zeremonie im Leben. Man kann sagen, dass die *shinzenshiki*, die den althergebrachten Tradition und

---

⁴⁶ MEIJI KINENKAN, Shinzen kekkonshiki – igi to rekishi [Die shintōistische Hochzeitszeremonie – Bedeutung und Geschichte]. http://www.meijikinenkan.gr.jp/wedding/shinzen/significance.html (abgerufen: 29.7.2015).
⁴⁷ Die mythologische Hochzeit zwischen den Gottheiten Izanami und Izanagi ist in dem Werk *Kojiki* (um 712) festgehalten. Eine Übersetzung des *Kojiki*, das die japanische Mythologie und Frühgeschichte enthält, hat Klaus ANTONI besorgt: Klaus ANTONI (Hg.), Kojiki. Aufzeichnungen alter Begebenheiten (2012).
⁴⁸ KANDA MYŌJIN, Shinzenshiki to wa [Was das shinzenshiki ist]. http://www.kandamyoujin.or.jp/bridal/wedding/before.html (abgerufen: 29.7.2015).
⁴⁹ TOKYO DAIJINGŪ, Home. http://www.tokyodaijingu.or.jp/ (abgerufen: 29.7.2015).

guten Gebräuchen unseres Landes folgt, für uns, die wir in Japan geboren und aufgewachsen sind, die angemessene Hochzeitszeremonie ist."[50]

Mit den Formulierungen „unser Land" und „die wir in Japan geboren und aufgewachsen sind" wird hier die nationale Verwurzelung der *shinzenshiki* besonders stark betont und ein Einheitsgefühl der in Japan geborenen Menschen vorausgesetzt. Diese Betonung der Einmaligkeit und Kontinuität der japanischen Kultur erinnert an nationalistische Diskurse über eine einzigartige, homogene japanische Identität. Vor allem in der Literaturgattung der sogenannten *nihonjinron* („Japaner-Diskurse")[51] ist eine solche Argumentation zu finden: Japan als Land, das von jahrtausendealten Traditionen geprägt ist, mit einem homogenen Volk, das sich durch eine besondere Mentalität auszeichnet, die sich von den westlichen Ländern radikal unterscheidet. Eine solche Sicht auf Japan blendet historische Entwicklungen und die tatsächliche Diversität des Lebens der Bevölkerung völlig aus. Dadurch, dass in dem Hochzeitsangebot von „unserem Land" und von einem in Japan geborenen „Wir" die Rede ist, wird deutlich eine Abgrenzung von dem ‚Anderen' vorgenommen. Hier wird Identität über Ausschluss (von Ausländern, Minderheiten) gestiftet und Nationalismus fungiert als Marketing-Strategie.

Andere haben mittlerweile das große Export-Potential der *shinzenshiki* erkannt: Bei der Japan Expo 2015 in Paris gab es zum ersten Mal einen Stand, bei dem japanische Hochzeitsanbieter ihre Angebote vorstellten und es wurde sogar eine *shinzenshiki* live auf der Bühne zelebriert. Die Geschäftsführerin einer der Firmen sagte dazu: „Wir möchten den Zauber der modernen Kanazawa-Hochzeiten im japanischen Stil präsentieren."[52] In Kyoto werden mittlerweile Hochzeiten im japanischen Stil (oder auch nur Fotos in der entsprechenden Kleidung)

---

[50] TOKYO DAIJINGŪ, Home. http://www.tokyodaijingu.or.jp/ (abgerufen: 29.7.2015).

[51] Zu Nihonjinron vgl. z. B. Tamotsu AOKI, Der Japandiskurs im historischen Wandel: Zur Kultur und Identität einer Nation, 1996. Harumi BEFU, Hegemony of Homogeneity: An Anthropological Analysis of ‚Nihonjinron' (2001). IWABUCHI, Complicit Exoticism: Japan and its Other (1994).

[52] Es handelt sich um einen Anbieter aus der Präfektur Kanazawa, der besonders den regionalen Bezug betont. YOMIURI SHINBUN, Kanazawa wakon sekai ni apīru [Japanische Hochzeiten aus Kanazawa sind für die ganze Welt attraktiv], Yomiuri SHINBUN Tokyo Morgenausgabe (23.6.2015) S. 35.

gezielt an Ausländer vermarktet, was vor allem bei chinesischen Paaren sehr gut ankommt.[53] Die *shinzenshiki* erweitert so das touristische Angebot (denn die Kunden sollen für die Zeremonie nach Japan gelockt werden) und erschließt neue Kundenkreise. Die große Popularität der Shintō-Hochzeit unter Nicht-Japanern zeigt, dass – anders als essentialisierende Slogans glauben machen wollen – das Konstrukt der Zeremonie eine große Offenheit besitzt und verschiedenste Bedeutungen annehmen kann.

Die *shinzenshiki* wird zwar seit der Nachkriegszeit allgemein als die traditionelle Form der japanischen Hochzeit betrachtet, doch dies bedingt nicht zwangsläufig die Behauptung, die Zeremonie sei von alters her gleich geblieben. Es sind vor allem Shintō-Schreine, die den Ursprung der *shinzenshiki* möglichst weit in die Vergangenheit versetzen, indem sie eine Verbindung zur Hochzeit der Gottheiten Izanagi und Izanami herstellen. Kommerzielle Hochzeitseinrichtungen, Hotels und sogenannte „Producer" ohne religiösen Hintergrund schreiben auf ihren Seiten häufig gar nichts über die Geschichte der *shinzenshiki*, sondern widmen sich eher ausführlichen Beschreibungen des Ablaufs, der Kleidung und sogar des Schrein-Designs. Diesen Anbietern reicht es, mit Formulierungen wie „Japans althergebrachte Hochzeitszeremonie"[54] oder „die feierliche Zeremonie, die es nur in Japan gibt"[55] bestimmte vage Vorstellungen von der Traditionalität der angebotenen Zeremonie zu wecken. Für sie ist die *shinzenshiki* nur ein Element unter vielen, das für Authentizität spricht.

Wakon – Japanizität im neuen Kontext

Zu einem Schlagwort für Hochzeiten im ‚japanischen Stil', die von kommerziellen Einrichtungen ohne Anbindung an einen Schrein angeboten werden, hat sich in den letzten Jahren die Bezeichnung *wakon*

---

[53] ASAHI SHINBUN, Fotouedingu, gaikokujin kappuru ni ninki. Kankōkyaku yūchi Kyōtoshi nado mo kyōryoku [Photo weddings sind auch bei ausländischen Paaren beliebt. Auch die Stadt Kyoto beteiligt sich an der Werbung bei Touristen], Asahi SHINBUN Morgenausgabe (11.1.2015) S. 25.

[54] HAPPO-EN, Enmusubi no shinden de [Im Heiligtum der Eheschließung]. http://www.happo-en.com/wedding/#/ceremony/shinzen (abgerufen: 29.7.2015).

[55] CERULEAN TOWER HOTEL, Wedding Ceremony. https://wedding.ceruleantower-hotel.com/ceremony/shinto.html (abgerufen: 29.7.2015).

entwickelt. *Wakon* 和婚 setzt sich zusammen aus *wa* 和 für „japanisch" und *kon* 婚 für „Ehe" oder „Heirat". Als ich mich um 2010 erstmals mit dem Thema beschäftigt habe, wurde dieser Begriff auf den Webseiten noch erläutert, heute scheint er bereits so geläufig zu sein, dass dies nicht mehr für nötig erachtet wird.

Der Begriff *wakon* lässt an die homophone Parole *wakon yōsai* 和魂 洋才 („japanischer Geist und westliche Technik") denken, die in der Meiji-Zeit die Verbindung der japanischen „Tradition" mit der als westlich markierten industriellen Moderne zum Ausdruck bringen sollte. Und man kann hier auch inhaltliche Parallelen sehen: Die *wakon* ist nicht einfach eine Neuauflage der *shinzenshiki*, sondern die Webseiten betonen, dass es um eine ‚moderne Japanizität‘ gehe, bei der die japanische Tradition durch ‚moderne‘ bzw. westliche Einflüsse weiter verfeinert wird. Für die *wakon* werden vermeintlich althergebrachte, traditionelle Elemente der japanischen Kultur herangezogen und in einem neuen Kontext gesetzt. Dabei wird ein Prozess in Gang gesetzt, den man als Selbst-Exotisierung oder Selbst-Orientalisierung bezeichnen kann. Orientalismus ist nach Edward SAID[56] der westliche Blick auf den Nahen Osten und Asien, der den ‚Orient‘ als das exotische Andere konstruiert und damit ein Überlegenheitsgefühl zum Ausdruck bringt. Wie IWABUCHI darlegt, ist es die Strategie der ‚Selbst-Orientalisierung‘, diesen orientalistischen Blick bewusst auf sich selbst zu richten und durch diese Internalisierung die Überlegenheit des Westens zu unterlaufen bzw. eine Art Komplizenschaft mit dem westlichen Exotismus einzugehen. Dies sei deutlich in Japan zu beobachten: „‚Japan‘ is not an inferior orient any more, and, no less importantly, has become ‚pleasurably exotic‘ to the Japanese themselves."[57] Das eigene ‚Anders-Sein‘ wird als Quelle von Selbstbewusstsein und als Ausdruck der Besonderheit Japans bewusst betont und zelebriert. ‚Traditionen‘ und kulturelle Stereotypen stehen dabei besonders im Fokus, vor allem auch solche, die schon lange zum Repertoire des westlichen Japan-Exotismus gehören.

---

[56] Edward SAID, Orientalism (1978).
[57] IWABUCHI, Complicit Exoticism (wie Anm. 51).

Deutlich kann man den Prozess der Selbst-Orientalisierung zum Beispiel an der Webseite nihon-kekkon.com[58] sehen. Es handelt sich um den Internetauftritt einer Hochzeitszeitschrift, der gleichzeitig als eine Art Werbeportal für Anbieter von Hochzeiten im japanischen Stil dient. Auf nihonkekkon.com werden alle Elemente der Hochzeit im japanischen Stil von Grund auf erklärt. Es gibt Skizzen zum Aufbau eines Shintō-Schreins, eine Einführung in Shintō allgemein, Erklärungen zum Ablauf der Zeremonie sowie detaillierte Skizzen der Hochzeitskimonos, die fast schon wissenschaftlich anmuten. Neben den genauen Begriffen für die einzelnen Elemente eines Kimonos werden deren Funktionen erläutert und Farbzusammenstellungen empfohlen.[59] Keine Details werden ausgelassen: Die Leser/innen erfahren auch was ein Shintō-Priester ist, welche Ränge von Priestern es gibt und wie die einzelnen Teile des Priester-Gewandes heißen.[60] Es wird deutlich, dass der normale Hochzeitskunde über diese Dinge nicht Bescheid weiß. Auf der Seite wird eine Art Wissenskanon zur japanischen Hochzeit konstruiert, der Kunde wird zum Schüler gemacht, der in seine eigene Kultur eingeweiht wird. Vermeintlich komplexe kulturelle Wissensbestände, die hinter der Zeremonie stehen und eine gewisse Expertenschaft verlangen, werden hier als Reiz der ‚japanischen Hochzeit‘ präsentiert. Ähnliches lässt sich in den zahlreichen Ratgebern zur Gestaltung einer Hochzeitsfeier finden, die auf dem japanischen Buchmarkt erhältlich sind.[61] Wie GOLDSTEIN-GIDONI erklärt, ist es auch eine Absicht der Hochzeitsanbieter, sich deutlich als Experten und als Bewahrer ‚wahrer

---

[58] GOOD NEWS PRESS, Nihon no kekkonshiki Home. http://nihon-kekkon.com/ (abgerufen: 29.7.2015).
[59] GOOD NEWS PRESS, Hanayome no wasō 2: irouchikake [Japanische Kleidung für die Braut No. 2: Der irouchikake-Kimono]. http://nihon-kekkon.com/special_bridalcostume/no02.html (abgerufen: 29.7.2015).
[60] GOOD NEWS PRESS, Wakon no chishiki 2: shinzen kekkonshiki to wa nani ka? [Wakon-Wissen 2: Was ist eine shintōistische Hochzeitszeremonie?]. http://nihon-kekkon.com/special_wakon/no02.html (abgerufen: 29.7.2015).
[61] Lydia SCHAUSS hat einen Teil eines solchen Hochzeitsratgebers aus dem Jahr 1999, in dem es um die Kleidung geht, ins Deutsche übersetzt. In diesem Beispiel finden sich Skizzen zu den Elementen der Hochzeitskleidung sowohl für westliche als auch für japanische Gewänder. Lydia SCHAUSS, Japanische Hochzeitskleidung. Weisungen eines Anstandsbuches für den schönsten Tag, Kleine Reihe der Mori-Ōgai-Gedenkstätte 51 (2010). Via http://edoc.hu-berlin.de/series/kleine-reihe/51/PDF/51.pdf (abgerufen: 29.7.2015).

Japanizität' darzustellen, um die Abhängigkeit der Kunden von ihren Diensten zu verstärken und das Geschäft zu verbessern.[62]

Die prächtigen Hochzeitskimonos zum Beispiel sind für junge japanische Großstadtbewohner beinahe ebenso fremd wie für Nicht-Japaner. Das Anziehen ist eine eigene Kunst, die heute nur von professionellen Kimono-Lehrerinnen beherrscht wird.[63] Außerdem waren die heute für die Hochzeit verwendeten prächtigen *uchikake*-Kimonos in der Zeit, in der sie tatsächlich noch getragen wurden, der gesellschaftlichen Elite vorbehalten. Teil von bürgerlichen Hochzeiten wurden die *uchikake* erst in den 1960er-Jahren, als die Hochzeitsindustrie ihren großen Aufschwung erlebte. Heute werden diese prächtigen Kimono, wie GOLDSTEIN-GIDONI berichtet, von Bräuten als besonders Japanisch (*Nihon-teki*) und traditionell (*dentō-teki*) gesehen: „Choosing traditional attire gave them a feeling of continuity with their traditional Japanese past, despite the fact that their mothers and grandmothers never wore the *uchikake* or anything like it."[64] Auch wenn die Frauen keine persönliche Erfahrung mit dieser Kleidung haben, wird sie also als die ursprünglichste Form angesehen und einige Bräute entschließen sich bewusst für eine Art ‚Verkörperung von japanischer Tradition', indem sie sich einen *uchikake* anlegen lassen. Wie GOLDSTEIN-GIDONI darlegt, wurde die Frau im Kimono im Verlauf der Modernisierung zu einem der wichtigsten Symbole für Japan: „[…] the kimono that is wrapped around the female body has become a national symbol of tradition, and so perfectly completes the image of Japaneseness, as opposed to Westernness".[65]

An dieses Modell der traditionellen japanischen Weiblichkeit schließen gegenwärtig viele Hochzeitsveranstalter an, jedoch stehen auch neue Motive dahinter. Gerade dass ‚japanische Dinge' wie die *uchikake*-Kimonos alles andere als alltäglich sind, kann einen Reiz ausmachen.

---

[62] GOLDSTEIN-GIDONI, Packaged Japaneseness (wie Anm. 17) S. 67.

[63] Ofra GOLDSTEIN-GIDONI beschreibt in ihrer Studie zu einer japanischen Hochzeitseinrichtung sehr deutlich, wie aufwendig der Ankleideprozess bei Hochzeitskimonos ist und welches Expertenwissen dahinter steht. GOLDSTEIN-GIDONI, Packaged Japaneseness (wie Anm. 17). Den Prozess des Ankleidens eines Kimonos beschreibt GOLDSTEIN-GIDONI außerdem in einem Aufsatz über Volljährigkeitszeremonien in Japan: GOLDSTEIN-GIDONI, Kimono (wie Anm. 17) S. 360–363.

[64] GOLDSTEIN-GIDONI, Hybridity and Distinctions (wie Anm. 17) S. 31.

[65] GOLDSTEIN-GIDONI, Kimono (wie Anm. 17) S. 352.

Das *shinzenshiki* birgt durch diese Fremdheit seiner Elemente das Po-
tential, die Zeremonie besonders stark aus dem Alltag herauszuheben
und der Hochzeit einen exotischen Anstrich zu verleihen. Masami
SUGA sieht in Japan eine generelle Tendenz dazu, sich der japanischen
Tradition über Konsum anzunähern und damit auch das Bedürfnis
nach etwas Exotischem, Nicht-Westlichen zu befriedigen: „Through
those purchases, they give new meanings to the past, modify the past
for modern life, and identify with the newly re-discovered Japanese
ethnicity."[66] Vermeintlich uralte Elemente der eigenen Kultur dienen
einem materiellen Anknüpfen an längst vergangene, idealisierte Zeiten
und einer Auseinandersetzung mit dem ‚Japanisch-Sein', können aber
ebenfalls zu einem Zeichen von Distinktion werden. Ähnliche Tenden-
zen hat Simone EGGER für das Tragen von Dirndl und Lederhosen auf
dem Münchner Oktoberfest beobachtet. Durch „Änderungen, auch
eigenhändige Aktivitäten und allerlei Zierrat"[67] wolle man mit der
Tracht Individualität zum Ausdruck bringen, zugleich aber auch dazu-
gehören und einen Bezug zur ‚Heimat' herstellen.

Bei der sogenannten *wakon* ist ein Element der Identifikation mit
dem ‚Japanischen' häufig die Shintō-Hochzeit, aber auch andere Zere-
monie-Formen sind möglich. Als besonders erfindungsreich erweist
sich das Cerulean Tower Tokyu Hotel in Tokyo. Dort wird unter dem
in lateinischen Buchstaben geschriebenen Titel „Kotohogi" eine nicht-
religiöse Hochzeit auf einer Nō-Bühne angeboten, bei der ein Nō-
Schauspieler tanzt und das Paar ein eigenes Gedicht erhält. Auf der
Webseite wird besonders die Atmosphäre des Ortes betont, der „nach
Zypressen-Holz duftet" und „die alte Kultur Japans vermittelt".[68] Ein
weiteres Angebot ist eine Hochzeit im Teezeremonie-Stil („Yorokobi"),
bei der sich das Paar eine Teeschale teilt und symbolisch eine Verbindung zwischen den beiden Familien hergestellt wird.[69] Im Falle dieser
Angebote reicht es, dass eine Anbindung an japanische Tradition gege-

---

[66] Masami SUGA, Exotic West to Exotic Japan: Revival of Japanese Tradition in Modern Japan, in: Dress and Ethnicity: Change Across Space and Time, hg. von Joanne
BUBOLZ EICHER (1995) S. 95–115, hier S. 95.
[67] Simone EGGER, Phänomen Wiesntracht: Identitätspraxen einer urbanen Gesellschaft;
Dirndl und Lederhosen, München und das Oktoberfest (2008) S. 109.
[68] CERULEAN TOWER HOTEL, Wedding Ceremony: Kotohogi. https://wedding.cerulean
tower-hotel.com/ceremony/kotohogi.html (abgerufen: 29.7.2015).
[69] CERULEAN TOWER HOTEL, Wedding Ceremony: Yorokobi. https://wedding.cerulean
tower-hotel.com/ceremony/yorokobi.html (abgerufen: 29.7.2015).

ben ist. Dass diese vermeintlich uralten Elemente der japanischen Kultur eigentlich nichts mit Hochzeiten zu tun haben, spielt keine Rolle, es geht in erster Linie um Traditionalität und eine japanisch anmutende Ästhetik. Das Hotel, das 2001 in dem 184 Meter hohen Wolkenkratzer Cerulean Tower in Shibuya eingerichtet wurde, beschreibt sein Gesamtkonzept selbst mit den Begriffen „Selektion", „Tradition" und „Kreativität": „Dahinter steht die Absicht, dass wir die traditionellen japanischen Elemente – die man an die Nachwelt weitergeben sollte – modern interpretieren, umformen und neu erschaffen und diese wichtigen Dinge mit Blick auf die Zukunft durch das Hotel vermitteln."[70] Auch ist von Gästen aus dem Ausland die Rede, die man mit der „für japanische Hotels einzigartigen Wärme und Gastfreundschaft" aufnehmen wolle.[71] Die Hochzeit auf der Nō-Bühne ist so Teil einer ganz bewussten Konzeption des Hotels als Vermittler von Versatzstücken japanischer Kultur, die jedoch im Sinne einer global ausgerichteten, urbanen Japanizität neu kombiniert werden können. IWABUCHI kommentiert eine ähnliche Vorgehensweise, die sich 1984 in der Kampagne „Exotic Japan" der japanischen Eisenbahngesellschaft zeigte, folgendermaßen: „This is a self-confident self-Orientalisation, which boasts about its own cultural ‚hybridity‘."[72]

Walter EDWARDS betont in seinen Arbeiten zu japanischen Hochzeiten der 1980er-Jahre die Bedeutung verschiedener Inszenierungen, die in Japan zu dem Hochzeitsbankett gehören: „[…] they provide ideal images of social relations created by the wedding".[73] GOLDSTEIN-GIDONI sieht in diesen Inszenierungen, die sie „mini-dramas" nennt, eher ein dekoratives Element.[74] Zurzeit von EDWARDS und GOLD-STEIN-GIDONIS Beobachtungen waren vor allem das Anschneiden riesiger (oft künstlicher) Torten, der sogenannte „Candle Service"[75] und

---

[70] CERULEAN TOWER HOTEL, Concept. https://www.ceruleantower-hotel.com/concept (abgerufen: 29.7.2015).

[71] CERULEAN TOWER HOTEL, Concept. https://www.ceruleantower-hotel.com/concept (abgerufen: 29.7.2015).

[72] IWABUCHI, Complicit Exoticism (wie Anm. 51).

[73] Walter EDWARDS, The Commercialized Wedding as Ritual: A Window on Social Values, Journal of Japanese Studies 13/1 (1987) S. 51–78, hier S. 62.

[74] GOLDSTEIN-GIDONI, Packaged Japaneseness (wie Anm. 51) S. 26.

[75] Bei dem „Candle Service" handelt es sich um eine Zeremonie, bei der das Brautpaar zunächst selbst Kerzen bei den Tischen seiner Eltern anzündet und anschließend mit

das Übergeben von Blumen an die Eltern üblich. Heute gibt es diese „mini-dramas" immer noch, mehr Originalität kann man jedoch erreichen, wenn man statt auf diese sehr verbreiteten (und westlich geprägten) Showeinlagen ebenfalls auf Japanisch konnotierte Elemente zurückgreift. Derartige Angebote sind daher wichtige Bestandteile der *wakon*, wie zum Beispiel das Spektrum des Hochzeitsveranstalters BUA zeigt: Vom (eigentlich aus China stammenden) Löwentanz über eine gemeinsame Tofu-Produktion bis hin zum Nō-Gesang reichen die Auswahlmöglichkeiten.[76] Weite Verbreitung hat mittlerweile das *ka gamibiraki* (Aufbrechen eines Sake-Fasses) gefunden, das sich an einem normalerweise zu Neujahr praktizierten Brauch orientiert, und das sogenannte *mizu-awase*, eine abgewandelte Form eines in der Präfektur Toyama tatsächlich bekannten Hochzeitsbrauches. Auch *mochi*, japanische Reiskuchen, werden häufiger von Braut und Bräutigam auf der Feier hergestellt. Die Erfindung von traditionell anmutenden Elementen wird den Hochzeitsanbietern dadurch erleichtert, dass es in dem Fall der *wakon* zwar darum geht, Japanizität zu konstruieren, gerade diese Japanizität aber als etwas Originelles, Innovatives empfunden wird, das die eigene Feier zu etwas besonderem macht.

Bei den bisher genannten Angeboten handelt es sich um relativ teure Services, vor allem das Leihen der prächtigen *uchikake*-Kimonos macht Hochzeiten im japanischen Stil zu einer luxuriösen Angelegenheit, mit der auch soziale Distinktion zum Ausdruck gebracht wird.[77] Doch Japanizität ist auch schon für den kleineren Geldbeutel zu haben, wenn man sich für ein sogenanntes „Photo-Wedding" entscheidet, wie es z. B. von Studio Aqua[78] angeboten wird. Ein weiterer Begriff, der in diesem Zusammenhang häufiger auftaucht, ist *shakonshiki* 写婚式, ein Neologismus der aus *shashin* 写真 („Fotografie") und *kekkonshiki* 結婚

---

den eigenen Kerzen zu den Tischen der Gäste kommt, wo ebenfalls Kerzen entzündet werden. Siehe EDWARDS, Modern Japan Through its Weddings (wie Anm. 5) S. 30–31.
[76] BUA, Hirōen ga motto tanoshiku naru enshutsu [Inszenierungen, mit denen das Bankett noch vergnüglicher wird]. http://wakon.bua.jp/enshutsu/ (abgerufen: 29.7.2015).
[77] Zu den Kosten des Brautmoden-Verleihs siehe Masami SUGA, Packaged in Japan: Elite Weddings in Osaka, in: Wedding Dress Across Cultures, hg. von Helen Bradley Foster und Donald Clay Johnson (2003) S. 39–51, hier S. 44–45.
[78] STUDIO AQUA, Studio Aqua Home. http://www.studio-aqua.jp/ (abgerufen: 29.7.2015).

式 („Hochzeitszeremonie") zusammengesetzt ist.[79] Bei den „photo weddings" oder *shakonshiki* findet keine tatsächliche Zeremonie statt, das Paar trägt nur die entsprechende Kleidung und lässt sich an einem Schrein, in einer Kapelle oder in einem Park fotografieren. Es handelt sich um ein reines Simulacrum im Baudrillardschen Sinne, d. h. eine „Substituierung des Realen durch Zeichen des Realen".[80] Das „photo wedding" ist so eine reine Inszenierung für das Fotoalbum und wenn man es weiter spinnt sogar die „Erfindung" der eigenen Vergangenheit – eine „invention of tradition" im Kleinen, für die nachfolgenden Generationen. In der Zeit der „Differenzgesellschaft" *(kakusa shakai)*,[81] in der in Japan die Kluft zwischen Arm und Reich wächst, können sich tatsächlich viele Paare eine Hochzeitsfeier gar nicht mehr leisten. Das Ideal der Mittelschichtskernfamilie, das hinter diesen Feiern steht, kann nun häufig nur noch in Form eines Simulacrums erreicht werden.

Fazit

Wie das Beispiel der Shintō-Schreine gezeigt hat, können hinter dem *shinzenshiki* auch nach seiner Kommerzialisierung immer noch Prinzipien und kulturelle Werte stehen, die häufig konservativer Natur sind. Das Angebot atmet hier noch den Geist der ursprünglichen Intention, die hinter der Erfindung der Zeremonie stand: In Abgrenzung zum ‚Anderen', vor allem dem Westen, soll eine genuin japanische Identität vermittelt werden, die geprägt ist von uralten Traditionen und einer Homogenität des japanischen Volkes.

Viele Anbieter, die das *shinzenshiki* im Programm haben, stellen sich aber nicht als Bewahrer einer einzig wahren Tradition dar, sondern betonen im Gegenteil, dass alles erlaubt sei. Nur die an Shintō-Schreine

---

[79] Der Begriff *shakonshiki* wird z. B. von einem Anbieter in Ise verwendet: STUDIO BORBOLETTA, O-Isesan shakonshiki [Foto-Hochzeiten in Ise]. http://www.isewakon. com/shakon.html (abgerufen: 29.7.2015).

[80] Jean BAUDRILLARD, Agonie des Realen (1978).

[81] Zur Differenzgesellschaft in Japan vgl. u. a.: David CHIAVACCI, From class struggle to general middle-class society to divided society: societal models of inequality in postwar Japan, Social Science Japan Journal 11/1 (2008) S. 5–27. Annette SCHAD-SEIFERT, Japans Abschied von der Mittelschichtgesellschaft: Auflösung des Familienhaushalts oder Pluralisierung der Lebensformen?, in: Japanstudien 19 Familienangelegenheiten, hg. von Peter BACKHAUS (2007) S. 105–128.

angegliederten Hochzeitseinrichtungen sind auf die *shinzenshiki* festgelegt, alle anderen bieten auch noch andersartige Zeremonien wie die „chapel wedding" oder die *jinzenshiki* an. Ihre Erfindungen dienen dem kommerziellen Erfolg und greifen gesellschaftliche Trends aus marketingstrategischen Gründen auf. Die Brautpaare können spielerisch mit den vorhandenen Formen umgehen und zum Beispiel auch im Kimono vor einen christlichen Priester (oder ein Schauspieler-Pendant) treten oder aus dem Kimono ein Ballkleid schneidern lassen. Der individuelle Geschmack bestimmt die Gestaltung.

Erleichtert werden diese Neugestaltungen gerade durch die Geschichte der *shinzenshiki* und durch die „tradition of invention", die dahintersteht. Eine unveränderliche Kombination von Bräuchen, Ansichten und Bedeutungen hat es hier nie gegeben. Auch kann nicht von einem Verlust des Religiösen die Rede sein, da Religion nie zentral für japanische Hochzeiten war: „Since marriage was not religiously based in authentic Japanese tradition, the idea of a wedding ‚before the gods' [...] became open to any kind of change and interpretation."[82] Bedenklich sind daher nicht die vielfältigen Entwicklungen auf dem japanischen Hochzeitsmarkt, sondern die nationalkonservativen Slogans, mit denen einige Schreine versuchen ihr Angebot zu verkaufen.

Kultur und ihr zugehörige Traditionen werden ständig umgestaltet und neu definiert, und das nicht immer nur im Dienste neuer Ideologien, wie dies bei HOBSBAWMS „invented traditions" der Fall ist. Ofra GOLDSTEIN-GIDONI formuliert dies so: „[...] so-called ‚traditions' are no different from any other products or novelties in a consumerist society."[83] Die Webseiten der meisten kommerziellen Hochzeitsanbieter sprechen dafür, dass es sich auch bei der Entscheidung für eine *shinzenshiki* tatsächlich in erster Linie um eine Konsumentscheidung handelt. Nach Gordon MATHEWS entsteht Japanizität in der globalisierten Welt, indem Formen aus dem „global cultural supermarket"[84] herangezogen und neu kombiniert werden. Dann braucht es nur noch die Fähigkeit, die Menschen davon zu überzeugen, dass das angebotene Produkt ‚authentisch Japanisch' ist. Die *wakon*, die auf die Konstruktion historischer Kontinuität weitgehend verzichtet und dabei Hybride her-

---

[82] ANTONI, Religion and Commercialization (wie Anm. 5) S. 52.
[83] GOLDSTEIN-GIDONI, Packaged Japaneseness (wie Anm. 17) S. 8.
[84] Gordon MATHEWS, Global Culture/Individual Identity: Searching for Home in the Cultural Supermarket (2000) S. 15.

vorbringt, die vor allem die Individualität des Brautpaares unterstreichen sollen, ist in diesem Sinne wohl eine ‚typisch japanische Hochzeit'.

Literatur

Klaus ANTONI, Tradition und ‚Traditionalismus' im modernen Japan. Ein kulturanthropologischer Versuch, Japanstudien 3 (1991) S. 105–128

Klaus ANTONI, Religion and Commercialization: The Shintō Wedding Ritual (*shinzenshiki*) as an Invented Tradition in Japan, Japanese Religions 26/1 (2001) S. 41–53

Klaus ANTONI (Hg.), Kojiki. Aufzeichnungen alter Begebenheiten (2012)

Tamotsu AOKI, Der Japandiskurs im historischen Wandel: Zur Kultur und Identität einer Nation, 1996

Asahi SHINBUN, Fotouedingu, gaikokujin kappuru ni ninki. Kankōkyaku yūchi Kyōtoshi nado mo kyōryoku [Photo weddings sind auch bei ausländischen Paaren beliebt. Auch die Stadt Kyoto beteiligt sich an der Werbung bei Touristen], Asahi SHINBUN Morgenausgabe (11.1.2015) S. 25

Jean BAUDRILLARD, Agonie des Realen (1978)

Harumi BEFU, Hegemony of Homogeneity: An Anthropological Analysis of ‚Nihonjinron' (2001)

David CHIAVACCI, From class struggle to general middle-class society to divided society: societal models of inequality in postwar Japan, Social Science Japan Journal 11/1 (2008) S. 5–27

Millie R. CREIGHTON, Imaging the Other in Japanese Advertising Campaigns, in: Occidentalism: Images of the West, hg. von James G. CARRIER (1995) S. 135–160

Walter EDWARDS, The Commercialized Wedding as Ritual: A Window on Social Values, Journal of Japanese Studies 13/1 (1987) S. 51–78

Walter EDWARDS, Modern Japan Through Its Weddings: Gender, Person, and Society in Ritual Portrayal (1989)

Simone EGGER, Phänomen Wiesntracht: Identitätspraxen einer urbanen Gesellschaft; Dirndl und Lederhosen, München und das Oktoberfest (2008)

Michael FISCH, The Rise of the Chapel Wedding in Japan: Simulation and Performance, Japanese Journal of Religious Studies 28/1–2 (2001) S. 57–76

Ofra GOLDSTEIN-GIDONI, Packaged Japaneseness. Weddings, Business and Brides (1997)

Ofra GOLDSTEIN-GIDONI, Kimono and the Construction of Gendered and Cultural Identities, Ethnology 38/4 (1999) S. 351–370

Ofra GOLDSTEIN-GIDONI, Hybridity and Distinctions in Japanese Contemporary Commercial Weddings, Social Science Japan Journal 4/1 (2001) S. 21–38

Helen HARDACRE, Shintō and the State 1968–1988 (1989)

Joy HENDRY, Marriage in Changing Japan: Community and Society (1989)

Eric HOBSBAWM, Introduction: Inventing Traditions, in: The Invention of Tradition, hg. von Eric HOBSBAWM und Terence RANGER (1983) S. 1–14

Kōichi IWABUCHI, Complicit Exoticism: Japan and its Other, Continuum: The Australian Journal of Media & Culture 8/2 (1994). http://wwwmcc.murdoch.edu.au/readingroom/8.2/Iwabuchi.html (abgerufen: 29.7.2015)

Yasunari KAWABATA, Japan, the Beautiful and Myself. http://www.nobelprize.org/nobel_prizes/literature/laureates/1968/kawabata-lecture.html (abgerufen: 29.7.2015)

Satsuki KAWANO, From the ‚Tradition‘ to a Choice: Recent Developments in Mortuary Practices, in: Handbook of Japanese Religions, hg. von Inken PROHL und John K. NELSON (2012), S. 413–430

Minako KUME, Buraidaru gyōkai no dōkō to karakuri ga yōku wakaru hon [Das Buch, mit dem man die Trends und Kniffe der Hochzeitsindustrie gut versteht] (2008)

Gordon MATHEWS, Global Culture/Individual Identity: Searching for Home in the Cultural Supermarket (2000)

Tessa MORRIS-SUZUKI, The Re-Branding of Abe Nationalism: Global Perspectives on Japan, The Asia-Pacific Journal 11/28/1 (2013). Via http://www.japanfocus.org/site/view/3966 (abgerufen: 29.7.2015)

Mitsuyoshi NUMANO, Toward a New Age of World Literature. The Boundary of Contemporary Japanese Literature and Its Shifts in the Global Context, Gendai bungeiron kenkyūshitsu ronshū ‚Renikusa‘ 1 (2009) S. 188–203. Via http://repository.dl.itc.u-tokyo.ac.jp/dspace/bitstream/2261/51931/1/reny001012.pdf (abgerufen: 29.7.2015)

Taryō ŌBAYASHI, Der Ursprung der shintōistischen Hochzeit, in: Rituale und ihre Urheber. Invented Traditions in der japanischen Religionsgeschichte, hg. von Klaus ANTONI (1997) S. 39–48

RECRUIT, Zekushi kekkon torendo chōsa shutoken 2013 [Zexy Hochzeitstrend-Untersuchung für das Hauptstadtgebiet 2013] S. 99. http://bridal-souken.net/data/trend2013/XY_MT_13_report_06shutoken.pdf (abgerufen: 29.7.2015)

RECRUIT, Zekushi kekkon torendo chōsa 2014 [Zexy Hochzeitstrend-Untersuchung 2014]. http://www.recruit-mp.co.jp/news/library/pdf/20141022_01.pdf (abgerufen: 29.7.2015)

Joan RENDELL, Japanese Bridal Custom and Costume, Costume: The Journal of the Costume Society 27/1 (1993) S. 92–99

Edward SAID, Orientalism (1978)

Annette SCHAD-SEIFERT, Japans Abschied von der Mittelschicht-gesellschaft: Auflösung des Familienhaushalts oder Pluralisierung der Lebensformen?, in: Japanstudien 19 Familienangelegenheiten, hg. von Peter BACKHAUS (2007) S. 105–128

Lydia SCHAUSS, Japanische Hochzeitskleidung. Weisungen eines Anstandsbuches für den schönsten Tag, Kleine Reihe der Mori-Ōgai-Gedenkstätte 51 (2010). Via http://edoc.hu-berlin.de/series/kleine-reihe/51/PDF/51.pdf (abgerufen: 29.7.2015)

Elisabeth SCHERER, „Neben ihm die zierliche Gestalt der Liebsten...". Performanz von *gender* in japanischen Hochzeitsritualen, in: Frauenbilder – Frauenkörper. Inszenierungen des Weiblichen in den Gesellschaften Süd- und Ostasiens, hg. von Stephan KÖHN und Heike MOSER (2013) S. 51–72

Masami SUGA, Exotic West to Exotic Japan: Revival of Japanese Tradition in Modern Japan, in: Dress and Ethnicity: Change Across Space and Time, hg. von Joanne BUBOLZ EICHER (1995) S. 95–115

Masami SUGA, Packaged in Japan: Elite Weddings in Osaka, in: Wedding Dress Across Cultures, hg. von Helen BRADLEY FOSTER und Donald CLAY JOHNSON (2003) S. 39–51

Kiyoshi SHIDA, The Shintoist Wedding Ceremony in Japan: an Invented Tradition, Media Culture Society 21 (1999) S. 195–204

Christian TAGSOLD, Orte exotischer Fremdheit. Japanische Gärten auf Ausstellungen nach 1900, in: Nipponspiration. Japonismus und japanische Populärkultur im deutschsprachigen Raum, hg. von Michiko MAE und Elisabeth SCHERER (2013) S. 93–112

Yomiuri SHINBUN, Kanazawa wakon sekai ni apīru [Japanische Hochzeiten aus Kanazawa sind für die ganze Welt attraktiv], Yomiuri SHINBUN Tokyo Morgenausgabe (23.6.2015) S. 35

Untersuchte Webseiten

Bua, Hirōen ga motto tanoshiku naru enshutsu [Inszenierungen, mit denen das Bankett noch vergnüglicher wird]. http://wakon.bua.jp/enshutsu/ (abgerufen: 29.7.2015)

Cerulean Tower Hotel, Wedding Ceremony. https://wedding.cerulean tower-hotel.com/ceremony/shinto.html (abgerufen: 29.7.2015)

Cerulean Tower Hotel, Wedding Ceremony: Kotohogi. https://weddi
ng.ceruleantower-hotel.com/ceremony/kotohogi.html (abgerufen:
29.7.2015)

Cerulean Tower Hotel, Wedding Ceremony: Yorokobi. https://wed
ding.ceruleantower-hotel.com/ceremony/yorokobi.html
(abgerufen: 29.7.2015)

Cerulean Tower Hotel, Concept. https://www.ceruleantower-
hotel.com/concept/ (abgerufen: 29.7.2015)

Good News Press, Nihon no kekkonshiki Home. http://nihon-
kekkon.com/ (abgerufen: 29.7.2015)

Good News Press, Hanayome no wasō 2: irouchikake [Japanische
Kleidung für die Braut No. 2: Der irouchikake-Kimono].
http://nihon-kekkon.com/special_bridalcostume/no02.html
(abgerufen: 29.7.2015)

Good News Press, Wakon no chishiki 2: shinzen kekkonshiki to wa
nani ka? [Wakon-Wissen 2: Was ist eine shintōistische Hochzeitszeremonie?]. http://nihon-kekkon.com/special_wakon/
no02.html (abgerufen: 29.7.2015)

Happo-en, Enmusubi no shinden de [Im Heiligtum der
Eheschließung]. http://www.happo-en.com/wedding/#/
ceremony/shinzen (abgerufen: 29.7.2015)

Kanda Myōjin, Shinzenshiki to wa [Was das shinzenshiki ist].
http://www.kandamyoujin.or.jp/bridal/wedding/before.html
(abgerufen: 29.7.2015)

Meiji Kinenkan, Utsukushii nihon no kekkonshiki [Die schöne
japanische Hochzeit]. http://www.meijikinenkan.gr.jp/wedding/
(abgerufen: 29.7.2015)

Meiji Kinenkan, Shinzen kekkonshiki – igi to rekishi [Die shintōistische
Hochzeitszeremonie – Bedeutung und Geschichte] http://www.mei
jikinenkan.gr.jp/wedding/shinzen/significance.html (abgerufen:
29.7.2015)

Ministry of Agriculture, Forestry and Fisheries, Utsukushii nihon no mura keikan [100 dörfliche Landschaften des schönen Japan] http://www.maff.go.jp/j/nousin/noukei/binosato/b_hyakusen/hy akusen.html (abgerufen: 29.7.2015)

Studio Aqua, Studio Aqua Home. http://www.studio-aqua.jp/ (abgerufen: 29.7.2015)

Studio Borboletta, O-Isesan shakonshiki [Foto-Hochzeiten in Ise]. http://www.isewakon.com/shakon.html (abgerufen: 29.7.2015)

Tokyo Daijingū, Home. http://www.tokyodaijingu.or.jp/ (abgerufen: 29.7.2015)

Utsukushii nihon no kenpō o tsukuru kokumin no kai, Home. https://kenpou1000.org/ (abgerufen: 29.7.2015)

Utsukushii nihon no kenpō o tsukuru kokumin no kai, Q&A. https://kenpou1000.org/faq/ (abgerufen: 29.7.2015)

Heiratsmigration als (letzte) Chance? Zur Bedeutung der Kategorie Geschlecht in der transkulturellen Heiratsmigration

Jennifer Kreckel

Heiratsmigration: viel diskutiert, wenig erforscht

Regelmäßig entstehen in der Öffentlichkeit und den Medien Debatten über bestellte „Katalogbräute", muslimische „Importbräute" oder „Scheinehen". Meist sind diese Debatten emotional geführt, die angeschnittenen Themen und Ebenen endlos und undifferenziert. Auch eine wissenschaftliche und systematische Betrachtung von Heiratsmigration stößt schnell an Grenzen: „Weil sich im Phänomen der internationalen, interkulturellen Heiratsmigration vielfältige Dynamiken zwischen Globalem und Lokalem, zwischen Ökonomie, Kultur und Geschlecht, zwischen Heirat und Ehe und Familie und Arbeit auf komplexe Weise verweben und verdichten."[1] Insbesondere durch die Konfrontation mit Heiratsmustern anderer Kulturen wie es durch die Heiratsmigration geschieht, werden die in Deutschland vermeintlich geklärten Geschlechterbeziehungen erneut diskutiert. Während in diesem Diskurs den an Heiratsmigration beteiligten Männern vorgeworfen wird, Frauen als Ware zu kaufen, unterliegen die einwandernden Heiratsmigrantinnen einer Viktimisierung, die ihnen jegliche Entscheidungs- und Hand-

---

[1] Andrea LAUSER, Ein guter Mann ist harte Arbeit. Eine ethnografische Studie zu philippinischen Heiratsmigrantinnen. (2004) S. 11.

172   Jennifer Kreckel

lungsfreiheit abspricht. Dabei bietet die Heiratsmigrantin eine Negativ-
folie, vor der der eigene Lebensentwurf als besonders modern und
fortschrittlich erscheint.

Viele aktuelle Entwicklungen deuten auf eine wachsende Bedeutung
des Phänomens der Heiratsmigration hin. Die Zunahme von Migration
in Folge von weltweiten Ungleichheiten, globalen Wirtschaftsbeziehun-
gen sowie technologischen Entwicklungen in Transport- und Kommu-
nikationstechnik wird versucht, durch restriktive Einwanderungsgesetze
zu kontrollieren. Das in den Menschen- und Grundrechten garantierte
Recht auf Asyl und Familienzusammenführung bleibt für viele Menschen die einzige Möglichkeit der legalen Einwanderung. Gleichzeitig
haben die gewachsenen internationalen Verbindungen auch Auswirkungen auf das soziale Umfeld der Menschen. Dieses weitet sich über
die Grenzen der Nationalstaaten hinaus aus und führt so, „als Nebenef-
fekt", zu Ehen zwischen Angehörigen verschiedener Staaten und somit
zwangsläufig zu Heiratsmigration. In Deutschland haben die Pluralisierung der Lebensstile sowie die Veränderungen der Geschlechterbeziehungen zu einem enormen Interesse am Thema Liebe und Ehe geführt.
Die Suche nach einem geeigneten Partner ist nicht mehr auf den Beginn des Erwachsenenalters beschränkt, sondern wird aufgrund von
Trennung oder Scheidung auch in späteren Lebensabschnitten relevant.
Nachdem Traditionen und Rollen nur noch einen geringen Beitrag zur
Identität leisten, soll die individuelle Zweierbeziehung nun Teil und
Ausdruck dieser Identität sein.[2] Aufgrund des hohen Anteils von Hei-
ratsmigrant/-innen am Zuzug nach Deutschland (300.000 Menschen
zwischen 2005 und 2012[3]) hat das Bundesamt für Migration und
Flüchtlinge im Jahr 2013 erstmals eine umfassende Studie herausgege-
ben. Hier findet sich eine ausführliche Darstellung der quantitativen
Entwicklung und der rechtlichen Situation rund um den „Ehegatten-
nachzug".

Letztendlich bleibt jedoch eine umfangreichere, über die Mikroebe-
ne hinausreichende, intensivere Forschung zu Heiratsmigration insgesamt notwendig. Bisher wurde über einen Zeitraum von ca. 30 Jahren

---

[2] Ulrich BECK / Elisabeth BECK-GERNSHEIM, Das ganz normale Chaos der Liebe.
(1990) S. 72.
[3] Bundesamt für Migration und Flüchtlinge / Tobias BÜTTNER / Anja STICHS, Die
Integration von zugewanderten Ehegattinnen und Ehegatten in Deutschland. BAMF
Heiratsmigrationsstudie 2013. Forschungsbericht 22. (2013) S. 20.

das Thema immer wieder angerissen und einzelne Aspekte, meist kulturtheoretisch, untersucht. Verglichen mit der großen Bedeutung und Aufmerksamkeit, die der Familiennachzug in Politik und Öffentlichkeit bekommt, ist dies eine eindeutig zu geringe wissenschaftliche Basis, um zu einer Versachlichung und Weiterentwicklung des öffentlichen Diskurses über die gängigen ethnischen, geschlechtlichen, religiösen Zuschreibungen hinaus beizutragen.

Heiratsmigration – Heirat um zu migrieren oder Migration um zu heiraten?

Eine der ersten Studien zu Heiratsmigration legte WOLBERT 1984 vor. Sie schreibt: „Heiratsmigration ist also ein spezieller Fall von Migration, der eine Heirat voraussetzt; Bedingung für die Eheschließung selbst ist die Bereitschaft zur Übersiedlung ins Ausland."[4] BEER definiert Heiratsmigration als „Migration im Zusammenhang mit Heirat",[5] sie umfasst „geographische und soziale Mobilität."[6] RUENKAEW versteht unter Heiratsmigration „Migration, die mit einer Heirat gekoppelt ist".[7] Damit soll verdeutlicht werden, dass „Heirat als Mittel zum Zweck einer Arbeitsmigration in die Bundesrepublik eingesetzt wird."[8] Ganz allgemein dagegen GLOWSKY: „Je näher Heirat und Migration zeitlich beieinander liegen, umso wahrscheinlicher handelt es sich um Heiratsmigration."[9] Damit setzen sich bisherige Studien zum Thema Heiratsmigration meist mit Heiratsmigration als Form der Migration auseinander. Erklärungen für Heiratsmigration werden somit sowohl im Kontext von Migrationstheorien gesucht, als auch in kulturellen und sozial-

---

[4] Barbara WOLBERT, Migrationsbewältigung. Orientierungen und Strategien; biographisch-interpretative Fallstudien über die „Heirats-Migration" dreier Türkinnen. (1984) S. 17.

[5] Bettina BEER, Deutsch-Philippinische Ehen. Interethnische Heiraten und Migration von Frauen. (1996) S. 31.

[6] Ebd., S. 31.

[7] Pataya RUENKAEW, Heirat nach Deutschland. Motive und Hintergründe thailändisch-deutscher Eheschließungen. (2003) S. 35.

[8] Ebd., S. 35.

[9] David GLOWSKY, Staatsbürgerschaft als Ressource bei der Heirat ausländischer Frauen. Eine Analyse mit Daten des Sozioökonomischen Panels. Zeitschrift für Soziologie, Jg. 36, Heft 4. (2007) S. 282–301, hier S. 289.

ökonomischen Ausgangslagen der Herkunftsländer der Heiratsmigrant/-innen. Möglich ist aber auch eine Betrachtung des Phänomens als Form der Partner/-innenwahl und Heirat.

Dieser Beitrag gibt einen kurzen Einblick in mögliche Erklärungen für Heiratsmigration als Form der Migration, aber auch als spezifische Form der Partner/-innenwahl. Dabei werden solche Prozesse in den Blick genommen, in denen gezielt transkulturelle Partnerschaften mit der Perspektive einer Eheschließung und Migration eingegangen werden.

Dabei handelt es sich bei Heiratsmigration nicht immer um eine bewusste Wahl, sondern eben auch um „Nebenwirkungen" der Globalisierung der Arbeits- und Lebenswelten. Außerdem unberücksichtigt bleiben in diesem Beitrag transnationale Eheschließungen, die aufgrund einer angenommenen oder zugeschriebenen gemeinsamen ethnischen Herkunft geschlossen werden, und Heiratsmigrationsprozesse innerhalb der Europäischen Union.

Ein weiteres großes Forschungsdesiderat, welches hier leider noch nicht behoben werden kann, ist die Untersuchung der Heiratsmigration gleichgeschlechtlicher Paare. Diese dürfte aufgrund der sehr unterschiedlichen Gesetzgebungen zu gleichgeschlechtlicher Ehe in einigen Ländern bis hin zur Verfolgung in anderen Ländern besondere Brisanz haben.

Geschlecht als Strukturprinzip der (Heirats-)Migration

In der Migrationsforschung sind Frauen erst seit den 1980er-Jahren expliziter Forschungsgegenstand. Zuvor wurden die Bedingungen für migrierende Frauen nicht gesondert betrachtet.[10] Es wurde unhinterfragt eine männliche Pionierwanderung in Verbindung mit einer abhängigen Migration der Frauen angenommen. Dabei migrierten schon im 19. Jahrhundert ledige und verheiratete Frauen selbstständig, insbesondere in die USA.[11] Auch während der Phase der Arbeitsmigration aus der Türkei nach Deutschland Mitte der 1970er-Jahre sind 44 % der

---

[10] Ingrid OSWALD, Migrationssoziologie. (2007) S. 38.
[11] Vgl. Petrus HAN, Frauen und Migration. (2003) S. 1 f.

eingereisten türkischen Ehefrauen ohne ihren Ehemann als Arbeitsmig-
rantinnen eingereist.[12]

Zu der neuen Aufmerksamkeit für die schon lange bestehende Migration von Frauen kommt ein tatsächlicher Anstieg der internationalen
Migration von Frauen. Bedingt ist dieser unter anderem durch eine
steigende Nachfrage nach Frauenarbeitskräften. Frauen gelten als besonders kostengünstig und flexibel. Die wachsende Arbeitsteilung zwischen Industrie- und Entwicklungsländern erhöht die Nachfrage nach
billigen und flexiblen Arbeitskräften für die Produktion und Dienstleis-
tung.[13] Durch die steigende Zahl erwerbstätiger Frauen und zunehmend verlangte Mobilität und Flexibilität auf dem Arbeitsmarkt, verbunden mit einer in der Praxis kaum veränderten geschlechtlichen Arbeitsteilung, erhöht sich auch in den Privathaushalten die Nachfrage
nach günstigen und flexiblen Arbeitskräften. Für die dadurch entste-
henden prekären Beschäftigungsverhältnisse sind Frauen gefragter als
Männer. Von ihnen wird eher ein verantwortungsvolles, aufopferndes
Verhalten auch gegenüber einer fremden Familie erwartet.[14] Auch aus
Sicht der Herkunftsfamilie gelten sie als loyal und zuverlässig im Transfer ihres Einkommens, so dass auch aus diesen Gründen oft Mädchen
und Frauen zur Migration ausgewählt werden.[15] Eine Feminisierung der
Migration ist sowohl bei abhängiger als auch bei unabhängiger Migration, bei Flüchtlingen und bei Menschenhandel zu beobachten.[16]

Für HAN stellt das Geschlecht das zentrale Strukturprinzip der Migration dar.[17] Die Geschlechterverhältnisse bestimmen sowohl die Situation im Herkunftsland als auch Art und Verlauf der Migration sowie
die Situation im Aufnahmeland. Die Geschlechterordnung am Herkunftsort beeinflusst, wer für die Migration in Frage kommt. Die Geschlechterordnung am Zielort beeinflusst die geschlechtsspezifische

---

12 Vgl. Ingrid OSWALD (wie Anm. 10), S. 39.
13 Vgl. Petrus HAN (wie Anm. 11), S. 3.
14 Vgl. Angela KOCH / Sigrid METZ-GÖCKEL, Grenzräume – Zwischenräume: „Ich
habe zwei Leben". Zur Pendelmigration von Polinnen, in: Räume der Emanzipation,
hg. von Christine BAUHARDT (2004) S. 125–147, hier S. 139 f.
15 Vgl. Annette TREIBEL, Migration als Form der Emanzipation? Motive und Muster
der Wanderung von Frauen, in: Zuwanderung im Zeichen der Globalisierung. hg. von
Christoph BUTTERWEGE (2006) S. 103–120. hier S. 109.
16 Vgl. Ingrid OSWALD (wie Anm. 10), S. 39.
17 Vgl. Petrus HAN (wie Anm. 11), S. 11 ff.

Nachfrage auf dem Arbeitsmarkt. Auch die Verbindungslinien zwischen Herkunfts- und Zielort sind oft geschlechtsspezifisch, woraus nach Geschlechtern differenzierte Migrationsnetzwerke entstehen.[18] Dabei beruht die Migration meist nicht auf individueller Entscheidung, sondern auf familialer Selektion.[19] In den letzten Jahrhunderten bis heute immer wieder entscheidend für die Frage, wer unter welchen Umständen migriert, sind die Erbregelungen. Dabei lassen sich zunächst patrilineare und matrilineare Erbrechtsstrukturen sowie patrilokale und matrilokale Heiratsregeln unterscheiden. Bei der patriliniearen Erbregelung wird das Erbrecht auf den oder die männlichen Nachkommen, bei der matrilinearen auf die weiblichen Nachkommen übertragen. Bei Patrilokalität zieht die Frau zum Wohnsitz des Mannes und seiner Familie, somit bleibt auch die Fürsorgepflicht bei den männlichen Nachkommen und seiner Frau, bei der Matrilokalität umgekehrt. Je nach Erb-, Heirats-, und Fürsorgepflichtsregelung gibt es für eine unverheiratete Frau an ihrem Herkunftsort weder Einkommen noch Wohnsitz. In dieser Situation migrieren viele in die nächsten Städte, um dort (oft als Dienstmädchen) ein Einkommen zu haben. Die Migration über Landesgrenzen hinweg ist somit nur ein weiterer Schritt.

Ein weiterer Aspekt der Geschlechterordnung, der sich auf die Migrationsentscheidung auswirkt ist die geschlechtliche Arbeitsteilung. In jeder Gesellschaft gibt es geschlechtsspezifische Asymmetrien der Arbeitsteilung, es migriert diejenige bzw. derjenige, die/der für die Aufrechterhaltung des Haushalts am entbehrlichsten ist.[20] Die Struktur des Arbeitsmarktes für Frauen in den Aufnahmeländern beschränkt die Beschäftigungsmöglichkeiten auf einige wenige Bereiche, die fast alle unter dem informellen Dienstleistungssektor zusammen zu fassen sind. Sozialversicherungs- und arbeitsrechtlichen Bestimmungen des Aufnahmelandes werden hier meist nicht beachtet.[21] Sie arbeiten als Reproduktionskräfte im informellen sexuellen, emotionalen und haushälterischen Teilen des Arbeitsmarktes. Unter Einbezug der Analysekate-

---

[18] Elisabeth AUFHAUSER, Migration und Geschlecht: Zur Konstruktion und Rekonstruktion von Weiblichkeit und Männlichkeit in der internationalen Migration, in: Internationale Migration. Die globale Herausforderung des 21. Jahrhunderts? hg. von Karl VON HUSA / Christof PARNREITER / Irene STACHER (2000) S. 97–122, hier S. 108.
[19] Vgl. Petrus HAN (wie Anm. 11), S. 22.
[20] Vgl. Ingrid OSWALD (wie Anm. 10), S. 39.
[21] Vgl. Petrus HAN (wie Anm. 11), S. 24 f.

gorie ‚Geschlecht' stellt TREIBEL zusammenfassend fest, dass zu den geschlechtsneutralen Wanderungsmotiven wie Armut, Verfolgung, Arbeitssuche und mangelnde Lebensperspektive für Frauen zusätzliche geschlechtsspezifische Wanderungsmotive bestehen, wie verschärfte Mittellosigkeit, strukturelle Diskriminierung und besondere Verfolgungssituation.[22]

Was führt zu einer Partner/-innensuche auf dem transkulturellen Heiratsmarkt?

Es gibt also kulturelle und strukturelle Bedingungen in unterschiedlichen Herkunftsländern, die insbesondere für Frauen eine Migration notwendig oder attraktiv erscheinen lassen. Gleichzeitig sind die Perspektiven in den Aufnahmeländern ebenfalls geschlechtsspezifisch organisiert und für Frauen meist in der informellen *care*-Arbeit verortet. Neben diesen geschlechtsspezifischen Bedingungen und Gründen für Migration im Allgemeinen werden im Folgenden drei Erklärungsmuster vorgestellt, die für eine gezielte Suche nach einem/einer Ehepartner/-in auf dem transkulturellen Heiratsmarkt sprechen und für Männer wie Frauen, aus dem Herkunftsland, wie dem Aufnahmeland gelten können.

Marriage Squeeze: Der Begriff ‚*marriage squeeze*' bezeichnet das numerische Ungleichgewicht zwischen Männern und Frauen auf dem Heiratsmarkt.[23] Direkte Ursachen sind je nach Geschlecht Unterschiede bei Geburtenhäufigkeiten, Mortalität und Wanderungen. Dazu kommen indirekte Ursachen wie geschlechtsspezifisch ungleiche Verteilung von Merkmalen wie Alter, Bildung oder Nationalität. Hier wird eine unausgewogene Verteilung der Geschlechter erst sichtbar, wenn Normen und Präferenzen der Partnerwahl mit einbezogen werden. Betrachtet man beispielsweise den durchschnittlichen Altersabstand von 3 Jahren zwischen (deutsch-deutschen) verheirateten Paaren, ergibt sich für die deutschen Männerkohorten der geburtenstarken Jahrgänge in den 1960er- und frühen 1970er-Jahren ein *marriage squeeze*. Verstärkt wird

---

[22] Vgl. Annette TREIBEL (wie Anm. 15), S. 106.
[23] Frank O. MARTIN, Marriage Squeeze in Deutschland – aktuelle Befunde auf Grundlage der amtlichen Statistik, in: Partnerwahl und Heiratsmuster. Sozial-strukturelle Voraussetzungen der Liebe. hg. von Thomas KLEIN (2001) S. 287–313. hier S. 287.

dieser Effekt noch durch das jüngere Heiratsalter der Frauen.[24] Der Überschuss an ledigen Männern summiert sich dabei über die Jahre auf. In den Herkunftsländern der Frauen lässt sich teilweise ein umgekehrter *marriage squeeze* feststellen.

Nutzenmaximierung: David GLOWSKY prüft in seinem Aufsatz „Staatsbürgerschaft als Ressource bei der Heirat ausländischer Frauen" wovon es abhängt, dass deutsche Männer Frauen aus ärmeren Ländern heiraten. Auf Grundlage der Austauschtheorie (DAVIS und MERTON 1964) und der ökonomischen Theorie der Familie (HILL und KOPP 1995) trifft GLOWSKY folgende Aussage: „Auf dem Heiratsmarkt handeln rationale Individuen, die bestrebt sind, den Nutzen ihrer Partnerschaft zu maximieren. Je höherwertiger die Ressourcen einer Person sind, umso höher ist der Nutzen einer Partnerschaft; entsprechend steigt die Attraktivität einer Person mit ihren Ressourcen."[25] Zur Bestimmung der relevanten Ressourcen auf dem Heiratsmarkt betrachtet GLOWSKY Attraktivität zusammengesetzt aus einerseits dem sozialen Status (anhand BOURDIEUs Theorie der Kapitalsorten) und persönliche Merkmale, die nach der Evolutionsforschung einen hohen Fortpflanzungserfolg signalisieren. Dies sind insbesondere Gesundheit und Jugendlichkeit. Im Vergleich zu deutsch-deutschen Ehen sind deutsch-ausländische Ehen in Bezug auf Alter und Bildung heterogamer. GLOWSKY stellt die Hypothese auf: „Je höher das ökonomische Kapital des Herkunftslandes des Mannes im Vergleich zu dem der Frau ist, desto höher ist der Bildungsgrad bzw. die körperliche Attraktivität der Frau im Vergleich zum Mann."[26] Operationalisiert wird körperliche Attraktivität durch Alter, Gesundheitszufriedenheit und den Body-Mass-Index, der Bildungsgrad durch den höchsten Bildungsabschluss. Seine empirische Untersuchung anhand der Daten des Sozioökonomischen Panels zeigt, dass weder physische Unattraktivität, geringer sozialer Status oder fehlender sozialer Kontakt, wohl aber ein spätes Heiratsalter (hier tritt der *marriage squeeze* besonders hervor) einen Grund darstellen, Frauen aus ärmeren Ländern zu heiraten. In diesen Ehen

---

[24] Vgl. ebd., S. 288 ff.
[25] David GLOWSKY (wie Anm. 9), S. 284.
[26] Ebd., S. 288.

wiederum sind die Partnerinnen jünger, schlanker und gebildeter als in deutsch-deutschen Ehen.[27]

Biographische Brüche: Die an Heiratsmigration beteiligten Männer weisen, entgegen der Bilder vom „unattraktiven Mann aus der Unterschicht" keinerlei Auffälligkeiten bezüglich Bildung oder Beruf auf.[28] Jedoch war mehr als ein Drittel der Ehemänner vor der Eheschließung geschieden. BEER stellt fest, dass zwischen der Scheidung und der Suche nach einer Frau auf den Philippinen nur ein sehr kurzer Abstand liegt.[29] In den Gesprächen mit BEER machen die befragten Männer überwiegend die Frauen für das Scheitern der Ehe verantwortlich. Sie kritisieren überhöhte Erwartungen an Männer, Partnerschaft und Finanzen, schildern Treuebruch und finanziellen Betrug.

Von weiblichen Russinnen und fleißigen Thaifrauen – Doing gender und Doing ethnicity auf dem transkulturellen Heiratsmarkt

Zu der Frage, warum Ehepartner-/innen auf dem internationalen Heiratsmarkt gesucht werden, gehört auch die Frage, welche Erwartungen, Vorstellungen und Bilder von der/dem Anderen existieren. Dabei wirken die Wege der Vermittlung und des Kennenlernens an einer permanenten Rekonstruktion der Bilder der oder des Anderen mit. Um diese Prozesse beschreiben zu können, wird im Folgenden hauptsächlich der Begriff ‚Ethnie' genutzt. Dies ist der Begriff, der in den meisten Vermittlungsportalen genutzt wird, in englischsprachigen Portalen ist es der Begriff ‚race'. Eine kritische Auseinandersetzung mit der Problematik dieser Begrifflichkeiten findet sich in KRECKEL: Heiratsmigration. Geschlecht und Ethnizität. Marburg 2013. Die angeführten Zitate aus Internetportalen, Fernsehberichten und Ratgeberliteratur dienen der beispielhaften Illustration der vorhandenen Bilder, Vorstellungen und Erwartungen.

Die persönliche Begegnung vor Ort: Die Tatsache, dass selbst Reiseführer auf die Vorteile philippinischer Ehefrauen hinweisen: „Filipi-

---

[27] Vgl. ebd., S. 299.
[28] Vgl. ebd., S. 294.
[29] Bettina BEER (wie Anm. 5), S. 130.

nas with their abundant warmth and beauty, have a reputation for making ideal wives. Hence many Western men consciously try to marry a Filipina",[30] verdeutlicht den Zusammenhang zwischen Tourismus, Prostitutionstourismus und Ehevermittlung. Prostitution stellt eine Gelegenheit für deutsche Touristen dar, ausländische Frauen kennenzulernen. Dabei sind die Übergänge zwischen Prostitution und Kennenlernen einer möglichen Ehefrau fließend. RUENKAEW beschreibt, wie thailändische Frauen sogar mit dem Ziel in der Prostitution tätig sind, einen Touristen zu heiraten.[31] Nachdem der „boyfriend" und das „hospitality girl" einige Zeit (meist maximal im Rahmen eines Jahresurlaubs) miteinander verbracht haben, fragt der Mann (im erhofften Fall), ob sie mit nach Deutschland kommen möchte. Einige begleiten ihren späteren Ehemann direkt auf dem Rückflug. Größtenteils fliegt der Mann aber zunächst allein zurück, beide erledigen vor Ort die nötigen Behördengänge (meist finanziert durch den späteren Ehemann, diese Finanzierung dient der Frau gleichzeitig als Sicherheit, dass er es ernst meint), dann holt der Mann entweder die Frau ab und sie heiraten vor Ort, wenn möglich im Heimatdorf der Frau, oder die Frau reist mit einem Touristenvisum nach Deutschland und sie heiraten anschließend.[32] Diese Form des Kennenlernens stellt für beide Seiten zunächst eine relativ unverbindliche Form dar. Die Frau ist in „ihrer" Umgebung, kann sich jederzeit zurückziehen. Auch der Mann kann jederzeit abreisen. Der Mann wird bei dieser Form des Kennenlernens zumindest partiell mit der Armut der Frau und ihrem Migrationswunsch konfrontiert. Das Motiv des Retters und die damit verbundene Erwartung von Dankbarkeit der Frau liegen hier nahe. Auch ist die Beziehung von Anfang an explizit auf einem Austauschverhältnis gegründet, welches auch Sex als Tauschmittel beinhaltet. Die Erwartungen an die Frau sind orientiert am Bild des Mannes von dem Land, das er als Tourist besucht. „Seien wir ehrlich. Thaifrauen sind ein wesentlicher (bei so manchem der wohl einzige) Grund seinen Urlaub in diesem faszinierenden Land zu verbringen." (www.forum-thailand.de) Natürlich steht das Kennenlernen vor Ort nicht immer mit Prostitutionstourismus in Ver-

---

[30] HARPER and PEPLOW zitiert in Bettina BEER (wie Anm. 5), S. 76.
[31] vgl. Pataya RUENKAEW (wie Anm. 7), S. 152.
[32] Vgl. Bettina BEER, Ehe statt Arbeit oder heiraten, um zu arbeiten? - Warum philippinische Frauen im Tourismus arbeiten, in: Arbeit und Menschen, hg. von Sabine EYLERT (2000) S. 153–158. hier S. 154.

bindung. Dennoch hat der wachsende internationale Tourismus das System der internationalen Heiratsmigration stark geprägt und in seiner jetzigen Form ermöglicht. Er hat die Infrastruktur bereitgestellt (billige und breit verfügbare Flüge, Unterkunft und Dienstleistungen), Begegnungen zwischen Kulturen ermöglicht und wirbt mit Stereotypen von „sinnlichen" und „exotischen" Frauen.[33] Über den Tourismus oder Truppenstationierungen entstanden oft Pionierehen, von denen ausgehend sich eine zunehmend professionellere Vermittlung entwickelte.

Informelle Vermittlung über Kontakte: Über diese Pionierehen entstehen transkulturelle und transnationale Netzwerke, in denen das Modell der Heiratsmigration bekannter wird. Gleichzeitig wird Heiratsmigration innerhalb dieses Netzwerkes zunächst informell und nichtkommerziell organisiert.[34] Die Vorteile privater bzw. informeller Vermittlung liegen für die Männer in geringeren Kosten und einer vermeintlich größeren Vertrauenswürdigkeit, die Frauen empfinden diese Art der Vermittlung oft als weniger stigmatisierend. Zudem erhoffen sich die bereits in Deutschland lebenden Frauen Entlastung von der alleinigen finanziellen Verantwortung für die Herkunftsfamilie oder zumindest zeitweise Hilfe im Haushalt.[35] Der Übergang zur professionellen Vermittlung ist allerdings fließend. So entwickelt sich aus dem „Freundschaftsdienst" transkultureller Paare nicht selten eine zunehmend professionell organisierte und kommerziell orientierte, oft aber behördlich nicht genehmigte Partner/-innenvermittlung. Zudem werden Frauen, die in den Herkunftsorten andere Frauen für die Heiratsmigration scheinbar informell anwerben, oft von deutschen Partner/-innenvermittlungen entlohnt.[36] Konkret wird nach passenden Partnern bzw. Partnerinnen im Freundschafts-, Verwandten- und Bekanntenkreis gesucht, in Deutschland werden auch Anzeigen in Zeitungen aufgegeben. Eine Ethnisierung und Konstruktion von Geschlechterbildern findet insbesondere in diesem Such- und Werbeprozess statt. Wenn beispielsweise Männer ihren Freunden oder Kollegen eine Frau aus

---

[33] Vgl. Virginia del ROSARIO, Viele Ursachen, komplexe Verhältnisse: ‚Ehefrauen auf Bestellung' in Europa. In: Wanderungsraum Europa. Menschen und Grenzen in Bewegung, hg. von Mirjana MOROKVASIC / Hedwig RUDOLF (1994) S. 188–200, hier S. 194.

[34] Vgl. Pataya RUENAKEW (wie Anm. 7), S. 169.

[35] Thomas MÜLLER-SCHNEIDER, Zuwanderung in westlichen Gesellschaften. Analyse und Steuerungsoptionen. (2000) S. 245.

[36] Vgl. Pataya RUENAKEW (wie Anm. 7), S. 173 f.

Thailand, Russland oder von den Philippinen empfehlen, ohne diese persönlich zu kennen, erfolgt dies auf der Annahme, dass diese Frau aufgrund ihrer Zugehörigkeit zu einer ethnischen Gruppe bestimmte Eigenschaften aufweist, meist die Eigenschaften, die sie auch an ihrer Frau schätzen. Für die Heiratsmigrantin bedeutet dies, dass sie, um das Interesse eines über die Kontaktpersonen in Deutschland vermittelten Mannes zu erhalten, diesen Erwartungen entsprechen sollte. Somit verstärkt sich wiederum das Bild „der russischen/thailändischen Frau". Geschlechterbilder werden insofern konstruiert, als dass sich nahezu alle den Frauen zugeschriebene Eigenschaften auf ein bestimmtes Bild der „Traumfrau" beziehen. Es geht also nicht um geschlechtsneutrale Eigenschaften, sondern ganz konkret um Eigenschaften, die eine Frau als Ehefrau attraktiver macht. Demgegenüber steht eine Unzufriedenheit mit „der deutschen Frau": „in Deutschland sind die Frauen nicht mehr weiblich" (Hans Heinz FAUST in: Tour d'amour. Ein Deutscher sucht die Liebe in Russland), „Die Frau ist Frau" (Pattya – Tollhaus von Thailand N 24 Die Reportage XXL).

Partneragenturen: Eine Partneragentur übernimmt für die Nutzer/-innen die erste Suche und Auswahl möglicher Partner/-innen und stellt (computergenerierte) Vorschläge zur Verfügung. (Internet-)Partnerbörsen bieten die Vorteile der Anonymität, der Reduktion des Suchaufwandes und einer Reduktion der direkten Konkurrenz. Dagegen ist der Einfluss der Kunden auf die Partnerauswahl sehr gering. Während eine Ablehnung der Eheschließung durch den Mann die Möglichkeit für die Agentur beinhaltet, durch erneute Vermittlung den Gewinn zu steigern, stellt die Ablehnung der Heirat durch die Frau (insbesondere wenn sie sich bereits im Zielland befindet) eine Gefahr für den ökonomischen Erfolg der Agentur dar. Da zusätzliche Reisekosten entstehen, die nicht vom Kunden getragen werden und ein zurückgewiesener Kunde wahrscheinlich sehr unzufrieden sein wird.[37] Bei einer Internetrecherche durch das deutschsprachige Online-Angebote von Partnervermittlungen wird deutlich: Der Service richtet sich eindeutig an deutsche Männer. Frauen (je mehr und je attraktiver desto besser) gehören zum Kapital der Agentur, mit dem sie werben kann und mit dem sie für den Kunden attraktiv wird.

---

[37] Thomas MÜLLER-SCHNEIDER (wie Anm. 35), S. 243.

Singlebörsen bzw. Kontaktanzeigen: Die ersten Singlebörsen im deutschsprachigen Raum entstanden 1994 als Erweiterung und Ergänzung von Print-Kontaktanzeigen. Auch noch heute lassen vereinzelt ausländische Frauen, die in Deutschland nach einem Ehemann suchen, in den Printmedien Kontaktanzeigen aufgeben. Allerdings stößt man nur noch sehr selten auf eine solche Anzeige. Die Internetkontaktanzeige in einer Singlebörse bietet den großen Vorteil, dass die Frau vom Herkunftsland aus selbst tätig werden kann und nicht auf die Hilfe von Verwandten oder Agenturen in Deutschland angewiesen ist. Zudem ist die Frau nicht nur auf die Reaktionen der Männer angewiesen, sondern kann diese selbst direkt kontaktieren. Vieles deutet darauf hin, dass sich durch die Möglichkeit der internationalen online-Singlebörse die Situation der Frauen hin zu mehr Selbstbestimmung verbessert hat. Sie selbst gestalten ihr Profil, hier ist Raum für eine Darstellung der eigenen individuellen Persönlichkeit, Interessen und Hobbys. Gleichzeitig können in all diesen Punkten Ansprüche an den potentiellen Partner formuliert werden. Es erfolgt also nicht zwingend eine von anderen Menschen (die Deutsch sprechen) formulierte, an der erwarteten Nachfrage orientierte und auf die Ethnizität beschränkte Anpreisung im Kleinanzeigenteil. Die Frau hat die Möglichkeit, mehr über die interessierten Männer zu erfahren (mit der Einschränkung, dass die Angaben nicht überprüfbar sind). Es besteht keine informelle, finanzielle oder sonstige Abhängigkeit von Agenturen. Neben den geschlechtsspezifischen besitzen Singlebörsen auch allgemeine Vorteile. Übersetzungsfunktionen der internationalen Homepages verringern Sprachprobleme, wie sie im Briefverkehr immer wieder auftreten. Bei den meisten Singlebörsen sind die Anmeldung und das Erstellen eines Profils kostenlos, die Kontaktaufnahme muss dann allerdings von den Männern bezahlt werden. Die monatlichen Kosten liegen zwischen 10 und 20 Euro. „Die Onlinedater werden in einer Datingplattform mit einer einmaligen sozialen Situation konfrontiert [...] Sie sind im Stande, mit ihren Identitätskonstruktionen zu experimentieren, sie erhalten zur angebotenen, multiplen Präsentation ihrer Selbst zahlreiche begeisterte oder beschimpfende Feedbacks. Dadurch wird eine effiziente Steuerbarkeit der eigenen Identitätsbildung möglich, die offline niemals mit dieser Präzision, Dynamik und Plastizität denkbar wäre."[38] Demnach wäre

---

[38] Evelina BÜHLER-ILIEVA, Einen Mausklick von mir entfernt. Auf der Suche nach

eine Selbstethnisierung im Sinne der beworbenen Vorteile eine Strategie zur Erhöhung der Chancen. Zwar lassen sich vereinzelt in den Profilen der Frauen Selbstdarstellungen finden, die in das beworbene Bild passen: „I am a loyal, honest and sweet girl" Yuree (32) (www.thailove links.com). Insgesamt fällt aber auf, dass die Frauen sehr deutlich ihre Individualität und Persönlichkeit herausstellen, persönliche Präferenzen, Interessen etc. werden betont: „I am loyal and able to love girl who wants to find love and family happiness. I am fond of sport, art, traveling, and dancing. I like to create different beautiful things" (www.online-dating-ukraine.com). Wobei es kaum Schilderungen gibt, die dem Geschlechts- und Ethnizitätsbild völlig widersprechen. Die Ethnie spielt in internationalen Singlebörsen auf jeden Fall eine zentrale Rolle. So sind internationale Singlebörsen ethnisch und nicht regional organisiert. Beispielsweise finden sich auf den auf Asien spezialisierten Börsen auch einige Profile von Frauen, die in Deutschland oder anderen westlichen Ländern leben. Auch gehört das Merkmal eigene und gesuchte Ethnie zu dem Feld, zu dem bei fast allen Profilen Angaben gemacht werden. Die Entscheidung, ob auf dem nationalen oder dem transkulturellen Heiratsmarkt gesucht wird, mag von pragmatischen Überlegungen bestimmt sein, die Präferenz einer Ethnie von Erfahrungen im Umfeld und (u. a. medial geprägten) Vorstellungen über Angehörige dieser Ethnie. Dies schließt jedoch nicht aus, dass die letztendliche Entscheidung für eine konkrete Person aus persönlichen und emotionalen Motiven heraus getroffen wird. Dies zeigten u. a. die von BEER geführten Interviews[39] als auch ein Blick in die Profile in den Singlebörsen: „that's why I am not afraid to fall in love because we just have one life so we have to take advantage of each second of it with its good and bad moments. I like dancing and meeting new people. 39 years old, from Lima" (www.foreignladies.com).

Bei einer Untersuchung der Datingplattform partnerwinnner.ch (nicht spezialisiert auf internationale Kontakte) stellte BÜHLER-ILIEVA fest: „Die Entfernung der virtuellen Teilidentitäten vom ‚wahren Selbst' ist selten sehr groß, denn es besteht die empirisch nachgewiesene Tendenz, Online-Beziehungen so rasch wie möglich ins reale Leben zu

Liebesbeziehungen im Internet. (2006) S. 291.
[39] Vgl. Bettina BEER (wie Anm. 5), S. 123.

übertragen".[40] Dies ist bei internationalen Kontakten allerdings nicht so ohne weiteres möglich, hier muss das Interesse aneinander über einen längeren Zeitraum rein virtuell wach gehalten werden, das persönliche Kennenlernen bedarf Investitionen in Flugtickets und Visa. Telefonischer Kontakt ist aufgrund der sprachlichen Barriere (ohne Unterstützung einer Übersetzungsfunktion) übers Telefon schwierig. Hier liegt gleichzeitig auch der „Vorteil" des Online-Dating für internationale Partnerschaften. Bevor oben genannte Investitionen für ein Treffen geleistet werden, kann bereits „eine solide Basis für eine fortschreitende Intensivierung der Intimität"[41] geschaffen werden.

Seit Mitte der 1970er-Jahre verbreitete sich, ausgelöst durch eine gestiegene Zahl (geschiedener) Singles und dem Wunsch nach einer selektiveren Partnerwahl, auf dem innerdeutschen Heiratsmarkt die Praxis der Ehevermittlung neu. Der Schritt, die professionelle Vermittlung auch auf den internationalen Heiratsmarkt anzuwenden, war nicht mehr groß.[42] Und lassen die Frage aufkommen, ob sich mit der Verbreitung des Internets als Ort des Kennenlernens auch die Akzeptanz für Heiratsmigration erhöht. Die hohe Anzahl spezialisierter Singlebörsen lässt die gezielte Suche nach „asiatischen oder osteuropäischen" Frauen als nicht mehr außergewöhnlich erscheinen. Beim Online-Dating steht nicht mehr der besondere, schicksalhafte Moment im Vordergrund, sondern die gezielte Suche nach dem passenden Partner. Damit nähert sich die Partnersuche in Deutschland der Partnersuche auf dem internationalen Heiratsmarkt an. „Die Menschen bestellen sich heute nicht nur die Pizza, sondern auch den Partner im Internet."[43] Dieses Zitat erinnert an Diskussionen um bestellte Katalogbräute, wird hier aber genutzt als Beschreibung einer fortschrittlichen Kultur von einer Vertreterin eines großen Anbieters von Online-Dating. „Über zwei Drittel würden ihrem Bekanntenkreis anvertrauen, dass der neue Partner aus dem Internet stammt, nur knapp jeder zehnte würde darüber lieber schweigen."[44] Dies bietet eine neue, sozial akzeptierte, Erklärung für das Zu-

[40] Evelina BÜHLER-ILIEVA (wie Anm. 38), S. 294.
[41] Ebd., S. 341.
[42] Vgl. Thomas MÜLLER-SCHNEIDER (wie Anm. 35), S. 237.
[43] Parship-Coach Sabine Wery von Limont 2006 zitiert in Michaela BRUSCHEWSKI, Partnervermittlung im Internet. Soziale und ökonomische Bedeutung von Online-Dating. (2007) S. 33.
[44] Michaela BRUSCHEWSKI (wie Anm. 43), S. 40.

standekommen transkultureller Ehen. Aufgrund der größeren gesellschaftlichen Akzeptanz der Suche nach Frauen im Internet ist vermutlich auch die Hemmschwelle geringer und der Wunsch größer (verursacht durch die Fülle an potentiell zur Verfügung stehenden Frauen),
sich ohne (große) Investitionskosten und anonym nach einer „besonderen" Frau umzusehen.

Verbunden mit der Zuordnung bestimmter charakterlicher und äs-
thetischer Eigenschaften ist auch die Konstruktion einer ethnisierten
Vorstellung der Herkunftsorte der Frauen. Mit der Exotik verknüpft ist
meist eine klare Vorstellung vom Herkunftsland, die nach BEER insbesondere durch Darstellung in den deutschen Medien[45] zwischen dem
Blick eines Touristen und eines „Entwicklungshelfers" schwankt. Dies
fügt zu den ethnisierten Vorstellungen über die Frauen die Eigenschaft
„hilfsbedürftig" hinzu und stellt gleichzeitig für den deutschen Mann
eine Legitimationsgrundlage für seine Partnerinnensuche in Südostasien
oder Osteuropa dar. Dieses Motiv, die Frau zu „retten", taucht auch im
Erfahrungsbericht von KIRSCHNER, der seine persönlichen Erfahrungen in einem Ratgeber festgehalten hat, immer wieder auf: „40 Prozent
der dortigen Männer sind Alkoholiker, häusliche Auseinandersetzungen
in Form von körperlicher Aggression sind gang und gäbe, und auch der
Anteil von Männern, die Mitglied einer kriminellen Vereinigung sind,
dürfte außerordentlich hoch sein. Im Vergleich dazu stellt der durchschnittliche Westeuropäer oder Amerikaner eine weitaus bessere Alternative dar."[46] KIRSCHNER schildert seine Suche nach einer „russischen"
Frau immer wieder als Abenteuer, die Mission selbst „glücklich" zu
werden und einem „Mädel"[47] aus den schwierigen Verhältnissen in Osteuropa einen Weg zu bieten, fordert vom deutschen Mann den Einsatz
von viel Geld, Geduld, Geschick und Beziehungen. Diese Zitate zeigen,
wie sehr sich die Zuschreibung von Hilflosigkeit aufgrund der Herkunft
auf die zumindest hier vom Mann empfundene Machtasymmetrie in
der Beziehung auswirken kann.

In allen Bereichen des Migrationsprozesses werden Geschlechterbilder konstruiert: in der Geschlechterkultur des Herkunftslandes, in

---

[45] Vgl. Bettina BEER (wie Anm. 5), S. 170.
[46] Thomas KIRSCHNER, Liebe ohne Grenzen. Das Phänomen der Russischen Frauen im
Internet. (2001) S. 29.
[47] Ebd., S. 97.

Vermittlungsagenturen und Migrationsnetzwerken, in der Zuwanderungspolitik der Aufnahmeländer und der Geschlechterkultur des Zuwanderungslandes.[48] Schon die Einreisemöglichkeiten (gesetzlich garantiert oder geduldet trotz Illegalität) verdeutlichen das Frauenbild der Aufnahmegesellschaft. So werden in westlichen Ländern Migrantinnen für alle reproduktiven Haushaltsaufgaben im privaten und gewerblichen Bereich wie Reinigung, Betreuung und Pflege angeworben, außerdem für die Animations- und Sexarbeit sowie als Ehefrau. Dass Frauen als ideale Besetzung zur Erledigung dieser Aufgaben gesehen werden, heißt, dass ihnen „Eigenschaften wie Fleiß, Willigkeit, Unterwürfigkeit, Kinderliebe, Freundlichkeit, Erotik, Anpassungsfähigkeit oder Sparsamkeit"[49] zugeordnet werden. Dagegen deutet die Migration einer Frau vielmehr auf „Eigenschaften wie Durchsetzungskraft, vorausschauendes Denken, Managementfähigkeit und Risikobereitschaft"[50] hin.

AUFHAUSER beschreibt, dass Frauen bessere Einreisemöglichkeiten bekommen, wenn sie (vorgeben,) diesem Frauenbild (zu) entsprechen. Gleichzeitig wirken sie damit an der Konstruktion von Bildern von Geschlecht und Ethnie mit. Dabei variieren die geschlechtsbezogenen Erwartungen an die „sexed, aged and ethnisized bodies"[51] der Migrantinnen ständig, so dass dies auch Veränderungen auf die ständige (Re-) Konstruktion der Geschlechtlichkeit haben muss. Dass dies immer in Richtung eines westlichen Verständnisses von Emanzipation geschieht, ist nicht gesagt. Ilse LENZ spricht von „konfigurativen Handlungsstrategien",[52] in denen Elemente der Geschlechterbilder aus Herkunftsund Aufnahmekultur ausgewählt, kombiniert oder vermieden werden. In den beschriebenen Prozessen wird das Geschlecht jedoch nie allein

[48] Vgl. Elisabeth AUFHAUSER (wie Anm. 18), S. 113.
[49] Elisabeth AUFHAUSER (wie Anm. 18), S. 115.
[50] Ebd., S. 115.
[51] Ebd., S. 111.
[52] LENZ zitiert in Judith SCHLEHE, Handeln und Aushandeln in transkulturellen Geschlechterbeziehungen, in: Ethnologie der Globalisierung. Perspektiven kultureller Verflechtungen, hg. von Brigitta HAUSER-SCHÄUBLIN / Ulrich BRAUKÄMPFER (2002) S. 205–222. hier S. 206.

wirksam, die Konstruktionsprozesse sind stets verknüpft mit anderen
Strukturkategorien wie Ethnie, Schichtzugehörigkeit, Alter etc.[53]

Fazit

Heiratsmigration ist ein Beispiel für transnationale Migration: Über den
Lebensort wird in jedem Lebensabschnitt neu entschieden. Der Kontakt zur Herkunftsfamilie bricht in den seltensten Fällen ab, Verbindungen werden über Besuche, Telefonate, Geldtransfer, anhaltende
Rückkehrwünsche und Netzwerke mit Landsleuten vor Ort aufrecht-
erhalten. Heiratsmigration ist eine Folge transnationaler Netzwerke und
gleichzeitig ein Beitrag zum Aufbau und Erhalt transnationaler Lebens-
räume.[54]

Welche Bedeutung kommt nun der Kategorie Geschlecht in diesen
transnationalen und transkulturellen Netzwerken und Eheschließungen
zu? Steht hinter der Heiratsmigration gar ein emanzipatives Streben
und inwieweit kann dieses eingelöst werden?

Geschlecht ist ein Strukturprinzip von Migration, was sich entscheidend auswirkt auf die Entscheidung zur Migration, die Wahl der Migra-
tionsform, die tatsächliche Wanderung und die Situation im Aufnahmeland. Im Kontext der Heiratsmigration sind insbesondere die Geschlechterverhältnisse in Ehe und Familie von großer Bedeutung. Geschlechterordnung und Heiratsregeln im Herkunftsland der Frauen
entscheiden darüber, ob eine Heiratsmigration eine Chance zur Verbesserung der Lebenssituation darstellt. Die Lebenssituation wird nicht nur
nach ökonomischen Kriterien beurteilt. Auch die Verbesserung des
sozialen Status, bedingt beispielsweise durch Familienstand und Erfüllung von gesellschaftlichen Verpflichtungen (z. B. gegenüber den Eltern) stellen eine wichtige Motivation zur Heiratsmigration dar. Ebenso

---

[53] Vgl. Barbara WALDIS, Introduction: Marriage in an Era of Globalisation, in: Migra-
tion and Marriage. Heterogamy and Homogamy in a Changing World. Freiburger
Sozialanthropologische Studien. Bd. 14. hg. von Barbara WALDIS / Reginald BYRON
(Hrsg.): (2006) S. 1–20. hier S. 7.
[54] Gaby STRAßBURGER, Heiratsverhalten und Partnerwahl im Einwanderungskontext.
Eheschließungen der zweiten Migrantengeneration türkischer Herkunft. Familie und
Gesellschaft Band 10. (2003) S. 312.

sind die Geschlechterverhältnisse in Deutschland eine wichtige Motivation für die an Heiratsmigration beteiligten deutschen Männer.

An diesen Motiven und Erwartungen orientieren sich die im Vermittlungs- und Partnerwahlprozess deutlich werdenden Geschlechter- und Ethnizitätsdarstellungen. In diesen äußert sich die Hoffnung, sozialen Status und privates Glück, das über die herkömmlichen Eheverbindungen verwehrt zu sein scheint, zu finden. Die Darstellung von Ethnizität bezieht sich vorwiegend auf die Geschlechterdarstellung. So stellt beispielsweise die Darstellung „der Russin" deren „Weiblichkeit" in den Vordergrund. Die ethnische Identität gewinnt im Aufnahmeland an Bedeutung, wobei insbesondere Frauen aus Asien, Russland und Osteuropa dem Stigma der käuflichen Katalogbraut ausgesetzt sind. Auch diese stigmatisierenden Zuschreibungen der Ankunftsgesellschaft sind eng mit dem Geschlecht verbunden. Dabei werden die Frauen in der Funktion gegenüber ihrem Mann beurteilt, insbesondere als (un-)freiwillige bzw. bezahlte) Dienstleisterinnen für Sex und Haushalt. Damit steht die ihnen in Deutschland zugeschriebene Ethnizitäts- und Geschlechtsidentität teilweise konträr zur eigentlichen Intention ihrer Migration, wie eine verbesserte berufliche Perspektive, eine größere Unabhängigkeit von gesellschaftlichen Normen in ihrem Herkunftsland etc.

LAUSER erkennt in den Motiven zur Heiratsmigration emanzipative Aspekte: „Die Motivation zur Heiratsmigration ist getragen von der Vorstellung einer Erweiterung der Möglichkeiten."[55] Auch TREIBEL zeigt auf, wie nah der Ursprung des Begriffs Emanzipation, der sich auf den Übergang von der feudalistischen zur bürgerlichen Gesellschaft bezieht, dem zentralen Motiv von Migrant/-innen ist, sich „aus feudalen oder quasi-feudalen Abhängigkeitsbeziehungen zu lösen und in einem städtisch-‚moderneren' Umfeld ein neues Leben zu beginnen."[56] Dies gelingt jedoch nur mit Einschränkungen. Ist Heiratsmigration auch nicht mit Frauenhandel gleich zu setzen, so begeben die Frauen sich doch in eine schwer kalkulierbare Situation, befinden sich mindestens in den ersten Jahren in rechtlicher, oft auch in ökonomischer und sozialer Abhängigkeit vom Ehemann. Missbrauch und Ausbeutung folgen zwar nicht automatisch, sind aber doch jederzeit möglich. Somit

---

55 Andrea LAUSER (wie Anm. 1), S. 145.
56 Annette TREIBEL (wie Anm. 15), S. 105.

bleiben Institutionen in Deutschland, die Heiratsmigrantinnen Beratung, Hilfe und Unterstützung anbieten, absolut notwendig. Trotz Migration bleiben die Migrantinnen ihren Herkunftsfamilien materiell und emotional eng verbunden. Ein Verpflichtungsgefühl bzw. eine Unterstützungsbereitschaft besteht, je nach Herkunftskultur, meist gegenüber eigenen Kindern, den Eltern und Geschwistern: „Es geht also gerade nicht um eine Loslösung von der Familie, sondern um eine neue Form der Einbindung, die der Migrantin eine große Verantwortung zuweist."[57] „Insbesondere Mädchen und Frauen wandern nicht, um sich aus der Familie zu befreien, sondern um diese zu unterstützen. Sie tun es für sich, aber eben nicht nur für sich."[58] Neben finanziellen Unterstützungsleistungen übernimmt die Migrantin oft auch noch die Verantwortung für eine Ermöglichung von Kettenmigration. Trotz dieser bleibenden Verbindung und Verpflichtung gegenüber der Herkunftsfamilie lässt sich in der Migration auch eine Form der Emanzipation entdecken, denn: „Migration setzt Aktivität voraus und Aktivität frei – bei Männern wie bei Frauen."[59] Inwieweit die Frauen einen für ihr Leben wirksamen Emanzipationsprozess daraus machen können, hängt von strukturellen Rahmenbedingungen, Interessen und individuellen Erfahrungen der Migrantinnen ab. Insbesondere Heiratsmigration bietet eine Möglichkeit der Migration auch bei mangelnder Unterstützung durch die Familie, da, je nach Arrangement, die Migrationskosten vom zukünftigen Ehemann getragen werden. Dies bedeutet allerdings nur eine Verschiebung des Abhängigkeitsverhältnisses von der Familie auf den Ehemann. Dennoch bietet gerade die Heiratsmigration die Möglichkeit, einerseits die geschlechtsspezifischen Anforderungen im Herkunftsland zu erfüllen (durch Heirat und die Gründung einer Familie) und sich gleichzeitig „gewissen Aspekten des dominanten Geschlechterarrangements einer Gesellschaft zu entziehen."[60]

Heiratsmigration bietet also konkrete Chancen auf eine Verbesserung der Lebenssituation und alternative Möglichkeiten, gesellschaftliche Erwartungen zu erfüllen, ohne gänzlich auf individuelle Ziele und Wünsche verzichten zu müssen. Dabei wird das dichotome Geschlech-

---

[57] Ebd., S. 114.
[58] Ebd., S. 117.
[59] Ebd., S. 116.
[60] Barbara WALDIS (wie Anm. 53), S. 144.

terverhältnis selbst nie in Frage gestellt. Auch wenn die Heiratsmigrantin selbst einen individuellen Ausweg gefunden hat, verstärkt der Prozess der Partner/-innenwahl auf dem transkulturellen Heiratsmarkt doch vorhandene Rollenbilder, indem die Migrantin sowohl die Erwartungen der Herkunftsfamilie (finanzielle Unterstützung), der Herkunftsgesellschaft (Heirat und evtl. Kinder) als auch der Aufnahmegesellschaft (nur so erhält sie die Möglichkeit zum Aufenthalt) erfüllt bzw. erfüllen muss. Hinzu kommt der, oft unerwartete, schlechte gesellschaftliche Status in Deutschland. Hier vereinen sich Benachteiligungen aufgrund von Geschlecht, Ethnie und ökonomischem Status, verstärkt durch das Stigma der Käuflichkeit und Viktimisierung. Werte und Lebensentwürfe der Heiratsmigrantinnen werden als „traditionell", und damit rückständig gegenüber der „modernen", „westlichen", deutschen Gesellschaft abgewertet. Dieses *doing gender* und *doing ethnicity* hat direkte Auswirkungen auf die Lebensrealität der Heiratsmigrantinnen. Damit bleibt die Heiratsmigrantin auch nach vielen Jahren in Deutschland in ihrer sozialen Identität vorwiegend Heiratsmigrantin.

Literatur

Elisabeth AUFHAUSER, Migration und Geschlecht: Zur Konstruktion und Rekonstruktion von Weiblichkeit und Männlichkeit in der internationalen Migration, in: Internationale Migration. Die globale Herausforderung des 21. Jahrhunderts? hg. von Karl VON HUSA / Christof PARNREITER / Irene STACHER (2000) S. 97–12

Ulrich BECK / Elisabeth BECK-GERNSHEIM, Das ganz normale Chaos der Liebe. (1990)

Bettina BEER, Deutsch-Philippinische Ehen. Interethnische Heiraten und Migration von Frauen. (1996)

Bettina BEER, Ehe statt Arbeit oder heiraten, um zu arbeiten? - Warum philippinische Frauen im Tourismus arbeiten, in: Arbeit und Menschen, hg. von Sabine EYLERT (2000) S. 153–158

Michaela BRUSCHEWSKY, Partnervermittlung im Internet. Soziale und ökonomische Bedeutung von Online-Dating. (2007)

Bundesamt für Migration und Flüchtlinge / Tobias BÜTTNER / Anja STICHS, Die Integration von zugewanderten Ehegattinnen und Ehegatten in Deutschland. BAMF Heiratsmigrationsstudie 2013. Forschungsbericht 22 (2013)

Evelina BÜHLER-ILIEVA, Einen Mausklick von mir entfernt. Auf der Suche nach Liebesbeziehungen im Internet (2006)

David GLOWSKY, Staatsbürgerschaft als Ressource bei der Heirat ausländischer Frauen. Eine Analyse mit Daten des Sozioökonomischen Panels. Zeitschrift für Soziologie, Jg. 36, Heft 4. (2007) S. 282–301

Petrus HAN, Frauen und Migration (2003)

Thomas KIRSCHNER, Liebe ohne Grenzen. Das Phänomen der Russischen Frauen im Internet (2001)

Angela KOCH / Sigrid METZ-GÖCKEL, Grenzräume – Zwischenräume: „Ich habe zwei Leben". Zur Pendelmigration von Polinnen, in: Räume der Emanzipation, hg. von Christine BAUHARDT (2004) S. 125–147

Andrea LAUSER, Ein guter Mann ist harte Arbeit. Eine ethnografische Studie zu philippinischen Heiratsmigrantinnen (2004)

Frank O. MARTIN, Marriage Squeeze in Deutschland – aktuelle Befunde auf Grundlage der amtlichen Statistik, in: Partnerwahl und Heiratsmuster. Sozialstrukturelle Voraussetzungen der Liebe. hg. von Thomas KLEIN (2001) S. 287–313

Thomas MÜLLER-SCHNEIDER, Zuwanderung in westlichen Gesellschaften. Analyse und Steuerungsoptionen (2000)

Ingrid OSWALD, Migrationssoziologie (2007)

Virginia del ROSARIO, Viele Ursachen, komplexe Verhältnisse: ‚Ehefrauen auf Bestellung' in Europa. In: Wanderungsraum Europa. Menschen und Grenzen in Bewegung, hg. von Mirjana MOROKVASIC / Hedwig RUDOLF (1994) S. 188–200

Pataya RUENKAEW, Heirat nach Deutschland. Motive und Hintergründe thailändisch-deutscher Eheschließungen (2003)

Judith SCHLEHE, Handeln und Aushandeln in transkulturellen
Geschlechterbeziehungen, in: Ethnologie der Globalisierung.
Perspektiven kultureller Verflechtungen, hg. von Brigitta HAUSER-
SCHÄUBLIN / Ulrich BRAUKÄMPFER (2002) S. 205–222

Gaby STRAßBURGER, Heiratsverhalten und Partnerwahl im Einwanderungskontext. Eheschließungen der zweiten Migrantengeneration
türkischer Herkunft. Familie und Gesellschaft Band 10. (2003)

Annette TREIBEL, Migration als Form der Emanzipation? Motive und
Muster der Wanderung von Frauen, in: Zuwanderung im Zeichen
der Globalisierung. hg. von Christoph BUTTERWEGE (2006)
S. 103–120

Barbara WALDIS, Introduction: Marriage in an Era of Globalisation, in:
Migration and Marriage. Heterogamy and Homogamy in a
Changing World. Freiburger Sozialanthropologische Studien.
Bd. 14. hg. von Barbara WALDIS / Reginald BYRON (2006) S. 1–20

Barbara WOLBERT, Migrationsbewältigung. Orientierungen und
Strategien; biographisch-interpretative Fallstudien über die
„Heirats-Migration" dreier Türkinnen (1984)

TV-Berichte

Tour d'amour. Ein Deutscher sucht die Liebe in Russland. Süddeutsche
Zeitung TV. Vox. 28. 11. 2010

Oh mein Pattaya! Im Tollhaus von Thailand. Die Reportage XXL. N24.
13. 02. 2011

Autorinnen und Autoren

Prof. Dr. Helmut Brall-Tuchel (Düsseldorf)
Helmut Brall-Tuchel ist Professor für deutsche Philologie am Institut für Germanistik der Heinrich-Heine-Universität Düsseldorf. Arbeitsgebiete: Gestalten und Sinnbilder des Bösen, Magie und Aberglaube, Sexualität und Gender, mittelalterliche Mythen in der Neuzeit, Reiseliteratur und Pilgerberichte. Publikationen: Heimat in Literatur, Sprache und Kunst. Annäherungen an einen problematischen Begriff, 2015 (mit Anke PETERS); Kiasze Ernst (mit W. KUNICKI), 2013; Wallfahrt und Kulturbegegnung. Das Rheinland als Ausgangspunkt und Ziel spätmittelalterlicher Pilgerreisen, 2012; Rom – Jerusalem – Santiago. Das Pilgertagebuch des Ritters Arnold von Harff (1496–1498), 2009 (mit Folker REICHERT).

Prof. Dr. Nikolina Burneva (Veliko Târnovo)
Universität zu Veliko Târnovo (Bulgarien), Lehrveranstaltungen betr. Literatur- und Kulturgeschichte der deutschsprachigen Region, Neue Medien und Massenkommunikation, Kulturtransfer und Bildungspolitik. Gast-Lektorate in Köln, Debrecen, Salzburg, Maribor. Publ. u. a.: „Wege der deutschen Literatur von den Anfängen bis zum Sturm und Drang" (Veliko Târnovo, 1991), „Streifzüge in der (Literatur) Theorie der Postmoderne" (Debrecen, 1998), „Zur Kunst des Lesens. Studien zur Literaturtheorie" (Veliko Târnovo, 2001); Herausgeberin der Reihe „Germanistische Studien".
Kontakt: nikolina.burneva@abv.bg

Prof. Dr. Burckhard Dücker (Heidelberg)

Burckhard Dücker lehrt als apl. Professor am Germanistischen Seminar der Universität Heidelberg, war Teilprojektleiter im SFB „Ritualdynamik" Univ. Heidelberg, ist Vorsitzender der Christian-Wagner-Gesellschaft, zahlreiche Veröffentlichungen zur Ritualforschung, Literaturgeschichte 18.–20. Jh., Literaturförderung: Zum Traditionsrahmen aktueller Symbole und Rituale rechtsextremer Formationen, in: Germanische Mythologie und Rechtsextremismus (Volker GALLÉ Hg., 2015); Das Warenhaus als Ritualraum der Moderne. Warenhausgestaltungen in der deutschen Literatur zu Anfang des 20. Jh.s, in: Konsum und Imagination (G. WEISS-SUSSEX / U. ZITZLSPERGER Hg., 2015); Vorbereitende Bemerkungen zu Theorie und Praxis einer performativen Literaturgeschichte, in: Praxeologie (F. ELIAS u. a. Hg., 2014); Literaturpreise und -wettbewerbe im deutsch- und englischsprachigen Raum, in: Handbuch Kanon und Wertung (G. RIPPL / S. WINKO Hg., 2013); Ritualisierung, in: Ritual und Ritualdynamik (C. BROSIUS u. a. Hg., 2013).

Prof. Dr. Elke Hartmann (Darmstadt)

Elke Hartmann, Studium der Alten sowie Neuen Geschichte und der Klassischen Archäologie, 2000 Promotion in Alter Geschichte, studierte und lehrte an der Freien Universität Berlin sowie der Humboldt-Universität zu Berlin, seit 2011 Professorin für Alte Geschichte an der Technischen Universität Darmstadt. Zu ihren Forschungsschwerpunkten zählt u. a. die Geschlechtergeschichte der Antike.

Jennifer Kreckel (Frankfurt am Main)

Jennifer Kreckel (geb. 1984) studierte Soziologie und Pädagogik an der Universität Trier. Sie beschäftigt sich theoretisch und praktisch mit Fragen rund um die Themen Geschlecht, Migration und Intersektionalität. Sie ist tätig in einem Beratungs- und Bildungszentrum für Migrantinnen, in verschiedenen Projekten der interkulturellen Arbeit mit Mädchen, Kindern, Jugendlichen und jungen Erwachsenen und als Lehrbeauftragte. Sie lebt in Frankfurt am Main.

Dr. Elisabeth Scherer (Düsseldorf)
Elisabeth Scherer ist Wissenschaftliche Mitarbeiterin am Institut für
Modernes Japan in Düsseldorf. Sie hat Japanologie und Allgemeine
Rhetorik in Tübingen und Kyoto studiert. Ihre Dissertation, die 2011
unter dem Titel „Spuk der Frauenseele" erschienen ist, beschäftigt sich
mit weiblichen Geistern im japanischen Film und ihren kulturhistori-
schen Ursprüngen. Schwerpunkte der Forschung sind japanische Popu-
lär- und Medienkultur, Rituale und Religiosität im modernen Japan,
Gender Studies sowie Japan-Bilder und Japan-Rezeption im Westen.
Publikation: „Nipponspiration – Japonismus und japanische Populärkultur im deutschsprachigen Raum", 2013, (mit Michiko MAE).

Prof. Dr. Ahmet Toprak (Dortmund)
Ahmet Toprak ist Professor für Erziehungswissenschaft an der Fach-
hochschule Dortmund im Fachbereich Angewandte Sozialwissenschaf-
ten. Er forscht und lehrt zu Migration, Integration, Sozialisation und
Geschlechterforschung im Kontext von Migration.
Kontakt: ahmet.toprak@fh-dortmund.de

DIE IIK-ABENDAKADEMIE

Die IIK-Abendakademie wird als Vortrags- und Diskussionsreihe gemeinsam vom Institut für Internationale Kommunikation e. V. (IIK) in Düsseldorf und Berlin (www.iik-deutschland.de) und der Philosophischen Fakultät der Heinrich-Heine-Universität Düsseldorf organisiert. Aufgegriffen werden relevante Themen, die in den Fokus der öffentlichen und politischen Diskussion gerückt sind. Ausgewiesene Expertinnen und Experten beleuchten bildungs- und migrationsspezifische sowie gesellschaftspolitische Fragestellungen.

BISHERIGE BÄNDE DER IIK-ABENDAKADEMIE

Band 1: „Migration und Bildung. Sozialwissenschaftliche und integrationspolitische Perspektiven", hrsg. von Heiner BARZ (2011)

Band 2: „Gehört der Islam zu Deutschland? Fakten und Analysen zu einem Meinungsstreit", hrsg. von Klaus SPENLEN (2013)

Band 3: „Ausländische Fachkräfte gesucht. Voreilig? Notwendig? Willkommen?", hrsg. von Heiner BARZ und Matthias JUNG (2015)

DAS INSTITUT FÜR INTERNATIONALE KOMMUNIKATION E. V.

Das gemeinnützige Institut für Internationale Kommunikation e. V. in Düsseldorf und Berlin (http://www.iik-deutschland.de) ist eine Non-Profit-Organisation und verbindet unter dem Leitsatz „Die Welt verstehen" Internationalität und Weiterbildung. Als Ausgründung der Philosophischen Fakultät an der Heinrich-Heine-Universität Düsseldorf 1989 entstanden, ist das IIK heute eine der deutschlandweit erfolgreichsten hochschulnahen Weiterbildungsinstitutionen an der Schnittstelle zwischen Hochschule und Wirtschaft. Mit seinen Dienstleistungen und Fördermitteln unterstützt es die Internationalisierung von Bildungs- und Karrierewegen. Das IIK bietet Fremdsprachen- und Kommunikationstrainings für Studium und Beruf, Fortbildungen für Lehrkräfte sowie maßgeschneiderte studienvorbereitende bzw. -begleitende und berufsbezogene Programme an. Als vielfach lizenziertes Testzentrum führt es jährlich mehrere Tausend Prüfungen durch. Darüber hinaus ist das Institut regelmäßig Partner bei EU-Projekten. Weiteres zu den Aktivitäten des IIK: www.iik-deutschland.de/infos

www.ingramcontent.com/pod-product-compliance
Lightning Source LLC
Chambersburg PA
CBHW062029270326
41929CB00014B/2368